Klaus Lange ∘ Herz, was sagst du mir?

Klaus Lange

Herz, was sagst du mir?

Selbstvertrauen
durch innere
Erfahrungen

Kreuz Verlag

3 4 5 6   00 99 98 97

© by Dieter Breitsohl AG
Literarische Agentur Zürich 1991
Alle deutschsprachigen Rechte beim Kreuz Verlag Stuttgart
Umschlaggestaltung: Jürgen Reichert
Druck und Bindung: Wiener Verlag, Himberg
ISBN 3 7831 1076 9

Inhalt

Vorwort

An einem meiner Wochenendseminare nahm eine Frau teil, die sehr verhalten war und sich in eine Ecke des Raumes zurückzog. Sie hatte mich zu Beginn gefragt, ob sie überhaupt mitmachen sollte. Sie litt seit Jahren an starker Angst, war in psychiatrischer Behandlung und nahm ständig Medikamente. Ich sagte ihr, daß zu inneren Erfahrungen auch Leiden, Behandlung und Medikamente gehören können. Im Laufe des Seminars begann die Frau über ihre Angst zu sprechen. Sie mutete sich den anderen Menschen zu. Ich bat sie, auch ihre Angst anzusprechen, um mit ihr in Kontakt zu kommen. Die Frau war sehr überrascht, probierte es dann aber aus. Sie sagte zum ersten Mal in ihrem Leben:»Angst, ich ahne, daß du zu mir gehörst. Ich fürchte mich vor dir.« Die Frau erwartete dann, daß die Angst sie überwältigen würde, und war ganz erstaunt, daß sie ruhiger wurde. Sie sagte:»Ruhe, ich freue mich über dich. Ich habe große Sehnsucht nach dir.« Die Frau konnte dann ihre Angst bitten, sie in weiteren inneren Erfahrungen zu begleiten. Sie erlebte dabei einige Zustände, die ihr bisher unvertraut waren und bedrohlich erschienen. Die Angst machte ihr bewußt, wie sehr sie sich vor sich selbst geschützt hatte.

Am Mittwoch abend nach dem Wochenende trafen sich die Teilnehmer wieder. Die Frau erzählte berührt und aufgeregt, was mit ihr geschehen war:»Montag nacht bin ich - wie viele Jahre lang - kurz nach dem Einschlafen mit großer Angst wieder aufgewacht. Sonst mußte ich immer aufstehen und ruhelos herumlaufen, bis ich morgens wieder ein bißchen schlafen konnte. Jetzt bin ich einfach liegengeblieben, habe meine Angst gespürt und ihr gesagt: 'Angst, ich kenne dich ja schon ein bißchen. Ich weiß, daß du zu mir gehörst und mir etwas über mich erzählen willst. Ich werde dir gern zuhören. Aber jetzt bitte ich dich, mich schlafen zu lassen.' Danach bin ich ruhig eingeschlafen und war morgens ganz frisch.«

Die Frau lachte und weinte und war glücklich. Alle anderen waren sehr berührt. Ich ermutigte alle, innerlich zu ihrer eigenen Angst zu sprechen und zu sagen:»Angst, ich denke jetzt an dich.«

In diesem Buch schildere ich viele solche inneren Erfahrungen, um den Leser zu ermutigen, seine innere Wirklichkeit bewußt zu erleben.

Da ist der Körper mit all seinen Organen und Energien. Da sind Gefühle, Gedanken und Erinnerungen und andere innere Ebenen. Es ist sehr einfach, innere Erfahrungen zu machen, weil wir in jedem Augenblick »bei uns« sind. Es geht nur darum, sich etwas bewußter wahrzunehmen und deutlicher mit sich in Kontakt zu kommen. Durch innere Erfahrungen lernen wir uns besser kennen und gewinnen Vertrauen zu uns und unserem Leben auf allen Ebenen. Solche inneren Erfahrungen können schmerzhaft oder beglückend sein. Ich kann zu allem ermutigen, weil ich weiß, daß jeder zu sich selbst kommt und daß es in uns nichts Gefährliches oder gar »Böses« gibt. Niemand wird von innen verurteilt, bestraft oder zerstört. Wer sich nach innen wendet, wird dort seine Gewißheit, sein Vertrauen und seine Liebe finden.

Was ich in diesem Buch beschreibe, ist in dem bei uns üblichen Sinne keine Therapie, in der es ja in erster Linie darum geht, Leiden durch Eingriffe oder andere Veränderungen zu vermindern oder zu beseitigen.

Für mich ist es ein innerer Weg der Erfahrung einer größeren Wirklichkeit, die weitgehend hinter der uns vertrauten physischen Welt liegt. Dabei kann das Leben durchaus leichter werden und sich Leid vermindern.

Dieser Weg ist so einfach, weil wir ihn dort gehen, wo wir uns am nächsten sind, nämlich in uns selbst. Er ist auch so einfach, weil wir nichts Neues schaffen und nichts Altes loswerden müssen, sondern uns in dem kennenlernen, was wir sind.

Sind wir vertrauter geworden mit den inneren Ebenen unseres eigenen Wesens, können wir diese größere Wirklichkeit in allem erkennen, was existiert. In jedem anderen Menschen, in jedem Tier, in jeder Pflanze und auch im Planeten Erde.

Damit erfahren wir die eigene Existenz in einem unermeßlichen und unbeschreiblichen Zusammenhang, in dem wir uns nicht mehr abgrenzen können und müssen.

Ich danke den Menschen, die mit mir ihren inneren Weg gehen und mich durch ihre Erfahrungen zu meinem inneren Weg ermutigen.

Innere Erfahrungen

Wir gehen davon aus, daß die eigentliche (und einzige) Wirklichkeit die physische Welt ist. Demnach ist der Mensch der physische Körper, zu welchem bestimmte Funktionen wie Gefühle, Gedanken, Erinnerungen und Verhaltensweisen gehören. Das Leben beginnt mit der Zeugung oder mit der Geburt und es endet mit dem physischen Tod. Die westlichen Wissenschaften machen keine Aussagen darüber, ob danach noch etwas vom Menschen »übrig bleibt«.

Diese Weltanschauung hat für viele eine ganz persönliche Bedeutung. Sie halten nur das für gültig oder existent, was sich mit den Methoden der westlichen Wissenschaften darstellen oder beweisen läßt. Alles andere besitzt keine Realität. Religiöse Aussagen oder Haltungen werden oft als überholt oder irrational angesehen. Eine Frage nach übergeordneten Aspekten des Lebens wie Gott oder dem Sinn des Lebens ist für viele ohne größere Bedeutung.

So empfindet sich der Mensch als ein Einzelwesen, das zwar im Zusammenhang mit anderen lebt, das aber seinen Lebensweg weitgehend selbst bestimmen muß. Dabei werden einzelne Eigenschaften sehr stark entwickelt und gefördert. Dazu gehört vor allem der Verstand, der für die Analyse und Bewertung der eigenen Situation und der äußeren Welt benutzt wird. Der Mensch versucht, mit Hilfe seines Verstandes immer richtige und vernünftige Entscheidungen zu treffen.

Andere Vorgänge wie zum Beispiel Gefühle werden häufig dem Verstand untergeordnet. Sie werden analysiert, bewertet und kontrolliert. Gute oder positive Gefühle und Zustände werden angestrebt und zum Teil durch entsprechende äußere Zustände zu erreichen versucht. So ist Glück für viele ein Ergebnis angenehmer äußerer Umstände, die sich schaffen lassen.

Ebenso werden die Ursachen für eigene unangenehme Zustände vor allem außen gesehen. Schlechte oder böse Gefühle werden auf andere Menschen oder äußere Situationen zurückgeführt. Die meisten Krankheiten gelten als äußerlich verursacht oder als zufällig.

Man ist der Meinung, daß sich fast alles verändern oder unter Kontrolle bringen läßt. So beschäftigt sich ein wesentlicher Teil der westlichen Gesellschaft damit, eine sehr gute materielle Versorgung und andere angenehme äußere Bedingungen für das Leben zu schaffen, damit möglichst viele Menschen glücklich werden. Ebenso kämpfen der Einzelne und die ganze Gesellschaft gegen die unangenehmen Seiten des Lebens wie Krankheit, Schmerz, Hilflosigkeit, Trauer, Angst und Tod, um diese negativen Gefühle oder Zustände zu überwinden und zu besiegen.

Hinter dieser Lebenseinstellung liegt eine tiefe Sehnsucht nach einem angenehmen Leben ohne Leid. Man versucht, diese Sehnsucht in der physischen Welt zu verwirklichen. Die westliche Medizin verzeichnet große Erfolge. Die Lebenserwartung hat sich in allen westlichen Ländern wesentlich erhöht, einige Krankheiten wurden völlig ausgerottet, und noch nie vorher gab es eine so gute medizinische Versorgung. In den letzten Jahren zeigt sich jedoch, daß die »Gesundheit« der Bevölkerung im allgemeinen nicht unbedingt besser wird. Es gibt neue Massenkrankheiten und Süchte, so daß der Umfang des Gesundheitswesens und die Menge der angebotenen Therapien immer größer werden muß.

Fast alle westlichen Länder haben eine sehr hohe wirtschaftliche Versorgung der Bevölkerung erreicht. Die täglichen Bedürfnisse sind für die meisten Menschen der westlichen Welt gesichert. Es geht jetzt vor allem um Bedürfnisse, die nicht lebensnotwendig sind. Aber trotz des Wachstums des materiellen Wohlstandes wird die Zufriedenheit nicht im selben Maße größer.

So wird zum Beispiel die Angst größer, denn die Welt wird immer undurchsichtiger und bedrohlicher: Trotz der »Herrschaft der Vernunft« gibt es eine militärische Hochrüstung, die im Kriegsfall die ganze Erdoberfläche unbewohnbar machen kann. Die erbärmlichen und auch für die westliche Welt bedrohlich werdenden Zustände der Dritten Welt sind nicht mehr zu übersehen. Und es wird immer deutlicher, daß unsere Art des Wirtschaftens zu Umweltschäden führt, durch welche die Existenz der Menschheit auf der Erde bedroht wird.

Auch im privaten Leben erfüllt sich die Sehnsucht nach einem Leben ohne Leiden nicht. Die Beziehungen zu anderen sind oft schon in der Kindheit schwierig und schmerzhaft. Viele Beziehungen und Ehen gehen auseinander. Der Beruf erfüllt nicht die Erwartungen, die man an ihn hatte. Und auch der eigene körperliche oder seelische Zustand ist - trotz aller Bemühungen - nicht so, wie man es sich wünscht.

Diese von mir ziemlich pauschal dargestellte Situation führt bei vielen zu Unzufriedenheit und Resignation. Sie haben eine klare, vernünftige Vorstellung davon, wie sie eigentlich leben möchten. Sie müssen jedoch feststellen, daß das Leben in vielem ganz anders verläuft. Offensichtlich sind viele Vorgänge in der Gesellschaft außer Kontrolle. Es geschehen Dinge, die niemand so will. Für viele ist es unvorstellbar, daß es in diesen unangenehmen Zuständen irgendeinen Sinn geben könnte. Da man das Ideal eines vernünftigen Lebens zu verwirklichen sucht, strengt man sich noch mehr an, die üblen und bedrohlichen Zustände in Ordnung zu bringen. Alle Menschen spüren Sehnsucht nach Ruhe, Frieden und Glück. Viele erleben jedoch immer neues Leid und große Schwierigkeiten. Manche resignieren und führen ein freudloses und für sie selbst sinnloses Leben voller Angst und Depression.

Für einige sind derartige Probleme ein Anlaß, zu ahnen oder zu spüren, daß das Leben anders und mehr sein kann, als sie bisher gedacht haben. Sie gehen in Therapien, um ihre Probleme zu lösen. Sie beteiligen sich an Selbsterfahrungsgruppen oder religiösen Gemeinschaften, um mehr von sich und einer vielleicht größeren Wirklichkeit zu erfahren. Sie gehen auf die Suche nach sich selbst.

Das ist auch mein eigener Weg. Ich bin ganz und gar im westlichen Denken und der entsprechenden Ausbildung aufgewachsen. Ich habe logische, naturwissenschaftliche und technische Fähigkeiten entwickelt, die ich auch heute noch gern benutze. Meine Eltern waren atheistisch, und auch ich konnte früher nie an etwas Übergeordnetes glauben.

Durch Erfahrungen mit anderen religiösen Kulturen und durch persönlichen Kontakt zu»Geistheilern« und anderen Menschen mit ungewöhnlichen Fähigkeiten wurde ich in meinen damaligen Anschauungen tief erschüttert. Mir wurde sehr bald klar, daß unser westliches Denken nicht falsch ist, sondern nur sehr begrenzt.

Nachdem ich erkannt hatte, daß die Welt mehr ist, als ich bisher gewußt hatte, begann ich zusammen mit Freunden innere Erfahrungen zu machen. Wir reisten mit viel Angst und Unwissenheit in das Innere unseres Unbewußten und waren völlig überrascht, was sich uns eröffnete. Schon nach wenigen Erfahrungen sah ich mich, andere und die ganze Welt aus einer neuen Perspektive. Es ergab sich dann, daß ich solche inneren Experimente auch mit einer größeren Gruppe machte. Seitdem veranstalte ich Seminare und begleite Menschen einzeln durch ihre inneren Erfahrungen.

Ein großer Teil meiner Gewißheit stammt aus solchen Erfahrungen mit anderen Menschen, von denen ich mich berühren lasse, um mich zu erfahren. Ich erlebe immer wieder, wie einfach es für die meisten ist, zu sich zu kommen, sich besser kennenzulernen und vertrauter mit sich selbst zu leben. Auf solchen Erfahrungen beruht dieses Buch, das jeder benutzen kann, um sich in eigenen inneren Erfahrungen kennenzulernen.

Erfahrungen machen mit Hilfe eines Buches

Wir machen Erfahrungen, wenn wir etwas erleben oder tun und nachher mehr wissen. So stammen zum Beispiel praktische Fähigkeiten im Beruf oder Hobby aus eigenen Erfahrungen. Und auch der Umgang mit anderen beruht auf zwischenmenschlichen Erfahrungen.

Die meisten Erfahrungen werden spontan gemacht, ohne daß wir uns dessen bewußt werden müssen. Bewußt werden sie dagegen in der Schul- oder Berufsausbildung trainiert, um bestimmte Fähigkeiten zu entwickeln. Dabei ist es üblich, auch schriftliche Anleitungen für eigene Erfahrungen zu benutzen.

Wenn jemand zum Beispiel nicht weiß, wie er eine Schraube in der Wand befestigen soll, kann er ein Heimwerker-Buch benutzen und ausprobieren, was da geschrieben steht. Er muß zuerst einmal glauben, daß es möglich ist, eine Schraube haltbar zu befestigen. Er muß vertrauen, daß der Verfasser des Buches weiß, worüber er schreibt. Unter diesen Voraussetzungen benutzt er die Anleitung und erlebt (hoffentlich), daß die Schraube hält. Danach braucht er nicht mehr zu glauben, ob es geht und wie es geht. Er braucht auch nicht zu verstehen, welche technischen und physikalischen Ursachen zu dem Ergebnis geführt haben. Er hat im Experiment seine eigene Erfahrung gemacht und weiß anschließend, wie Dübel und Schraube verwendet werden. Seine Gewißheit und sein Vertrauen sind etwas größer geworden. Vielleicht wundert er sich anschließend, wie einfach alles war.

So kann man auch mein Buch verwenden. Wer möchte, nimmt meine Erfahrungen zu Hilfe, um seine eigenen Erfahrungen zu machen. Ich übermittele die notwendigen Anweisungen und Ermutigungen durch das geschriebene Wort. Nur wer sie wirklich ausprobiert, gewinnt Gewißheit.

Achtsamkeit

Jeder Mensch ist immer bei sich. Er ist in jedem Augenblick der unglaublich vielfältige Körper mit Organen, Bewegungen und Energien. Er ist ebenso das Gefühl, der Gedanke und jeder andere innere Vorgang und Zustand des Augenblicks. Fast alles existiert oder geschieht jedoch, ohne daß er sich dessen bewußt ist.

So kennt er nur einen sehr kleinen Teil von sich. Das kann dazu führen, daß er über den großen »Rest« Vorstellungen entwickelt, die nicht viel mit der inneren Wirklichkeit zu tun haben. Wenn jemand zum Beispiel noch nie bewußt bei seinem Herzen war, sieht er dessen Schmerz als eine Bedrohung an und nicht als eine Verheißung. Oder wenn man seine Hilflosigkeit nicht kennt, empfindet man sie als unerträglich und nicht als die Verlockung, nichts mehr tun zu müssen. Aus den bei uns üblichen Vorstellungen entstehen Abwehrhaltungen, die das Leiden vertiefen.

Wir machen innere Erfahrungen, wenn wir uns in dem kennenlernen, was wir gerade sind. Das ist genauso einfach, wie ich es in diesem einen Satz sage.

In unserer Welt ist es jedoch ganz unüblich, achtsam und bewußt mit sich selbst zu leben. Wir erforschen die ganze Welt, aber das, was uns am nächsten liegt, kennen wir am wenigsten. So gibt es viele Vorstellungen und Vorurteile über den inneren Menschen, die es schwierig machen, sich nach innen zu wenden: Manche Menschen empfinden es als egoistisch und geradezu unanständig, sich mit sich selbst zu beschäftigen. Andere halten es für sehr gefährlich, in die Tiefen des Unbewußten einzutauchen, weil sie glauben, daß man dabei lebensunfähig oder verrückt werden könnte. Sie merken nicht, daß sie so über ihre eigene Seele denken, die sie nicht kennen.

Da innere Erfahrungen bei uns ziemlich unbekannt und mit derartigen Vorurteilen belastet sind, schreibe ich dieses Buch, um die Menschen zu ermutigen, die sich selbst ein bißchen besser kennenlernen möchten.

Jede Erfahrung setzt voraus, daß man sie für möglich hält. Wer glaubt, daß es nicht möglich ist, sich wahrzunehmen, wird es auch nicht erleben. Wenn jemand glaubt, daß es möglich sein könnte, öffnet er eine Tür zu seinen eigenen Erfahrungen. Der Glaube ist nicht die Gewißheit. Sie entsteht nur durch eigene Erfahrungen.

Bei inneren Experimenten können Unbehagen, Angst und Zweifel aufkommen. Das ist selbstverständlich, weil man sich in Bereiche begibt, die wenig vertraut sind und über die es die vielen Vorurteile gibt. Die meisten glauben, daß Angst und Zweifel Hindernisse sind, die es zu überwinden gilt. Aber diese Gefühle gehören zum Menschen. Wenn man sie bewußt wahrnimmt und sie sich zugesteht, erlebt man sich selbst und macht eine hilfreiche innere Erfahrung.

Im diesem Kapitel beschreibe ich Methoden und Ebenen solcher Erfahrungen. In weiteren Kapiteln gebe ich viele Beispiele von inneren Erlebnissen und Experimenten, die ich selbst oder mit anderen Menschen gemacht habe. Ich kann ohne jede Einschränkung dazu ermutigen, sich allem zuzuwenden. Wir kommen immer zu uns selbst und nicht zu etwas Äußerem oder Böswilligem. Und in uns wartet das, wonach wir Sehnsucht haben: unsere Liebe, unser Vertrauen und unsere Freiheit.

Viele glauben, daß der innere Zugang mühsam oder kompliziert ist und daß man etwas Besonderes tun oder sich anstrengen muß, um zu sich zu kommen. Der innere Weg, zu dem ich ermutige, ist jedoch sehr einfach: Jeder ist immer bei sich, er braucht es nur zu bemerken.

Es geht wirklich nur um die Achtsamkeit, das wahrzunehmen, was da ist. Wer möchte, kann jetzt zum Beispiel seinen Körper spüren. Was von ihm ist deutlich? Wie berührt er die Unterlage? Ist es angenehm oder nicht, sich dem Körper zuzuwenden? Wirkt er vertraut oder fremd?

Eine solche Wahrnehmung bedeutet: Der Körper ist in seinem augenblicklichen Zustand vorhanden. Er wird durch die Erfahrung nicht erschaffen. Er wird auch nicht verändert.

Die Wahrnehmung ist unabhängig davon, ob man den Teil benennen kann oder nicht. Man muß auch nicht verstehen, warum er jetzt so ist. Man muß nicht bewerten, was da ist. Man muß nicht erwarten, daß das Wahrgenommene sich verändert oder so bleibt. Diese Art der Achtsamkeit im Jetzt und Hier kann man nennen: »So bin ich« oder »So ist es«. Sie ist in unserer Welt keineswegs selbstverständlich. Wir sind sehr daran gewöhnt, zu analysieren und zu verstehen, zu beurteilen und zu bewerten, zu erwarten, einzugreifen und zu verändern. Das sind alles sehr schöne Fähigkeiten. Sie sind jedoch nur die eine Seite von uns.

Ein kleiner Augenblick einer vielleicht ganz unbedeutend wirkenden, bewußten Wahrnehmung macht uns mit uns selbst vertrauter. Wenn wir das immer wieder einmal ausprobieren, entsteht - oftmals unmerklich - eine innere Haltung der Aufmerksamkeit, der Neugierde und des Interesses, die das Leben interessanter macht.

Wenn wir das zwischendurch wieder vergessen, können wir auch unsere Unbewußtheit bewußt wahrnehmen, was unser Vertrauen ebenfalls vergrößert. Das scheint paradox zu sein. Aber alles gehört zu uns, also auch die Achtsamkeit und die Unachtsamkeit, die Bewußtheit und die Unbewußtheit. Mit beiden Seiten vertrauter zu sein macht das Leben vielfältiger und bunter.

Ebenen innerer Erfahrungen

Um den inneren Menschen darstellen zu können, muß ich aufteilen und gliedern, was in uns zusammengehört. Dafür benutze ich eine Gliederung nach der Energie-Dichte unseres Wesens.

Die dichteste und deutlichste Ebene ist sicher der physische Körper, den wir mit unseren Sinnesorganen sehr gut wahrnehmen können. Es ist fast unbekannt, daß wir mit unserem Bewußtsein in ihn eintauchen und direkte Erfahrungen mit ihm machen können.

Gleich »hinter« dem Körper liegt die Ebene der Gefühle, die recht dicht und spürbar sein kann. Danach kommen die leichteren und feineren geistigen Ebenen der Gedanken, Vorstellungen und Erinnerungen. Auch Träume und alle Arten von bei uns weitgehend unbekannten Bewußtseinszuständen gehören zu den Ebenen unseres Wesens, die direkt erfahren werden können.

16

In inneren Wahrnehmungen wird meistens deutlich, daß diese Ebenen unlösbar miteinander verwoben sind. So kommen zum Beispiel bei der Hinwendung zum physischen Körper auch Gefühle und Gedanken oder Erinnerungen auf, die dann zur Erfahrung des Körpers gehören. Es ist nicht erforderlich, die Ebenen unterscheiden zu müssen. Beim Besuch des Herzens kann man es anatomisch sehen oder als eine leuchtende Kugel oder eine dunkle Höhle wahrnehmen. Damit wird deutlich, daß das Herz auch in feineren Ebenen existiert. Wenn man es wahrnimmt, wie es gerade ist, erfährt man sein Herz. Das physische Herz ist klar definiert, das »innere Herz« kann jedoch alles mögliche sein. In einer Erfahrung ist es hell und in der nächsten dunkel. Es kann groß und weich sein, irgendwann später klein und hart. Es kann rot und glatt sein oder bleich und verletzt. Das erlebt der Mensch in sich selbst. Ihm wird bewußt, daß sein Herz sehr vielfältig ist und ihm immer das nahebringt, womit er sich vertraut machen kann.

Das gilt für alle Begriffe in diesem Buch. Wenn ich »Herz« schreibe, tue ich das im Rahmen einer speziellen Erfahrung. Ich kann jedoch nicht allgemein »das« Herz definieren. Und ich kann niemanden sagen, wie er sein Herz erfahren wird, wenn er sich ihm jetzt oder morgen oder später zuwendet. Das mag am Anfang unbefriedigend sein und vielleicht sogar Angst auslösen, weil wir Sicherheit auch durch Eindeutigkeit finden. In der physischen Welt gibt es viele wohldefinierte Vorgänge und Zustände. In der inneren Welt gibt es sie nicht. So ist es unmöglich, den Begriff »Herz« zu verstehen oder ihn von anderen zu lernen.

Dieses Problem gibt es übrigens in allen religiösen Überlieferungen, die sich auf die innere Welt beziehen. Ein Versuch, religiöse Begriffe zu verstehen und zu definieren, muß scheitern. Er führt zur oft beklagten »Schriftgelehrtheit«. Innere Begriffe können nur in einem selbst erfahren werden. Und dann entsprechen sie der eigenen augenblicklichen Situation und sind nicht für eine andere Zeit oder einen anderen Menschen gültig.

Ist man damit vertrauter, kann die fehlende Eindeutigkeit geradezu erleichternd sein, weil man nicht an Definitionen festhalten muß, sondern sich immer neu in seiner Lebendigkeit und Vielfalt erfahren kann.

Wahrnehmungsmöglichkeiten

Mit unseren physischen Sinnesorganen können wir die äußere Welt und die eigene physische Ebene wahrnehmen. Wir sehen, hören, tasten, schmecken und riechen. Das sind selbstverständliche und meistens unbewußte Vorgänge. Wenn wir unsere Sinnesorgane benutzen und unseren eigenen Körper bewußt und achtsam ansehen oder berühren, machen wir eine Erfahrung mit uns selbst. Wir lernen uns so kennen, wie wir im Augenblick sind. Dazu gehören auch die Gefühle und Gedanken, die dann aufkommen. Im Inneren gibt es vergleichbare »Sinnesorgane«, mit denen wir innerlich sehen, hören, fühlen, schmecken oder riechen können.

Innere Bilder

Innere Bilder sehen wir - meistens unbewußt - in nächtlichen Träumen und manchmal in Tagträumen. Viele Menschen merken schon, daß sie sich in ihnen selbst abspielen, aber die meisten glauben nicht, daß sie irgendeine größere Bedeutung haben.

Bei bewußten inneren Erfahrungen können solche Bilder sichtbar werden. Häufig steigen sie - ohne besonderes Zutun - im Menschen auf. Da können zum Beispiel Körperorgane, Landschaften, Menschen, Tiere, Maschinen, Fabelwesen oder Farben deutlich werden. In vielen Fällen glaubt der Mensch, daß er sich jetzt an etwas Äußeres erinnert. Ihm wird dann jedoch bewußt, daß er in sich ist und sich selbst erlebt. Denn die Bilder sind immer die eigene innere Welt im Augenblick der Wahrnehmung. Auch wenn da etwas deutlich wird, was man aus der äußeren Welt kennt oder erinnert. Wenn jemand zum Beispiel seine Mutter sieht, geht es nicht um die leibliche Mutter. Er nimmt vielmehr etwas von sich selbst wahr, das in diesem Augenblick so aussieht wie seine Mutter. Er kann, so wie ich es in den folgenden Abschnitten beschreibe, zu diesem Teil von sich Kontakt aufnehmen und sich mit ihm vertrauter machen.

Derartige Bilder müssen keineswegs von allein aufsteigen. Man kann sich genausogut gezielt an etwas erinnern oder sich einen Men-

schen oder eine Situation vorstellen. Man kann sich auch etwas aus-
denken oder einbilden. Man kann phantasieren oder »spinnen«. Das
glauben viele nicht, weil bei uns Einbildung und Phantasie sehr ge-
ring geschätzt werden. Aber wir sind natürlich auch dann in uns
selbst, wenn wir uns ein Phantasiebild vorstellen. Das ist eine einfache Möglichkeit, sich innerlich besser kennenzulernen.

Andere innere Wahrnehmungen

Erfahrungen entstehen nicht nur durch innere Bilder, wie viele Menschen glauben. In meinen Seminaren erlebe ich immer wieder Teilnehmer, die enttäuscht sind, daß sie keine Bilder sehen, nachdem
andere lebhaft und bildhaft über ihre Erfahrungen gesprochen haben.
Ich weise sie dann darauf hin, daß sie jetzt eine Erfahrung mit ihrer
Enttäuschung machen und sich dabei kennenlernen können.

Außer inneren Bildern gibt es sehr viele andere Möglichkeiten,
sich wahrzunehmen. Wir können innerlich hören, riechen, schmecken
und berühren. Auch das kommt immer wieder in Träumen vor. In uns
sind Geräusche, Töne, Klänge und Worte. Wir haben zum Beispiel
innere Hände, mit denen wir berühren können.

Besonders hilfreich für innere Erfahrungen kann der (physische)
Körper sein, über den ich in diesem Buch noch viel schreiben werde.
In ihm können viele Vorgänge und Zustände deutlich werden wie
Wärme und Kälte, Fließen und Festigkeit, Anstrengung und Entspan-
nung, Ruhe und Unruhe, Behinderung und Fähigkeit, Schmerz und
Lust, Bewegung und Hemmung, Energie und Blockade. Damit sind
immer Gefühle, oft auch Gedanken und Erinnerungen verbunden, die
dann ebenfalls wahrgenommen werden können.

Wir sind auch dann bei uns, wenn wir etwas ahnen, an etwas denken oder uns erinnern. Solche Vorgänge der leichten, »flüchtigen«
geistigen Ebene haben dieselbe innere Wirklichkeit wie der Körper
oder die Gefühle. Die meisten Menschen sind voller Gedanken, sie
nehmen sie nur selten wahr und halten sie meistens für unbedeutend
oder sogar störend.

Was in einem Augenblick der inneren Achtsamkeit ins Bewußtsein
kommt, ist immer ein Teil von uns. Es gibt keine richtigen oder
falschen Wahrnehmungen. Das macht den inneren Weg so einfach.

Innere Wahrnehmungen vertiefen

Zu sich sprechen

Die geschilderten bewußten Wahrnehmungen sind die eigentlichen Erfahrungen, die uns mit uns selbst vertrauter machen. Es ist jedoch möglich und sehr hilfreich, den Kontakt nach innen bewußt zu vertiefen.

Das geschieht am deutlichsten durch ein Hinsprechen zu dem, was im Augenblick bewußt ist. Man kann zum Beispiel die Hand wahrnehmen, die das Buch hält, und sagen:»Hand, ich spüre dich jetzt.« Wenn man allein ist, kann man laut zu sich sprechen. Mit anderen ist es unter Umständen besser, leise zu sprechen, da Selbstgespräche bei uns als nicht normal gelten. Am Anfang merken die meisten Menschen, daß für sie das Hinsprechen ungewohnt, fremd und sogar »verrückt« wirkt. Das macht die Entfremdung deutlich. Wir reden täglich mit vielen Menschen, mit Tieren, aber selten oder gar nicht mit uns selbst.

Worte nach innen können die Erfahrung erstaunlich vertiefen. Wir werden uns bewußt, daß wir wirklich in Kontakt mit uns selbst sind. Sehr oft wird spürbar, daß der angesprochene Teil die Worte »hört« und darauf reagiert. Eine Hand kann sich richtig freuen, wenn man sie zum ersten Mal im Leben bewußt wahrnimmt und direkt anspricht.

Im Gespräch mit uns selbst können wir alles ausdrücken, was wir im Augenblick empfinden. Es ist natürlich sehr angenehm, seine Freude zu spüren und zu sagen:»Freude, ich mag dich.« Der innere Kontakt wird jedoch genauso vertieft, wenn man sagt:»Dunkelheit, ich habe Angst vor dir« oder »Aggression, es fällt mir schwer, dich als Teil von mir zu akzeptieren.« Man muß sich nicht zwingen zu sagen:»Schmerz, ich nehme dich an«, wenn man es nicht kann.

Wenn man mit sich vertrauter ist, wird diese Art innerer Beziehung selbstverständlicher. Dann sagt man im Alltag zwischendurch einmal:»Hallo, Herz, ich denke gerade an dich« und genießt den Augenblick der Ruhe und Freude. Das ist die Antwort des Herzens.

Ich weiß, daß manche Menschen Angst spüren, wenn sie daran denken, eine Krankheit oder einen Schmerz anzusprechen. Sie fürchten, daß der unangenehme Zustand nie wieder aufhört oder sich noch verschlimmert, wenn sie ihn nicht mehr bekämpfen. Ich kann niemanden mit Worten davon überzeugen, daß es anders sein könnte. Ich kann jedoch nach allen Erfahrungen dazu ermutigen, auszuprobieren, was wirklich geschieht, wenn man, vielleicht mit Angst und Vorsicht, den inneren Kontakt zu einem solchen unangenehmen oder gar bedrohlichen Zustand aufnimmt. Es geht nicht darum, nichts mehr tun zu können und Schmerz oder Krankheit heroisch ertragen zu müssen. Wenn der Schmerz da ist, kann man ihm sagen: »Schmerz, ich weiß, daß du im Augenblick zu mir gehörst. Ich kann dich nicht mehr ertragen und gehe jetzt zum Arzt.« Eine notwendige Behandlung kann man dann ebenfalls mit mehr Achtsamkeit und nicht mehr so entfremdet erleben und als Erfahrung nutzen.

Natürlich kann man auch nach innen fragen wie zum Beispiel: »Herz, wie fühlst du dich?« Es ist möglich, daß durch Worte, Gefühle oder Gedanken der Zustand des Herzens deutlich wird.

Ich erlebe immer wieder mit, daß Menschen nach innen fragen, um einen inneren Vorgang oder Zustand zu verstehen. Manchmal kommt eine Antwort, häufig jedoch nicht. Dem Menschen wird bewußt, daß er immer versucht hat, alles zu verstehen. In inneren Erfahrungen kann es hilfreich sein, etwas zu verstehen. Es ist jedoch überflüssig. Eine Erfahrung wird gemacht, ob sie verstanden wird oder nicht. Allein die Wahrnehmung dessen, was da ist, macht den Menschen mit sich vertrauter. Wenn jemand alles verstehen muß und nur das für richtig hält, was er versteht, dann schränkt er sich außerordentlich ein. Das kann ein Ausdruck von Angst vor der vielfältigen und unbeschreiblichen eigenen Lebendigkeit sein.

Es ist sehr schön, manchmal nach innen zu bitten und sich damit der eigenen Seele anzuvertrauen. Solche Bitten werden erhört. Es ist jedoch nicht vorherzusehen, wie das geschieht. Wir können zum Beispiel um Hilfe auf dem inneren Weg bitten und dann achtsam erleben, wohin uns die Seele führt. Das vertieft das Vertrauen in das eigene Leben.

Auf dem Wege zu sich selbst gibt es immer wieder Augenblicke, in denen Erleichterung und Dankbarkeit spürbar werden. Das ist eine Möglichkeit, laut oder leise nach innen zu danken. Es gibt so viele Wunder in uns. Zum Beispiel die Hand, die so geschickt arbeiten kann, oder das Herz, welches das ganze Leben schlägt, oder die eigene Seele, die uns dieses irdische Leben schenkt und manchmal auch zumutet.

Innere Antworten

Wenn wir uns nach innen wenden und vielleicht nach innen sprechen oder fragen, können Antworten deutlich werden. Das kann ein Augenblick der Ruhe, der Freude sein oder Wärme im Körper. Der wahrgenommene Teil zeigt, daß er den Kontakt spürt oder die Worte hört.

Es ist auch möglich, daß der angesprochene Teil in Worten antwortet oder in anderer Weise etwas deutlich macht. Dann kommen Gefühle, andere Zustände oder Erinnerungen auf, die bisher hinter dem wahrgenommenen Teil gelegen haben.

So kann ein Schmerz eine innere Trennung ausdrücken, die seelisch wehtut. Durch den Schmerz kommt man zu einem Teil von sich, dem man bisher nicht vertrauen konnte und vor dem man sich unbewußt geschützt hat. Das kann zum Beispiel die zarte, weiche, liebevolle Trauer sein, die viele Menschen mit großer Gewalt - schmerzhaft - zu unterdrücken versuchen. Über derartige Erfahrungen berichte ich später ausführlich.

Sich innerlich kennenzulernen und Vertrauen zu sich zu gewinnen ist jedoch ganz unabhängig davon, ob eine innere Antwort kommt oder nicht. Man muß sie daher nicht erwarten und den »Erfolg« des inneren Kontakts von ihr abhängig machen.

Innere Berührungen

Wir können im Inneren nicht nur sprechen oder hören, sondern auch berühren. Sind wir zum Beispiel dem Herzen nahe, können wir herangehen und es mit den inneren Händen berühren oder streicheln oder es in die inneren Arme nehmen. Dabei wird spürbar, ob das Herz gerade weich oder fest, warm oder kühl ist. Oft wird deutlich, daß das Herz diese Berührung bemerkt und genießt.

Solche Berührungen sind natürlich besonders angenehm, wenn wir zu einem Teil von uns kommen, den wir mögen und zu dem wir Vertrauen haben. Wenn wir zum Beispiel an einen geliebten Menschen denken und ihn innerlich sehen, fällt es leicht, ihn in die inneren Arme zu nehmen. Man kann sich bewußtmachen, daß man jetzt nicht einen anderen Menschen berührt, sondern einen Teil von sich selbst. Spricht man ihn an, wird das besonders deutlich. Und alle aufkommenden Gefühle, Empfindungen und Gedanken gehören ebenfalls zu uns selbst. Es ist auch möglich, einen leidenden Teil innerlich zu berühren. Ein kranker Magen zum Beispiel freut sich sehr, wenn man zu ihm kommt, ihn, so wie er ist, in die inneren Arme nimmt und sagt: »Magen, du gehörst auch so zu mir.«

Die äußere Welt für innere Erfahrungen nutzen

Wir leben natürlich immer auch in der äußeren, physischen Welt. Es ist ganz offensichtlich, daß ein anderer Mensch und ein Baum physisch von uns getrennt sind. Wir nehmen die äußere Welt wahr und reagieren mehr oder weniger auf das, was dort geschieht. So fühlen wir uns bei einem liebevollen Menschen wohl und geborgen. An der Abneigung eines anderen leiden wir. Ein böser Mensch macht uns wütend. Eine schöne Landschaft gibt uns Ruhe und Zufriedenheit. Ein unruhiges Büro macht uns nervös. Und Bazillen verursachen unseren Schnupfen.

Viele glauben, daß die Ursachen ihrer eigenen Gefühle oder Zustände fast vollständig außerhalb von ihnen liegen. So hält man vieles für zufällig und fremd. Dann bemüht man sich, andere Menschen oder äußere Dinge so zu verändern, daß sie nur noch angenehm sind und man sich mit ihnen wohl fühlt. Was einen unangenehm berührt oder bedrohlich ist, versucht man zu verändern oder ganz zu beseitigen.

In inneren Erfahrungen wird jedoch deutlich, daß sich alle Gefühle und Zustände in uns selbst abspielen, daß sie also zu uns selbst gehören. In einem solchen Augenblick ist es nicht mehr so wichtig, wodurch sie ausgelöst worden sind. Wir können uns mit dem vertraut machen, was wir gerade in uns spüren.

Fühlen wir uns bei einem liebevollen Menschen wohl, so ist es unser eigenes Wohlbefinden, das wir spüren. Der andere Mensch berührt uns durch seine Liebe in unserer eigenen Liebe. Solche angenehmen eigenen Zustände oder Gefühle zeigen uns, daß wir innerlich bei etwas Bekanntem und Vertrautem sind. Kennt und vertraut sich jemand jedoch nur wenig, dann wird er sich auch bei einem liebevollen Menschen nicht unbedingt wohl fühlen. Unbewußt kann er nicht glauben, daß er selbst liebenswert ist und von jemandem angenommen wird.

Wir können uns in allen Umständen erfahren, die von außen zu kommen scheinen. Denn das, was in uns durch äußere Berührungen ausgelöst wird, sind wir selbst. Das gilt zum Beispiel auch bei einer Infektion durch Bazillen. Der Schnupfen ist ein ganz persönlicher Vorgang, den wir kennenlernen können, indem wir uns ihm innerlich zuwenden.

Weiterhin gibt es die Möglichkeit, alles auf feineren Ebenen in uns wiederzufinden, was es in der physischen Welt gibt. Dazu schildere ich eine eigene Erfahrung: Ich sitze an der Nordsee und sehe hinter einem schmalen Sandstrand und hinter einem breiten Watt den fernen Horizont des Meeres. Die Luft ist ganz klar, ich kann eine Insel erkennen und einige Schiffe, die weit entfernt dahinziehen. Ich bin sehr berührt von der Größe des Himmels über mir und von seinem Licht, von der Weite des Watts und des Meeres und von dem Frieden dieses Anblicks. Ich werde mir bewußt, wie ich mich fühle, und ich genieße diesen Zustand. Dann schließe ich meine Augen, erinnere mich an den Anblick draußen und weiß, daß das, was ich jetzt sehe, in mir ist. Ich spreche zu meinem Meer und meinem Himmel, zu meinem Licht, meiner Weite und meinem Frieden. Ein Augenblick der Freude und der Ruhe ist die Antwort meiner Seele.

Jeder erlebt im Inneren immer wieder Bilder oder Eindrücke von Menschen, Gegenständen oder Vorgängen, die es in der physischen Welt gibt. Wir träumen von einem geliebten Menschen und spüren unsere Sehnsucht. Wir kommen in einer inneren Erfahrung an einen bedrohlichen Abgrund und fürchten uns vor dem Sturz in die Tiefe. Wir erinnern uns an eine schmerzhafte Begegnung und versuchen, den Eindruck zu verdrängen.

Dabei sind wir natürlich nicht in der physischen Realität, sondern in unserer inneren Wirklichkeit. Wer nicht mit sich vertraut ist, verwechselt diese Ebenen miteinander. Er glaubt dann, daß der Sturz in den inneren Abgrund genauso tödlich sei wie der in die physische Tiefe.

Die innere Welt hat jedoch ihre eigenen »Gesetze«, die ich in vielen Beispielen in diesem Buch deutlich machen werde. Wer möchte, kann leicht erfahren, daß es zum Beispiel ohne Probleme möglich ist, sich in eine dunkle innere Tiefe fallen zu lassen, ohne beschädigt oder zerstört zu werden. Da es bei uns nicht üblich ist, innere Experimente mit sich selbst zu machen, gibt es so viele Vorurteile über die innere Welt. Fast alle Ängste eines Menschen beziehen sich zuerst auf das, was er von sich selbst noch nicht kennt und - unbewußt - für bedrohlich oder zerstörerisch hält. Und ein großer Teil des Leidens entsteht durch die schlechte Meinung, die jemand über seine eigene Seele hat, solange er sie nicht kennt und ihr nicht vertraut.

Begleitung

Der Weg, zu dem ich ermutige, führt zu mehr Selbstbewußtsein und Selbstvertrauen. Wir können erfahren, wie wir innerlich sind und daß sich unsere Sehnsüchte in uns erfüllen. Damit wird es leichter, mit sich selbst zu leben.

Es ist sehr hilfreich, sich Gefährten zu suchen, die selbst einen solchen Weg gehen. Sie haben mehr Verständnis für innere Erfahrungen, können zuhören und vielleicht ermutigen und über ihre eigenen inneren Erlebnisse berichten. Das ist einer der Gründe, warum ich Seminare veranstalte und Menschen durch ihre Erfahrungen begleite. Dabei ermutige ich die Teilnehmer, zu sich selbst zu kommen, und nehme mir die Freiheit, mich berühren zu lassen und mich kennenzulernen.

In meinen Seminaren mache ich unter anderem innere Reisen mit der ganzen Gruppe. Dabei sage ich an, was jedem Teilnehmer innerlich deutlich werden kann, und stelle viele Fragen, die jeder nach innen richten kann, um sich kennenzulernen. Anschließend sprechen diejenigen, die es möchten, über ihre Erfahrungen. Dabei werden wunderbare Seelengeschichten erzählt, die alle Beteiligten berühren und ermutigen. Workshops mit Traumreisen, Phantasiereisen oder mit Bild-Erleben sind nichts Ungewöhnliches. Die Frage ist, wie weit man das, was innerlich deutlich wird, auf sich selbst bezieht und es ohne Bewertungen als Teile von sich kennenzulernen versucht. So glauben manche, daß sie das innere Licht nur dann erreichen können, wenn sie die unangenehme Dunkelheit hinter sich lassen. Andere meinen, daß sie nur dann die Liebe leben können, wenn sie ihren Haß überwinden. Wieder andere halten die Angst für ein Hindernis auf dem Wege zu sich selbst und versuchen, sie endlich hinter sich zu lassen oder sie zu »transformieren«. In derartigen Verhaltensweisen wird deutlich, daß die Menschen zum Beispiel ihre Dunkelheit, ihren Haß und ihre Angst nicht wirklich kennen und die üblichen Vorurteile gegen sie haben.

In meinen Gruppen versuche ich, den Menschen nahezulegen, zuerst einmal zu glauben, daß sie immer bei sich sind. Ob das, was sie erlebt haben, angenehm ist oder nicht, ob es gut oder schlecht beleumdet ist, ob es bedrohlich ist oder nicht. Sie können jedoch nur selbst erfahren, ob es so ist und wie die Gefühle und inneren Zustände und Vorgänge sind, wenn sie mit ihnen leben.

In einer Einzel-Begleitung, die ich auch ihm Rahmen meiner Seminare mache, ermögliche ich einem Menschen eine direkte innere Erfahrung im Gespräch mit mir. Eine ganze Reihe solcher Begleitungen zitiere ich in diesem Buch.

Der Mensch legt sich meistens auf eine Matte auf den Boden, und ich setze mich neben ihn. (Es macht aber keinen Unterschied, wenn er lieber auf einem Stuhl sitzen möchte.) Ich frage, wie es ihm geht. Wenn er meint, daß er noch viel zu aufgeregt ist, bitte ich ihn, seine Aufregung (laut und direkt) anzusprechen, also vielleicht zu sagen: »Aufregung, ich spüre dich jetzt.« Das fällt am Anfang oft schwer. Ich frage dann, wo seine Aufregung besonders deutlich ist. Dann spürt er meistens sein laut schlagendes Herz. Er kann sagen: »Herz, ich spüre dich in deiner Aufregung.« Dann frage ich ihn, ob er mit seinem Herzen vertraut ist oder nicht und ob er es besuchen möchte. Häufig kommen dann Gefühle auf. Manche Menschen werden sehr traurig, was sie aber nicht gern zulassen. Ich bitte sie, der Trauer zu sagen: »Trauer, es fällt mir schwer, dich zuzulassen.«

So sitze ich neben dem Menschen, sehe ihm ins Gesicht, in dem einige Gefühle schon sichtbar werden, ehe er sie selbst wahrnimmt, höre ihm gut zu und ermutige ihn, das wahrzunehmen und anzusprechen, was er spürt. Dazu braucht es keinerlei Vorbereitungen. Er muß nicht ruhig sein, muß sich nicht entspannen. Wenn er etwas zulassen kann, tut er es. Wenn nicht, dränge ich ihn nicht. Kommt er an eine Grenze, kann er sie wahrnehmen. Kommt er an eine Öffnung, gehört auch diese zu ihm. Wenn er Angst spürt, bitte ich ihn, sie anzusprechen und sie bewußt in die Erfahrung mitzunehmen.

Ich muß mich nicht bemühen, den Menschen irgendwo hinzubringen, und auch nicht, ihn vor irgend etwas zu bewahren. Denn ich weiß mit Sicherheit, daß er von innen von seiner eigenen Seele geführt wird und genau das erlebt, was ihm entspricht.

Ich lasse mich gern berühren von dem, was da deutlich wird, und spüre es in mir selbst. Oft freue ich mich, auch bei dramatischen oder schmerzhaften Erfahrungen, wie liebevoll der Mensch zu sich selbst gebracht wird.

Durch die vielen Erfahrungen bin ich mit einer unvorstellbar großen inneren Welt vertraut geworden, die ich vorher nicht einmal geahnt habe. Durch mein wachsendes Vertrauen kann ich in bisher unbekannte Bereiche weitergehen und andere Menschen zu weiteren eigenen Schritten ermutigen.

Erfahrungen mit dem Körper

In den folgenden Kapiteln schildere ich Erfahrungen mit dem physischen Körper, die ich mit Menschen oder mit mir selbst gemacht habe. Zu einigen Körperteilen oder Organen schreibe ich viel, zu anderen wenig oder gar nichts. Dieses Buch soll ganz bewußt kein Nachschlagewerk über die innere Bedeutung des Körpers sein, das man lesen und verstehen sollte. Es ist vielmehr eine Ermutigung zu eigenen Erfahrungen.

Ich erlebe immer wieder, daß sich innere Themen bei verschiedenen Menschen ähneln. Aber ein und dasselbe Organ ist unvorstellbar vielfältig in dem, was es dem Menschen in inneren Erfahrungen vermittelt. So kann ich niemandem sagen, was er mit einem bestimmten Teil seines Körpers erleben wird. Auch wenn viele Menschen gleichartige Erfahrungen gemacht haben, kann es in der eigenen Erfahrung ganz anders sein. Und bei wiederholten inneren Begegnungen desselben Teils kann jedesmal etwas Neues deutlich werden.

Das mag am Anfang nicht angenehm sein. Fast jeder sucht Sicherheit und Gewißheit und will möglichst eindeutig und endgültig wissen, wie er ist. Daher gibt es esoterische Bücher, in denen einem Organ oder einer Krankheit eine bestimmte innere Bedeutung zugeordnet wird. Ein solcher Hinweis kann hilfreich sein. Er schildert jedoch immer nur eine Möglichkeit von sehr vielen.

Wenn man - gerade auch durch Erfahrungen mit dem eigenen Körper - mit der Haltung der Achtsamkeit ein bißchen vertrauter geworden ist, kann man auch die Unvorhersehbarkeit und Unberechenbarkeit des Lebens genießen.

Der physische Körper ist in jedem Augenblick vorhanden. Wir bewegen uns mit ihm und arbeiten mit ihm. Wir nehmen Nahrung auf, verwerten sie und scheiden den Rest wieder aus. Wir sehen, hören und riechen mit unseren Sinnesorganen. In jedem Augenblick leben alle Organe, Nerven, Blutgefäße und Zellen im Körper. Fast alles läuft unbewußt und automatisch ab.

Der Körper wird im allgemeinen erst dann deutlicher, wenn etwas Ungewöhnliches geschieht. Wenn es ihm zum Beispiel nicht mehr gutgeht oder er zu irgend etwas nicht mehr fähig ist. Derartige Zustände oder Vorgänge werden als krank, negativ oder falsch bezeichnet. Fast jeder versucht dann, seinen Körper wieder in Ordnung zu bringen, indem er sich bemüht, den schmerzhaften oder unangenehmen Zustand zu bekämpfen und zu überwinden.

Ich halte niemanden davon ab, etwas dagegen zu tun, wenn er leidet, ermutige ihn jedoch, etwas bewußter mit seinem Körper zu leben, ob es ihm gutgeht oder nicht. Denn der Körper in all seinen Funktionen und Zuständen ist natürlich ein Teil von uns. Erfahrungen mit ihm sind sehr deutlich und direkt.

So ist es zum Beispiel jetzt möglich, mit der eigenen Sitzfläche und dem Rücken in Kontakt zu kommen. Da ist die Berührung der Unterlage und der Druck auf die Sitzfläche und auf den Rücken. Die Wahrnehmung muß nicht allzu deutlich sein. Allein das Hinspüren macht den Körper etwas bewußter. Wie fühlt er sich jetzt an? Welche Gefühle oder Empfindungen werden dabei deutlich? Ist der Körper angenehm und vertraut oder nicht?

Derartige Fragen an sich selbst können zu Gefühlen und Gedanken führen, die zur augenblicklichen Situation gehören und die ebenfalls wahrgenommen werden können. Um den Kontakt zu vertiefen, kann man das, was deutlich wird, ansprechen. So kann man laut oder leise sagen:»Körper, ich spüre dich jetzt.« Es ist möglich, daß eine kleine Freude oder Wärme oder Ruhe spürbar wird.

Man sollte aber nicht darauf warten, daß so etwas geschieht. Die Erfahrung ist unabhängig von einer spürbaren Reaktion. Ist man mit solchen inneren Kontakten etwas vertrauter, weiß man, daß die Hinwendung und die Worte immer ankommen.

Ein solcher Augenblick der Achtsamkeit ist die innere Erfahrung. Man muß nicht verstehen, was geschieht, und man muß auch nicht ändern oder festhalten, was da deutlich wird.

Der innere Weg besteht aus vielen solcher Schritte, in denen wir uns spüren, uns kennenlernen, uns zulassen und vertrauter mit uns werden, wie wir gerade sind.

Der physische Körper ist so interessant für derartige Erfahrungen, weil er so deutlich wahrgenommen werden kann. Wir können ihn ansehen, ihn berühren und ihn deutlich spüren: zum Beispiel in Wärme oder Kälte, Bewegung und Ruhe, Fähigkeit und Unfähigkeit, Anstrengung, Spannung und Loslassen und natürlich auch in Schmerz, Leiden oder Freude.

Erfahrungen mit dem physischen Körper müssen jedoch keineswegs auf ihn beschränkt bleiben. Eine Hinwendung zum Körper führt unversehens in andere innere Bereiche oder Ebenen, die genauso einfach erfahren werden können. Im Kontakt mit dem Körper kommen oft Gefühle, Gedanken oder Erinnerungen auf. Oder es entstehen andere Bewußtseinszustände. Durch den Körper kann man mit seinem ganzen Wesen vertraut werden. So gibt es zum Beispiel Yoga-Traditionen, in denen mit Hilfe des Körpers die Vollkommenheit erfahren werden kann.

In manchen anderen (religiösen) Vorstellungen hat sich jedoch eine ziemlich abschätzige Haltung gegenüber dem Körper entwickelt. Er wird vor allem wegen seiner Schwere, Begrenztheit und Dunkelheit als ein Hemmnis auf dem Weg in die Leichtigkeit, die Freiheit und das Licht angesehen. So versucht man, den Körper hinter sich zu lassen oder ihn zu überwinden. Der Mensch macht damit deutlich, daß er eine tiefe Sehnsucht nach dem Himmel hat, die Erde jedoch nicht als besonders wertvoll ansieht. Wer (unbewußt) so denkt, der kennt seinen Körper nicht, mag ihn nicht und nutzt ihn nicht für seinen inneren Weg. Oft merkt der Mensch gar nicht, daß ein großer Teil seines irdischen Leides aus dieser Einstellung stammt.

In jedem Augenblick unserer irdischen Existenz leben wir im physischen Körper. Wenn wir ihn nicht beachten, drängt er sich immer wieder ins Bewußtsein. Er macht jedoch nicht auf sich aufmerksam, um uns zu quälen oder gar zu strafen. Er bietet uns vielmehr an, bewußter und auch liebevoller mit ihm zu leben, um alle seine Fähigkeiten zu nutzen. Sie ermöglichen ein angenehmes und erfülltes Leben auf der Erde. Sie führen auch in andere Ebenen der eigenen inneren Welt. So ist jedes Signal des Körpers eine innere Verheißung.

Besonders deutlich wird der Körper in Schmerz, Spannung, in Krankheit oder Verletzung. Solche Zustände werden oft als fremd und von außen verursacht angesehen und sofort zu beseitigen versucht. Derartige Körperzustände sind wirklich unangenehm. Sie spielen sich jedoch im eigenen Körper ab und gehören zu uns.

Wenn man sich ihnen zuwendet, wird immer deutlich, daß sie anders sind, als man bisher angenommen hatte. Denn es macht einen großen Unterschied, ob man eigene Zustände als fremd und feindlich ansieht und sie bekämpft, ohne sie wirklich zu kennen, oder ob man mit ihnen lebt.

Bei einer Verletzung oder Krankheit sollte man natürlich das Notwendige für den Körper tun und Medizin oder Naturheilkunde benutzen. Aber auch in einer Behandlung oder bei einer Operation kann man tiefgreifende innere Erfahrungen mit sich machen, wenn man alle Umstände achtsam erlebt.

Ich weiß, daß viele Menschen Krankheit und Leid unter dem Gesichtspunkt von »Schuld und Sühne« sehen. Sie haben unbewußt Schuldgefühle, weil sie sich weitgehend vergessen hatten und bisher lieblos und schädigend mit sich umgegangen sind. Sie vermuten, daß ihr Körper und ihre Seele sich so verhalten wie ein Mensch, den man vernachlässigt hat. Sie erwarten also, daß Körper oder Seele »sauer« auf sie sind und sie bestrafen. Nimmt der Mensch sich den Mut, sich seinen vernachlässigten oder abgelehnten Teilen zuzuwenden, erfährt er immer, daß diese Vorstellung ein Irrtum ist. Von den bisher unbekannten oder abgelehnten eigenen Teilen gibt es keine Vorwürfe. Der Mensch findet in sich die Liebe, nach der er immer Sehnsucht hatte.

Lebt man ein bißchen vertrauensvoller und achtsamer mit seinem Körper, kann er schon mit schwächeren Signalen durchkommen. Wer seinen Schmerz kennengelernt hat und ihn nicht mehr so unbewußt und stark abwehrt, bemerkt ihn viel früher. So wird deutlich, daß die »Lautstärke« eines inneren Signals vom eigenen Vertrauen abhängt.

Ehe ich über Erfahrungen mit Körperteilen, Organen und krankhaften Zuständen berichte, betrachte ich im folgenden einige Signale des Körpers.

Angenehme Körperzustände sind sehr häufig vorhanden, werden jedoch nur selten bemerkt. Es ist für die meisten von uns völlig selbstverständlich und keines Gedankens wert, daß der Körper ohne Probleme funktioniert. Er bewegt sich, sitzt oder liegt und arbeitet. In seinem Inneren geschieht ununterbrochen alles Erforderliche, um uns auf der Erde am Leben zu erhalten. Das ist nicht nur das Funktionieren des Stoffwechsels, sondern es sind alle körperlichen Fähigkeiten, die es ermöglichen, auf der Erde tätig zu sein, um den notwendigen Lebensunterhalt zu verdienen.

Zu den angenehmen Zuständen und Fähigkeiten des Körpers gehören Wärme, Wohligkeit, Entspanntheit, Schönheit, Kraft und Leistungsfähigkeit, zum Beispiel in der Arbeit oder im Sport. Es ist ganz unüblich, sich seinem Körper in einem solchen Augenblick bewußt zuzuwenden, zu ihm zu sprechen und ihm auch einmal zu danken.

Wenn man sich kennenlernen möchte, muß man nicht warten, bis der Körper durch unangenehme Zustände auf sich aufmerksam macht. Es ist beglückend, sich über den Körper zu freuen, wenn er ganz alltäglich das Essen gut verdaut. Und ihm dann einmal Danke zu sagen. Die folgenden Abschnitte über unangenehme Zustände und Krankheiten sind sehr viel umfangreicher als die über angenehme Zustände. Das liegt vor allem daran, daß wir den Kontakt zum Körper so weit verloren haben, daß er sich immer wieder - manchmal sogar sehr dramatisch - in unser Bewußtsein bringen muß.

Schmerz

Der Schmerz ist ein (sehr) unangenehmer Zustand, der fast immer eine unbewußte, automatische Abwehr auslöst. Viele Menschen glauben, daß es fast nur äußere oder fremde Ursachen für den Schmerz gibt. Sie sehen ihn daher nicht als Teil von sich selbst an und bemühen sich, ihn so schnell wie möglich loszuwerden.

Aber auch wenn der Schmerz zum Beispiel durch eine äußere Verletzung entstanden ist, findet er im Menschen statt. Ein Schmerz verändert etwas. Er bricht ins normale Leben ein. Er kann hindern, etwas zu tun, was man eigentlich wollte. Er kann Unbehagen und Hilflosigkeit auslösen und Angst machen vor dem, was geschehen wird. Der Schmerz macht unüberhörbar auf sich, auf einen Teil des Körpers und auf die Situation aufmerksam. Oft sucht man dann bei jemand anderem Hilfe oder Trost.

Es ist möglich, sich dem Schmerz zuzuwenden. Das mag schwierig sein, wenn die Situation sehr unangenehm oder bedrohlich ist. Es ist natürlich leichter, mit einem Schmerz in Kontakt zu kommen, der erträglich ist oder an den man nur denkt.

Es kann sein, daß in der Hinwendung zum Schmerz Angst entsteht, zum Beispiel daß er stärker werden und vielleicht nie wieder vergehen könnte. Dann kann man auch die Angst wahrnehmen und sagen: »Angst, ich spüre dich. Ich nehme dich mit zu meinem Schmerz.«

Wahrnehmen oder Hinwendung bedeutet nicht unbedingt Annehmen. Man kann sagen: »Schmerz, ich kann dich nicht annehmen.« Sich eine Grenze zuzugestehen schafft auch Vertrauen.

Mit der Hinwendung muß der Schmerz nicht verschwinden. Er muß jedoch auch nicht so bleiben, wie er ist. Es ist möglich, daß der Schmerz auf die Wahrnehmung und das Hinsprechen antwortet. Da entsteht vielleicht eine kleine Freude oder ein Augenblick der Ruhe. Das ist die Freude des Schmerzes, der - wahrscheinlich zum ersten Mal im Leben - angesprochen wird. Es mag seltsam erscheinen, daß sich ein Schmerz freuen kann. Man kann es erfahren. Im Kontakt mit dem Schmerz können Gedanken, Gefühle oder Erinnerungen deutlich werden. Damit erzählt der Schmerz etwas über uns und unseren gegenwärtigen, unangenehmen Zustand. Es kann etwas deutlich werden, was bisher »hinter« dem Schmerz gelegen hat. Auch das sind eigene innere Vorgänge, denen man sich zuwenden kann.

Es ist möglich, daß man in einem solchen Augenblick den inneren Zusammenhang versteht. Es ist jedoch nicht erforderlich, innere Erfahrungen verstehen zu müssen. Die Erfahrung ist immer gültig und wirksam. So muß man seinen Verstand nicht dazu zwingen, alles zu verstehen oder zu deuten.

Bei einer inneren Begleitung wird manchmal ein Schmerz spürbar. Plötzlich sticht das Herz. Der Mensch kennt diesen Zustand, er ist ihm unangenehm und bedrohlich. Ich ermutige ihn, seinen Schmerz wahrzunehmen und sich ihm zuzuwenden. So sagt er:»Schmerz, ich spüre dich, ich habe Angst vor dir.« Dann bitte ich den Menschen, auch seine Angst anzusprechen und sie in die Erfahrung mitzunehmen. Er sagt:»Angst, begleite mich.«

Ihm wird deutlich, daß er bisher nicht bewußt mit seinem Herzen gelebt hat. Er hat auch noch nie zu ihm gesprochen. Er erinnert sich, wie oft er den»Ruf seines Herzens« überhört hat, und er ist betroffen und traurig.

Wenn er dann sein Herz kennenlernen möchte, dann kann er sagen:»Herz, ich möchte zu dir kommen.« Dabei wird die Trauer noch größer, und er spürt, wie schwer es ihm fällt, sie zuzulassen und sie mir zuzumuten. Er liegt da und versucht, seine Trauer hinunterzuschlucken. Ich bitte ihn, seine Trauer soweit wie möglich fließen zu lassen und sie anzusprechen. So sagt er:»Trauer, ich lasse dich jetzt zu. Komm mit zu meinem Herzen.«

Damit gibt er den Widerstand gegen seine Trauer auf, er weint ganz gelöst und erlebt, daß er sie gut ertragen kann. Das kann er seiner Trauer sagen. Es ist möglich, daß sie sich freut und daß er zum ersten Mal erlebt, wie warm, weich und mütterlich seine Trauer ist. Wenn er dann mit Schmerz, Angst und Trauer zu seinem Herzen kommt, fällt es ihm nicht schwer, es zu sehen oder es sich vorzustellen. Das »Bild« muß keineswegs spontan aufsteigen. Jeder Gedanke, jede Vorstellung und auch jede Einbildung ist innere Wirklichkeit. So ist man auch dann bei seinem Herzen, wenn man es sich vorstellt. Im Kontakt damit kann sich der Eindruck verändern. Das Herz ist ja nicht nur das physische Organ, sondern ein sehr vielfältiger innerer Zustand, der jedes Aussehen und jede Eigenschaft haben kann. Wie immer man auch zu ihm kommt, es ist so, wie es dem Augenblick der inneren Begegnung entspricht.

Manchmal ist das Herz ziemlich dunkel, klein oder hart. Es kann auch wund oder verletzt sein. Dadurch führt es zu unangenehmen Erinnerungen oder Zuständen. Oft kommen Gedanken an schmerzhafte Beziehungen zu einem anderen Menschen auf.

Es ist aber genauso möglich, daß das Herz sehr groß, weich und warm oder ein helles Licht ist. Oft ist der Mensch ganz erstaunt und kann nicht glauben, daß das sein eigenes Herz sein soll. Er kann auf sein Herz zugehen und es mit seinen inneren Händen berühren oder es in seine inneren Arme nehmen. Manchmal spürt er Schuldgefühle, weil er bisher gegen sein Herz gelebt hat. Er kann auch dieses Gefühl ansprechen und sich mit ihm vertrauter machen.

Ich habe noch nie erlebt, daß ein Herz »sauer« oder böse auf den Menschen war. Wenn er danach fragt, erfährt er immer, daß sein Herz ihn so liebt, wie er ist; auch mit seinem Mangel an Vertrauen und mit seinem bisherigen lieblosen Verhalten zu sich selbst.

In meinem Beispiel ist die Reise des Menschen zu sich selbst durch den Schmerz ausgelöst worden. Er ist zum ersten Mal dem Schmerz seines Herzens gefolgt und hat es dadurch direkt kennengelernt. Dabei erlebt er, daß der Schmerz ihn nicht schädigt oder zerstört, sondern daß er sehr hilfreich ist. Damit hat dieser Schmerz seinen Zweck erfüllt. Oft merkt der Mensch erst später, daß er verschwunden ist und das Herz sich verändert hat. Es ist weich und warm und gibt dem Menschen die Liebe und Geborgenheit, nach der er sich schon immer gesehnt hat. Er kann jetzt dem Schmerz danken, daß er ihn zu seinem Herzen und zu Gefühlen und Zuständen geführt hat, die er vorher nicht kannte und nicht mochte.

Ein Schmerz kann auch auf einen Mangel an Vertrauen zu sich selbst aufmerksam machen. Da sind Körperteile, Gefühle, Gedanken und andere Zustände, die der Mensch bisher nicht wirklich kannte und zu denen er nicht viel oder gar kein Vertrauen hatte. Der eigentliche Schmerz liegt in feineren Ebenen; er ist ein seelischer Schmerz. Der Körper macht ihn so deutlich, daß man ihn nicht mehr übersehen kann. So ist der Körper eine »Signalstation« der Seele. Das bedeutet jedoch nicht, daß man bei Schmerzen oder Krankheiten nichts mehr tun sollte. Es ist selbstverständlich, sich therapeutisch behandeln zu lassen und Medikamente zu nehmen, wenn es erforderlich ist. Geht man zum Arzt und sagt: »Ich habe Schmerzen, machen Sie sie mal weg«, dann läßt man jemand anderen den Kampf gegen etwas in sich selbst führen, das man nicht wirklich kennt und von dem man glaubt, daß es nicht zu einem gehört. Geht man bewußter mit sich und seinem Schmerz zum Arzt, kann man dieselbe Behandlung als eine Erfahrung erleben, in welcher man sich kennenlernt und mit sich vertrauter wird.

In einigen Erfahrungen, die ich miterlebte, wurde einem Menschen von seinem Körper oder dem kranken Organ nahegelegt, sich behandeln oder auch operieren zu lassen. Danach ging der Kranke in einer ganz anderen Haltung in die Therapie oder ins Krankenhaus und erlebte bewußt die damit verbundenen, oft unangenehmen Umstände und Gefühle. Er lernte sich in Teilen oder Zuständen kennen, denen er bisher nicht vertrauen konnte. Er war überrascht und glücklich, daß er so mit sich leben konnte.

Spannung, Festigkeit, Druck

Spannung und Druck sind im Körper notwendig und völlig normal. In jeder Bewegung oder körperlichen Tätigkeit gibt es Anspannung und Loslassen. Es wird unangenehm, wenn Spannung und Druck über den eigentlichen Zweck hinaus unbewußt und zwanghaft festgehalten werden.

Manchmal sind Rücken oder Schultern verspannt, Gelenke wirken fest und unbeweglich, im Magen oder Bauch ist ein ständiger Druck. Leichte derartige Zustände werden meistens nicht wahrgenommen. Sie können jedoch dauerhaft werden und dann schmerzhaft oder hinderlich sein. Einigen Menschen wird erst in einer bewußten Erfahrung mit dem Körper deutlich, daß einige Bereiche oder Organe chronisch angespannt sind. Derartige Spannungen und Festigkeiten sind nicht angenehm. Deshalb versucht man dann, sich zu entspannen oder durch eine Behandlung die Spannungen zu lösen. Das gelingt oft jedoch nicht so, wie man es sich wünscht. In inneren Erfahrungen kann man sich zunächst zugestehen, daß auch Spannung oder Festigkeit in einem selbst sind, und sagen:»Spannung, ich spüre dich jetzt.«

Vielleicht werden dann Gefühle, Gedanken oder Erinnerungen bewußt, die auch wahrgenommen und angesprochen werden können. Man zieht zum Beispiel seine Schultern hoch und spannt seine Rükkenmuskulatur an, wenn man eine Last trägt. Eine chronische Spannung in diesen Bereichen bedeutet, daß die Muskeln festgehalten werden, obwohl es physisch nicht mehr erforderlich ist. Bei Verspannungen im Schulterbereich erlebe ich immer wieder mit, daß jemand etwas über die »Last seines Lebens« erfährt. Er hat das Gefühl, daß er zuviel zu (er-)tragen hat. Er empfand schon in seiner Kindheit, dann im Beruf und in der Partnerschaft übermäßige Belastungen, die er nur mit großer Mühe ertragen kann.

Wenn er sich dieser Last bewußt wird, kann er sie ansprechen und ihr innerlich näher kommen. Dabei wird deutlich, daß er nicht in erster Linie von anderen Menschen oder äußeren Umständen belastet wird. Er hat viele Erwartungen an sich selbst, die sich trotz großer Bemühungen nicht erfüllen. Er ist häufig mit sich unzufrieden. In der inneren Erfahrung spürt er Trauer, Hilflosigkeit und Depression und merkt, daß er diese Gefühle bisher sehr negativ bewertet und zu überwinden versucht hat, was ihm jedoch nicht gelang. So setzt er sich immer wieder unter Druck, sich endlich ändern zu müssen, um besser leben zu können.

In einer solchen Erfahrung wird dem Menschen auch bewußt, daß er in einem inneren Defizit lebt, wenn er vielen seiner Gefühle nicht vertraut. Auf der einen Seite fehlen ihm die Energien der unterdrückten Gefühle. Auf der anderen Seite verbraucht er viel Kraft, um die unbekannten und gefürchteten Gefühle unter Kontrolle zu halten oder zu bekämpfen. Er lebt mit einem Bruchteil seiner Energien und spürt immer wieder Überforderungen von allen Seiten. Sein Leben ist mühsam und anstrengend, weil Körper und Seele ihm das nicht schenken können, was er zu seinem irdischen Leben braucht. Das Leben wird zur Last.

Wenn er sich jetzt diesen Gefühlen zuwendet, erfährt er, daß sie zu ihm gehören und anders sind, als er bisher gedacht hat. Er ist sehr erleichtert. Meistens sind die Schultern danach gelöst und warm durchblutet. Es fällt dem Menschen nicht schwer, den Schultern und der Spannung zu danken, daß sie ihn zu sich geführt haben. Spannung und Festigkeit gibt es auch im Gesicht, das dann zu einer starren »Maske« wird. Oder im Brust- oder Bauchbereich, der sich wie ein Panzer anfühlt. Wendet man sich diesem Schutz zu, dann wird bewußt, daß man sich durch Maske oder Panzer nicht zuerst vor anderen Menschen oder äußeren Situationen schützt, wie man bisher gedacht hat. Es geht vielmehr wieder um eigene Gefühle oder innere Zustände, denen man bisher nicht vertrauen konnte.

In inneren Erfahrungen wird bei einigen Menschen deutlich, daß ihr Herz fest von einem Panzer umschlossen ist. Sie glauben, daß sie diese harte Umhüllung sprengen oder auflösen müßten, um ihr Herz zu befreien. Ich ermutige den Menschen jedoch dazu, sich seines Panzers zuerst einmal bewußt zu werden und auch ihn als einen Teil von sich selbst anzusprechen. Meistens wird dann deutlich, daß der Mensch bisher zu einigen Eigenschaften seines Herzen wie Weichheit, Zartheit, Wärme und Liebe wenig Vertrauen hatte und sich stark vor ihnen geschützt hat. Er hatte immer befürchtet, von anderen verletzt werden zu können, wenn er weich und zart war. Jetzt wird ihm bewußt, daß er sich diese Eigenschaften, nach denen er eigentlich Sehnsucht hatte, selbst nicht zugestehen konnte.

Verletzung

Im Alltag gibt es immer wieder einmal körperliche Verletzungen. Das schmerzt und blutet, und wenn es schwerwiegender ist, muß man sich vom Arzt helfen lassen. Fast jeder glaubt, daß eine Verletzung durch Unachtsamkeit oder zufällig geschieht und nicht weiter bemerkenswert ist. Es ist aber möglich, auch diesen Vorgang bewußter zu erleben und alle Einzelheiten auf sich zu beziehen. Da sind nicht nur der Schmerz und die Angst, sondern auch das, was durch die Verletzung abgebrochen worden ist oder nicht mehr getan werden kann.

Bei der Begleitung anderer erlebe ich häufig mit, daß jemand eine innere Verletzung wahrnimmt. Manchmal sieht jemand sein Herz, das wund, verletzt oder vernarbt ist. Er spürt Schmerz, Angst und Trauer. Oft erinnert er sich an jemand anderen, durch den er sich verletzt fühlte, weil er von ihm nicht angenommen oder geliebt, sondern zurückgewiesen und nicht verstanden wurde. Jetzt wird ihm bewußt, daß diese Verletzung in ihm selbst ist, daß sie zu ihm gehört. So kann er sie ansprechen und innere Zustände erleben, gegen die er bisher gekämpft hat, weil er sie für unerträglich und bedrohlich gehalten hat. Ein verletztes, wundes Herz kann zum Beispiel deutlich machen, mit welcher Gewalt der Mensch sich vor seiner Weichheit und Zartheit geschützt hat.

Und wie oft wird bei uns die sanfte, mütterliche Trauer bekämpft oder unter Kontrolle zu bringen versucht. Auch das führt zu inneren Schmerzen und Verletzungen. Es wird deutlich, daß die Verletzungen nicht zuerst von anderen verursacht worden sind, sondern einen Mangel an Vertrauen zu eigenen inneren Vorgängen und Zuständen ausdrücken.

Zur Erfahrung von Verletzung gehört auch Verletzlichkeit. Fast jeder hat Angst, durch äußere Umstände geschädigt oder zerstört zu werden oder von jemand anderem ausgenutzt, abgewiesen oder enttäuscht zu werden. Kommt der Mensch innerlich zu seinem Schutz vor Verletzlichkeit, lernt er meistens bedrohliche innere Energien oder Gefühle kennen. Die Bedrohung kann - wie in Träumen - durch eine heranrasende Lokomotive, ein wildes Tier oder eine dunkle, schreckliche Gestalt ausgedrückt werden. Allein der Gedanke an solche inneren Vorgänge löst fast immer große Angst aus. In der physischen Welt ist es zum Überleben notwendig, sich vor einer heranrasenden Lokomotive in Sicherheit zu bringen. Fast alle glauben, daß es innen genauso ist, und verwechseln damit die Ebenen. Anders als in der physischen Welt kann man sich ohne jede Gefahr solchen Bedrohungen ausliefern. Es geschieht nichts, als daß man mit seinen eigenen Gefühlen oder Energien vertrauter wird, vor denen man bisher große Angst hatte. So kann man sich - mit Angst oder Panik - innerlich von der Lokomotive überrollen und eventuell zerstückeln lassen. Nach einer solchen Erfahrung ist der Mensch immer sehr erleichtert und spürt eine innere Öffnung. Er muß sich jetzt nicht mehr so zwanghaft vor sich selbst schützen.

Die Seele ist unverletzlich und unzerstörbar. Daher können wir jedes innere Experiment mit uns selbst machen. Wenn es unerträglich wird, kann man einfach abbrechen, indem man »Stopp« sagt und die Augen öffnet. Man muß sich nicht zu solchen Erfahrungen zwingen. Sie werden jedoch immer wieder einmal von innen angeboten.

Behinderung

Auf der physischen Ebene führt eine Behinderung zu Unfähigkeiten, die für den Betroffenen auch unangenehm sind, weil es eine Vorstellung von »Normalität« gibt, an der sich die meisten orientieren. Viele Behinderte können ihren Zustand nicht annehmen, und viele andere können Behinderte so schlecht ertragen, weil sie sich unbewußt vor dem Thema Behinderung schützen.

In Erfahrungen wird deutlich, daß auch Behinderung zuerst innerlich stattfindet, wenn sich jemand vor eigenen Gefühlen, inneren Zuständen und Energien schützt, denen er nicht vertraut. Er behindert zum Beispiel die Kraft seiner Wut und Aggression oder auch die vitalen Energien seines Beckenraumes, die er für zerstörerisch hält. Er kommt dadurch in einen Energiemangel, den er mit viel Anstrengung auszugleichen versucht.

Wenn das in einer inneren Reise deutlich wird, ermutige ich den Menschen, sich zuerst seine Behinderung zuzugestehen und sie als Teil von sich anzusprechen. Damit öffnet sich der Weg zu dem, was er bisher behindert hat. So kommt er - oft mit großer Angst - zu bedrohlichen inneren Aspekten, wie ich sie im vorherigen Abschnitt schon angedeutet habe. Wenn er sich ihnen öffnet, lernt er kraftvolle und liebevolle Energien kennen, die sich dann nicht gewaltsam gegen ihn selbst oder nach außen richten müssen, wie er befürchtet hat.

Vor einiger Zeit habe ich einen jungen Mann durch mehrere innere Erfahrungen begleitet. Er war nach einem schweren Autounfall querschnittsgelähmt und lebte im Rollstuhl. Er konnte diesen schwierigen körperlichen Zustand nicht annehmen, weil er sich noch zu gut an die Zeit erinnerte, als er normal lebte.

In seinen Erfahrungen spürte er seinen behinderten Körper und empfand Gefühle wie Trauer, Hilflosigkeit und auch Wut. Es fiel ihm nicht schwer, diese Gefühle anzusprechen und sie zuzulassen. Dann machte er sich - mit Angst und Zögern - auf die Reise zu dem zerstörten Teil seiner Wirbelsäule. Es kamen schmerzhafte Gefühle und Erinnerungen auf, die er auch zuließ. Ihm wurde deutlich, daß er sich schon vor dem Unfall in seiner Sehnsucht nach Freiheit, Leichtigkeit und Weite durch seinen Körper sehr eingeschränkt gefühlt hatte. Jetzt konnte er sich seiner Sehnsucht und seiner Behinderung zuwenden und sie ansprechen. Er erinnerte sich, daß er vor einigen starken Gefühlen immer viel Angst gehabt hatte. Auf dem Wege in die unteren Bereiche seines Körpers wurde ihm bewußt, daß ihm sein Bauchraum und Beckenraum unheimlich und sehr bedrohlich waren. Es fiel ihm schwer, zu ihnen hinzugehen. Ihm wurde klar, daß er dort schon immer einen Teil seiner Lebenskraft abgeriegelt hatte. Da er dieses Defizit nicht ertragen konnte, hatte er seinen Körper auch durch sportliche Leistungen häufig überanstrengt.

Damit kamen Schuldgefühle gegenüber dem Körper und den unterdrückten Gefühlen und Energien auf, die er sich zugestehen konnte. Er erlebte mit Erstaunen, daß sein stark behinderter Körper und auch seine beschädigte Wirbelsäule sehr gelassen und liebevoll wirkten. So fiel es ihm leichter, zur Wirbelsäule zu gehen und sich den zerstörten Wirbel anzusehen. Er konnte ihn mit seinen inneren Händen berühren und ihm sogar sagen, daß er ihn im Augenblick so annehmen konnte.

Er war danach sehr erleichtert und machte sich auf den Weg zu dem ihm völlig unbekannten, dunklen und bedrohlichen Bauch- und Beckenraum. Er konnte alles, was er wahrnahm, gut ertragen. Er wurde liebevoll aufgenommen und hörte keine Vorwürfe. Sein Beckenraum wurde dabei heller und deutlicher. Er sah sich in ihm um, berührte ihn innerlich und sprach zu ihm. Als er auf dem Rückweg wieder zu seinem zerstörten Wirbel kam, sah er eine Brücke, die sich dort gebildet hatte. Sie war zuerst zu groß und paßte sich dann in die Lücke ein. Der junge Mann wußte danach, daß er eine »Brücke« zu seinem Körper gefunden hatte und daß er ein bißchen besser mit ihm würde leben können.

Es bleibt natürlich auch weiterhin schwierig für ihn, behindert zu sein. Aber er ist erleichtert, weil er weiß, daß Körper und Gefühle zugänglicher sind und daß es von innen keinerlei Vorwürfe oder Strafen gibt. In diesem Vertrauen wird es ihm irgendwann möglich sein, die körperliche Behinderung als einen Teil von sich zu akzeptieren.

Erfahrungen mit Behinderungen können auch zur Sehnsucht führen, nichts mehr tun zu müssen und in Ruhe und Frieden mit sich zu leben. Aber fast jeder hat Angst davor, nichts mehr tun zu können, und schützt sich davor. Das sind zwei Seiten desselben Zustandes.

Erfahrungen mit Organen

Direkte innere Wahrnehmungen des Körpers sind bei uns weitgehend unbekannt und werden daher für fast unmöglich gehalten. Aus vielen Erfahrungen weiß ich inzwischen, daß jeder seinen Körper innerlich wahrnehmen kann. Im folgenden schildere ich viele derartige Erfahrungen, um zu ermutigen, bewußter (und liebevoller) mit dem eigenen Körper zu leben.

Auch wenn es in den folgenden Bespielen oft um krankhafte Körperzustände geht, ist das nur eine Seite innerer Erfahrungen. Man muß nicht darauf warten, bis der Körper so auf sich aufmerksam macht. Jeder lebt in jedem Augenblick mit ihm und in ihm. Man kann sich dem Körper natürlich auch dann zuwenden, wenn es ihm gut geht und wenn er ganz normal und unauffällig ist.

Ich berichte über Körperteile und Organe aus vielen Erfahrungen, die ich mit anderen Menschen erlebt oder selbst gemacht habe. Dabei schildere ich häufig auch Zusammenhänge oder Ursachen. Diese gelten jedoch nur für den, der die Erfahrungen gemacht hat. Wir sind uns innerlich zwar ähnlich, es gibt aber in jedem Menschen eine derart unermeßliche Vielfalt, daß derselbe Zustand oder dasselbe Symptom ganz individuelle Ursachen oder Hintergründe haben kann. Wie alles in diesem Buch dienen die wenigen Beispiele zur Ermutigung zu eigenen Erfahrungen.

Der Kopf

Vor der inneren Hinwendung zu einem Körperteil oder Organ kann es hilfreich sein, die äußeren (physischen) Funktionen und Fähigkeiten zu betrachten, um deren innere Entsprechungen zu finden.

43

Der Kopf hat viele Fähigkeiten, die wir den ganzen Tag - meistens unbewußt - benutzen. Er enthält die physischen Sinnesorgane wie Augen, Ohren, Nase und Mund, durch die er uns sehr viel über die äußere Welt vermittelt. Er bietet ein umfangreiches Informations- und Kommunikationssystem. Es ist aber auch bekannt, daß wir mit unseren Sinnesorganen nur einen kleinen Ausschnitt der physischen Welt wahrnehmen. Es gibt zum Beispiel elektromagnetische Wellen, für die wir keine Sensoren haben. In diesem Augenblick senden Tausende von Rundfunk-, Fernseh- und Radarsendern ihre Wellen aus, von denen wir direkt nichts spüren. Eine Funktion unserer Sinnesorgane ist also auch, den Umfang der von außen aufgenommenen Eindrücke zu beschränken, damit wir überhaupt leben können.

Im Kopf ist das Gehirn mit seinen vielfältigen Fähigkeiten. Unter anderem kann es Informationen verarbeiten. Es kann analysieren, verstehen, bewerten, ordnen, kontrollieren, Entscheidungen treffen. Das Gehirn wird als Sitz der Vernunft angesehen, die bei uns sehr hoch eingeschätzt und intensiv genutzt wird.

Außerdem trägt der Kopf das Gesicht, durch das wir sehr viel über uns selbst nach außen vermitteln.

Zum Beispiel die Augen

Die Augen verschaffen uns eine große Fülle von Eindrücken. Wir genießen den Blick über eine schöne Landschaft. Aber wir erschrecken und spüren Angst, wenn wir - auch in den Medien - Gewalt und Leid sehen. Wir sehen nicht gern hin.

Dieser Vorgang des Sehens und Wahrnehmens ist bei vielen Menschen ebenso unbewußt wie der Umgang mit den Augen selbst. Oft kommen sie erst dann deutlicher ins Bewußtsein, wenn sie Probleme haben, also nicht mehr scharf sehen können. Viele ärgern sich dann, daß sie alt werden, und gehen zum Augenarzt und zum Optiker, um die Fehlsichtigkeit durch eine neue oder stärkere Brille auszugleichen.

Das ist bei uns so selbstverständlich, daß für Brillen wie für Modeartikel geworben wird. Es ist unbestritten, daß eine Brille hilfreich ist. Aber in dieser unbewußten Reaktion auf Sehfehler kommt man nicht direkt in Kontakt mit seinen Augen. Man kennt sie nicht und mag sie nicht, so wie sie sind.

Es ist sehr einfach, mit seinen Augen vertrauter zu werden. Die Hinwendung kann durch Hinsprechen vertieft werden, wenn man zum Beispiel sagt:»Augen, ich denke jetzt an euch« oder »Augen, ich bin traurig, wenn ich an euren Zustand denke. Es fällt mir schwer, euch so anzunehmen.« Wenn es möglich ist, kann man auch sagen:»Augen, ich spüre, daß ihr so zu mir gehört, wie ihr seid.« Man sollte sich aber nichts vormachen. Es geht nicht darum, alles annehmen zu müssen. Man kann sich auch Grenzen oder Abneigungen zugestehen, um sie kennenzulernen.

Es ist nicht schwierig, die Augen innerlich zu besuchen. Es können klare innere Bilder entstehen. Es ist ebenso möglich, sich vorzustellen, wie sie aussehen. Das muß nicht unbedingt ein anatomisches Bild sein. Jeder Gedanke und jede Vorstellung ist eine innere Erfahrung, die uns mit uns selbst vertrauter macht.

Dann kann man seine inneren Händen benutzen und die Augen berühren oder sich eine solche Berührung vorstellen. Alle Gefühle, Gedanken und Erinnerungen, die dann deutlich werden, gehören dazu. Auch sie können angesprochen werden. Natürlich kann man auch zu sich hinhören und dabei seine innere Ohren benutzen.

So entsteht eine innere Kommunikation, die bei uns weitgehend unbekannt ist und manchmal für nicht normal gehalten wird. Am Anfang mag es ungewohnt und schwierig sein. Ich erlebe jedoch viele Menschen, die ohne jede vorherige Erfahrung nach innen sehen, zu sich sprechen und hören können und überrascht und beglückt sind, daß es so einfach ist, zu sich zu kommen.

Sieht man nach innen, benutzt man seine inneren Augen. Auch ein unbewußter Mensch erlebt das immer wieder, er beachtet es nur nicht. Vielen ist es jedoch nicht angenehm, ihre von ihnen als negativ oder schlecht bewerteten oder gefürchteten Eigenschaften wahrzunehmen. Sie verschließen dann ihre inneren Augen und tun so, als gehörten diese Teile gar nicht zu ihnen.

Es ist möglich, daß etwas derartiges in inneren Erfahrungen mit den Augen bewußt wird. Die physischen Augen können sehschwach werden, wenn man die inneren nicht benutzt. Der physische Körper weist damit auf innere Zustände hin. Gleichzeitig hört der Mensch, daß sein Leiden keine Strafe ist. Es macht ihm bewußt, daß er sich vergessen hat, sich nicht kennt und nicht mag und sich vor sich selbst fürchtet.

Durch die Hinwendung zu den Augen - und vielleicht zur Seh-
schwäche - werden sie uns vertrauter, so wie sie in diesem Augenblick sind. Dabei kann man spüren, daß sie sich beachtet und angenommen fühlen und es ihnen leichter fällt, ihre äußeren und inneren
Fähigkeiten zu entfalten. Die physischen Augen können sich verändern. Aber auch wenn sie es nicht tun, kann man auf alle Fälle besser
mit ihnen leben.

In Erfahrungen mit den Augen können Gefühle und Eigenschaften
bewußt werden, die wir uns bisher nicht zugestehen mochten. So erlebe ich bei einer Begleitung manchmal, daß der Mensch einen starken Druck der Augen spürt. Oft empfindet er das zuerst als Störung,
die er loswerden möchte. Ich mache ihn darauf aufmerksam, daß es
seine Augen und sein Druck sind, die jetzt in sein Bewußtsein kommen und denen er sich zuwenden kann. Das fällt ihm meistens sehr
schwer. Dann sagt er:»Augen, ich spüre euch. Aber Druck, dich
kann ich nicht annehmen.« Dann wird der Mensch traurig, was er
auch nicht mag.

Die Trauer wird meistens unterdrückt und im Bauch, im Brustraum oder im Hals festzuhalten versucht. Kommt sie noch höher,
wird sie tapfer wieder hinuntergeschluckt. Steigt sie trotz aller Barrie-
ren weiter hinauf, werden die Tränen so intensiv hinter den Augen
festgehalten, daß sich die Augäpfel verspannen und fehlsichtig werden können. Damit hält man jedoch nicht nur Tränen der Trauer fest,
sondern auch Tränen der Rührung und Freude, nach denen man eigentlich Sehnsucht hat.

Man sagt:»Augen sind die Fenster der Seele«, denn in ihnen kann
der Umgang des Menschen mit sich selbst sichtbar werden. Viele ahnen das und versuchen, sich davor zu schützen,»durchschaut« zu
werden. Sie fürchten, von anderen so bewertet zu werden, wie sie
sich - meistens unbewußt - in ihren unbekannten und ungeliebten
Eigenschaften bewerten. Sie benutzen dann eine dunkle Brille, um
sich nicht in die Seele schauen zu lassen.

Andere Sinnesorgane

Das über die Augen Geschriebene gilt ähnlich für alle anderen Sinnesorgane. Zu jedem gibt es Entsprechungen auf den inneren Ebenen.

In inneren Erfahrungen können wir nicht nur sehen, sondern auch hören, riechen, schmecken, berühren und auch sprechen. Das ist die innere Kommunikation, die bei uns weitgehend vergessen worden ist. Dafür sind die Möglichkeiten äußerer Kommunikation unvorstellbar umfangreich geworden. Jeder kann ans Telefon gehen und jemanden auf der anderen Seite der Erde anrufen. Aber fast niemand kommt auf die Idee, sein Herz anzurufen und zu sagen: »Hallo, Herz, ich denke gerade an dich.« So ist unsere Welt. Wenn wir zu etwas keinen Kontakt haben, wirkt es fremd und auch feindlich. Das gilt auch für unsere inneren Vorgänge und Zustände. Ohne innere Kommunikation gibt es viele ungeprüfte Vorstellungen und Vorurteile. Wer daran glaubt, verschließt sich nach innen. Er blockiert damit aber auch den Zugang zu dem, wonach er Sehnsucht hat.

Der physische Körper hat unter anderem die Aufgabe, auf solche unbewußten Verhaltensweisen aufmerksam zu machen. So kann der Mangel an innerer Kommunikation durch Probleme der physischen Sinnesorgane ausgedrückt werden. Verringern sich die Fähigkeiten, die äußere Welt wahrzunehmen, wird der Mensch auf eine unangenehme Weise auf sich selbst »zurückgeworfen«.

Manche Menschen schädigen - mehr oder weniger bewußt - ihre Sinnesorgane, wie zum Beispiel die Jugendlichen, die oft sehr laute Musik hören. Das kann die Hörfähigkeit bleibend vermindern. Die eigentliche Ursache der Schädigung ist jedoch nicht die ständige und laute Musik. Sie ist das Symptom einer unbewußten Haltung.

In inneren Erfahrungen werden dann häufig Erinnerungen an die Eltern deutlich, die mit dem Kind nie zufrieden waren und es immer wieder gedrängt und ermahnt haben, mehr zu tun oder besser zu werden. Schon damals konnte der Mensch das nicht mehr hören und entzog sich dem, soweit es möglich war. Jetzt wird ihm jedoch bewußt, daß er zu seiner eigenen Unzufriedenheit und zu seinen Schuldgefühlen kommt. Er hatte fast immer mit dem Gefühl gelebt, alles mögliche im Leben falsch zu machen. Er hatte sich oft bemüht, sich zu verändern. Aber das gelang ihm nicht so, wie er es sich gewünscht hat. Er fürchtete nicht nur, von anderen Menschen negativ bewertet zu werden. Er hatte unbewußt auch Angst vor Vorwürfen oder Bestrafung von innen. So verschloß er seine inneren und seine äußeren Ohren.

Das Gesicht

Das Gesicht ist ein unverwechselbarer Ausdruck des Menschen. In ihm spiegelt sich der augenblickliche innere Zustand wider. Es trägt wesentlich zur zwischenmenschlichen Kommunikation bei. Ein Gesicht kann offen oder verschlossen sein, fröhlich oder traurig, ehrlich oder verschlagen, mißtrauisch, zweifelnd, glücklich.

Durch das eigene Gesicht können wir erfahren, wie wir innerlich mit uns leben. Kennen wir zum Beispiel die eigene Trauer, können wir sie ins Gesicht kommen lassen und sie auch jemand anderem zumuten. Sonst versuchen wir, dieses Gefühl nicht aufsteigen zu lassen, und machen das Gesicht unbewußt starr und maskenhaft.

Viele Menschen zeigen in der Öffentlichkeit ein solches »nichtssagendes« Gesicht, um nicht durchschaut zu werden.

In inneren Erfahrungen macht das Gesicht manchmal durch Spannungen auf sich aufmerksam. Oder dem Menschen wird bewußt, daß er sein Gesicht nicht mag. Dann spürt er Schuldgefühle und wird traurig. Ich ermutige ihn, sein Gesicht und die Gefühle wahrzunehmen und sie anzusprechen. Er erinnert sich oft an jemanden, von dem er Zuwendung und Verständnis erwartet, aber nicht erhalten hat. Werden dann Trauer, Hilflosigkeit und vielleicht auch Wut deutlicher, merkt er, daß es ihm schwerfällt, diese Gefühle zuzulassen. Damit kommt er zu seiner eigenen Verschlossenheit und zu seinem Schutz vor dem, was er in sich nicht mochte oder fürchtete.

Ein maskenhaftes Gesicht kann kühl und hart wirken, aber auch übermäßig freundlich. Manchmal ist es in einem Gefühl erstarrt, das der Mensch eigentlich zu verbergen versucht, wie Angst oder Trauer. Er ist dann keineswegs mit diesem Gefühl vertraut, sondern bemüht sich schon lange, sich endlich von ihm zu befreien. Er muß jedoch erleben, wie es durch seine unbewußte und gewaltsame Abwehr immer mehr zum Mittelpunkt seines Lebens wird.

So kann das eigene Gesicht zu Verschlossenheit oder Offenheit und zu vielen Gefühlen und inneren Zuständen führen. Die Erfahrungen können damit beginnen, sich auch einmal der eigenen Maske zuzuwenden. Sie muß nicht überwunden oder beseitigt werden. Der bisher als notwendig angesehene Schutz kann uns mit dem vertraut machen, was wir nicht mochten oder fürchteten. Und das ist alles in uns selbst.

Das Gehirn (der Verstand)

Wenn jemand sagt, daß er seinen Kopf nicht mag oder ihn als hinderlich empfindet, dann meint er seinen Verstand und sein Gehirn, das als Sitz des Verstandes angesehen wird. Das Gehirn ist sicher mehr als das. Ich beschränke mich aber im folgenden auf den Verstand. Der Verstand kann logisch denken, analysieren, planen, beurteilen, entscheiden, verstehen und kombinieren. Viele glauben, daß sie mit diesen schönen Fähigkeiten ihr ganzes Leben in den Griff bekommen können. Sie durchdenken alles, planen viel, halten alles unter Kontrolle und treffen vernünftige Entscheidungen.

Der Einzelne und die ganze Gesellschaft müssen jedoch immer wieder erfahren, daß ungewollte »negative« oder bedrohliche Zustände oder Gefühle aufbrechen, die sich nicht vorhersehen, nicht verstehen und auch nicht unter Kontrolle bringen lassen. Das löst Angst aus und kann dazu führen, daß der Mensch noch mehr versucht, zu verstehen und einzugreifen. Wenn es gar nicht gelingt, fühlt er sich hilflos und machtlos und resigniert oder wird aggressiv.

Das sind auch Themen von inneren Erfahrungen mit dem Kopf. Er macht oft unverhofft auf sich aufmerksam. Während sich jemand zum Beispiel gerade einem Gefühl zuwendet, denkt der Kopf und meldet Zweifel an oder schmerzt so sehr, daß er nicht mehr übersehen werden kann. Der Mensch schimpft dann: »Kopf, laß mich endlich in Ruhe. Hindere mich doch nicht immer, zu mir zu kommen.«

Der Mensch ist jedoch die ganze Zeit bei sich. Der zweifelnde oder schmerzende Kopf ist nichts Fremdes oder Äußeres, sondern ein Teil des Menschen selbst. Wenn er sich dem zuwendet, wird ihm mit Erschrecken bewußt, wie er bisher mit seinem Kopf (Verstand) umgegangen ist.

Der Kopf wurde unbewußt ständig beauftragt, sich Gedanken zu machen und zu bewerten, ob Verhaltensweisen und Entscheidungen richtig oder falsch waren. Er mußte überlegen, was getan werden sollte, ob es zu schaffen war und was geschehen würde, wenn es nicht geschafft werden konnte. Dann mußte er schnell zwischendurch die Angst unterdrücken, weil sie so unangenehm war und lähmend wirken konnte. Nebenbei mußte er eine Fülle von Informationen verarbeiten, zum Beispiel die Nachrichten und Bilder im Fernsehen verstehen und analysieren, um festzustellen, wieviel Negatives und

Schlechtes es in der Welt gibt und was alles geändert werden müßte. Und dann die vielen Gedanken zum Beruf, zur Beziehung...

Dem Menschen wird bewußt, daß er selbst auch dieser Kopf ist und daß er ihn mit allen seinen Fähigkeiten bisher nur benutzt hat. Er hat ihn jedoch oft wie ein von sich getrenntes Wesen angesehen und ihn dafür verantwortlich gemacht, daß er ihn vom »eigentlichen Leben« abhielt. Der arme Kopf hat sich im Auftrag des Menschen halbtot gearbeitet. Und dann wurde er noch nicht einmal geschätzt und geliebt.

Seine völlige Überforderung und die ihm entgegengebrachte Abneigung drückt der Kopf aus, indem er schwindlig wird, schmerzt oder Migräne bekommt, die das Denken beendet. Längerfristig kann es zu Denk- und Erinnerungsstörungen kommen. Im Kontakt mit ihm wird deutlich, daß er den Menschen nicht quälen will, sondern ihn auf die gnadenlose Kontrolle aufmerksam macht, die er über sich auszuüben versucht, weil er so wenig Vertrauen zu sich hat.

In inneren Erfahrungen oder in Träumen werden wir manchmal ziemlich drastisch aufgefordert, diese Kontrolle zu verlieren. So droht der Kopf zum Beispiel zu explodieren, was viel Angst auslösen kann. Der Mensch glaubt, daß er geschädigt oder zerstört werden könnte. Ich ermutige ihn, zuzulassen, was der Kopf machen möchte, auch wenn es am Anfang erschreckend sein kann. So sagt er: »Kopf, mache jetzt, was du willst.« Es ist möglich, daß der Kopf ganz ruhig wird. Er kann aber auch immer größer werden und explodieren. Dabei entsteht viel Raum, was sehr angenehm ist. Der Mensch hat sich seinem Kopf, eigentlich sich selbst, anvertraut und die Kontrolle einen Augenblick aufgegeben. Damit wird er innerlich nicht geschädigt oder zerstört, er muß auch außen nicht die im Zusammenleben notwendige Beherrschung verlieren.

Es gibt eine ganze Reihe von unbewußten Verhaltensweisen, mit denen man versucht, das ewige Denken und die ständige Kontrolle abzuschalten. Dazu gehört die Verwendung von Alkohol oder anderen Drogen, die »benebeln« oder in andere Bewußtseinszustände führen. Dabei kann jedoch auch die in äußeren Situationen notwendige Kontrolle verlorengehen. Es kann zu Unfällen oder Gewalttaten kommen, deren unangenehme Folgen erst recht kein Vertrauen zum inneren »Kontrollverlust« schaffen. Ebenso gibt es Krankheiten und Unfälle, die den Verstand stören oder ausschalten.

50

In inneren Erfahrungen kann man auch seine eigene Kontrolle wahrnehmen und ansprechen. Viele fürchten zuerst, daß sie damit noch größer wird und nie mehr aufhört. Aber nicht die Kontrolle selbst ist das Problem. Sie ist im Zusammenleben mit anderen Menschen erforderlich. Das Leiden entsteht aus dem unbewußten und zwanghaften Umgang mit ihr. Wer sich selbst wenig kennt und wenig vertraut, muß sich immer wieder automatisch unter Kontrolle bringen. Durch den Kontakt zur Kontrolle wird sie vertrauter und auch im Alltag immer wieder einmal bewußt. Dann kann man sich entscheiden, sie zu benutzen oder sie zu lassen. Es entsteht innere Freiheit. Das Vertrauen wächst vor allem durch das Kennenlernen von Gefühlen und inneren Zuständen, vor denen man sich bisher unbewußt geschützt hat. Dazu können der Kopf und die Kontrolle ganz wesentlich beitragen, wenn man sich ihnen zuwendet. Hinter der Kontrolle liegen häufig Trauer, Hilflosigkeit, Angst, Depression, Wut und Aggression, aber oft auch angenehme Zustände wie Weichheit und Zartheit, vor denen man sich unbewußt zu schützen versucht.

In solchen inneren Erfahrungen wird der Kopf oft ganz still, ohne daß man sich darum bemühen müßte. Er freut sich, wenn wir uns kennenlernen und vertrauter mit uns werden. Er macht Pause und erholt sich, um im Alltag besser denken und entscheiden zu können. Dann kann man seinen Verstand genießen und ihn für ein befriedigendes Leben auf der Erde nutzen.

Manchmal erlebe ich mit, daß jemand zu seinem Herzen geht und es bittet, mit ihm in den Kopf zu kommen. Das macht das Herz sehr gern. Der Mensch erlebt dann, daß sein Gehirn (Verstand) und sein Herz keineswegs getrennt oder feindlich sind, sondern in Harmonie miteinander leben.

Der Hals

Der Hals ist die Verbindung zwischen dem Kopf und dem »Rest« des physischen Körpers. Der Hals transportiert Luft, Blut, Nervenenergie und Nahrungsmittel. Durch ihn können Energien und Gefühle von unten aufsteigen, die oben durch Worte oder im Gesicht ausgedrückt werden. Der Hals kann Gedanken und Energien von oben nach unten transportieren. Physisch macht der Hals den Kopf beweglich.

Der Hals zeigt jedoch auch sehr deutlich, wenn Energien und Bewegungen blockiert werden. Dann entsteht Enge, zum Beispiel als »Kloß im Hals«, der es schwermacht, zu sprechen oder durchzuatmen. Das kann sehr unangenehm und bedrohlich sein.

In inneren Erfahrungen erlebt ein Mensch manchmal eine so große Enge, daß er befürchtet, ersticken zu müssen. Ich ermutige ihn, seine Angst mitzunehmen und sich der Enge auszuliefern. Er sagt: »Enge, ich gebe mich dir jetzt hin. Mache mit mir, was du willst.« Er liegt da und befürchtet das Schlimmste. Er merkt dann, daß er nicht erstickt. Oft wird der Hals sogar etwas weiter. Jetzt können die Gefühle hindurchfließen, die er bisher unbewußt blockiert hat. Das sind zum Beispiel Trauer, Angst, Hilflosigkeit oder Aggression, denen er sich jetzt zuwenden kann, um mit ihnen vertrauter zu werden.

Manchmal wird jemand von seiner Trauer berührt, die er nicht zulassen kann und mir nicht zumuten mag. Er liegt da, und sein Hals bewegt sich, weil er die Trauer hinunterschluckt. Die kommt im Magen an, der nichts mit ihr anfangen kann und überlastet auf sich aufmerksam macht. Ich bitte den Menschen, seine Trauer anzusprechen und sie zuzulassen, soweit es geht. Oft weint er dann ganz gelöst und lernt dabei ein weiches, warmes, dunkles Gefühl kennen.

Auch der hintere Bereich des Halses, der Nacken und die Wirbelsäule, können auf sich aufmerksam machen. Viele strecken zum Beispiel unbewußt und chronisch ihren Kopf weit nach vorne. Sie machen damit deutlich: Der Kopf ist nicht nur obenauf, sondern auch immer vorneweg. Er behält den Überblick und die Kontrolle, und der übrige Körper mit seinen Gefühlen und Energien wird zurückgesetzt. Diese innere Einseitigkeit kann in der Kopfhaltung und in den sich daraus ergebenden schmerzhaften Verspannungen und Festigkeiten des Nackens spürbar werden.

Das Herz

Das Herz hat sicher in allen menschlichen Kulturen die größte innere Bedeutung. Viele religiöse Überlieferungen und Schriften verweisen auf das Herz. Und selbst in unserer vernünftigen Welt scheint es ein Herz zu geben, das nicht allein physisch existiert. Sei es auch nur in einem Schlager über die Liebe.

Ich erlebe das Herz immer als einen wunderbaren Teil des Menschen und als Helfer auf dem inneren Weg. So kann ich jedem nahelegen, sein Herz physisch und auf inneren Ebenen kennenzulernen und mit ihm bewußt zu leben. Im Herzen und mit ihm finden wir das, wonach wir unser ganzes Leben lang Sehnsucht haben. Während ich dies schreibe, spüre ich die Freude meines Herzens.

Erfahrungen mit dem Herzen

Viele Menschen spüren eine tiefe Sehnsucht nach Liebe und Vertrauen. Sie ahnen, daß sie irgendwo zu finden sind. Aber kaum jemand weiß, wo sich diese Sehnsucht wirklich erfüllt. Viele suchen Liebe und Vertrauen bei anderen Menschen oder in äußeren Umständen. Sie erleben jedoch immer wieder, daß sie enttäuscht werden und ihre Sehnsucht größer wird.

Zu Beginn einer inneren Reise werden oft Aufregung, Angst oder Unruhe deutlich. Ich ermutige, das Gefühl wahrzunehmen und ihm zu sagen: »Ich spüre dich jetzt.« Wenn ich frage, wo das Gefühl besonders deutlich ist, spürt der Mensch vor allem sein Herz, das aufgeregt schlägt und manchmal sogar bedrohlich drückt oder schmerzt.

Einige Menschen sind sehr beglückt, ihr Herz zu spüren und es anzusprechen. Bei vielen anderen gibt es Zögern, Angst, Trauer oder auch Schuldgefühle, wenn sie es wahrnehmen. Ich frage dann, ob sie ihr Herz besuchen und kennenlernen möchten. Fast alle wollen es, aber einigen fällt es doch schwer. Sie können sagen: »Herz, ich spüre, daß ich Angst vor dir habe.« Wenn sie traurig werden, können sie die Trauer bitten, mit zum Herzen zu kommen.

Viele sind am Anfang unsicher, was sie tun müssen, um zu ihrem Herzen zu kommen. Dann frage ich: »Wie stellst du dir jetzt dein Herz vor?« Fast immer kommt eine spontane Antwort. Damit sind sie bei ihrem Herzen.

Ich weiß, daß eine Vorstellung oft nicht als wirkliche Erfahrung angesehen wird. Jede Einbildung oder Vorstellung findet jedoch in uns statt und ist ein Ausdruck unserer inneren Wirklichkeit. Es ist sehr hilfreich, sich Vorstellungen zu machen, um mit sich in einen ersten Kontakt zu kommen. Daraus können neue Eindrücke entstehen, die wir uns nicht mehr vorstellen müssen.

Das Herz existiert auf vielen Ebenen und hat beliebig viele Ausdrucksmöglichkeiten. Es kann zum Beispiel deutlich werden als anatomisches Bild, als Farbe, als Licht oder Raum. Es kann als dunkle Kugel oder als Höhle erscheinen. Ein Herz kann riesig und übermächtig wirken und den Menschen bedrohen. Es kann auch, wie ich schon beschrieben habe, wund und verletzt aussehen. Wie es ist, entspricht dem, was es dem Menschen vermitteln möchte. Er kann zum Herzen hingehen, um es mit den inneren Händen zu berühren oder es in die inneren Arme zu nehmen. Das fällt natürlich schwer, wenn es unangenehm wirkt oder wenn Schuldgefühle und Angst entstehen.

In der Berührung des Herzens spürt fast jeder Weichheit und Wärme. Manchmal wird dann deutlich, daß der Mensch bisher seine Weichheit nicht zulassen konnte, weil er sich vor Verletzung und Schwäche gefürchtet hatte. Viele geben sich jedoch dem Herzen hin und genießen den Zustand. Ihnen wird klar, daß sie selbst das Herz sind und daß es schon immer in ihnen war. Sie können jetzt beginnen, bewußter mit ihrem Herzen zu leben.

Das Herz kann jedoch auch hart und kalt sein. Das löst Trauer und Schmerz aus. Oft erinnert sich der Mensch an Lieblosigkeiten in der Kindheit oder in einer Partnerschaft. Ich bitte ihn, seine Härte und Kälte und auch die Trauer und den Schmerz anzusprechen. Ich ermutige ihn, seine schmerzhaften Erinnerungen zuzulassen. Jeder erfährt dabei, daß er bisher mit manchem in sich selbst lieblos und hart umgegangen ist. So kommt er zu seiner eigenen Lieblosigkeit, die er ansprechen und kennenlernen kann. Darüber berichte ich später mehr.

Manchmal ist ein Herz ganz dunkel und wirkt bedrohlich, so daß der Mensch sich vor ihm fürchtet. Er kann dann mit seiner Dunkelheit und seiner Angst Kontakt aufnehmen.

Ich habe auch schon viele wunde, verletzte, zerrissene oder vernarbte Herzen miterlebt. Dabei entstehen Angst, Schmerz und Schuldgefühle. Der Mensch erinnert sich an seelische Verletzungen, die ihm von anderen zugefügt worden sind. Er kann sich auch diesem beklagenswerten Zustand seines Herzens zuwenden und ihn sich so weit wie möglich zugestehen. Er erfährt, wie er sich durch seinen Mangel an Vertrauen und durch seine Abneigungen selbst verletzt hat. So hat er zum Beispiel immer wieder seine zarte, weiche Trauer bekämpft, wenn sie ihn berührte, oder seine kraftvolle Wut mit aller Gewalt unterdrückt. Wenn er jetzt sein wundes Herz in die inneren Arme nimmt, ist es liebevoll und macht ihm keine Vorwürfe.

Mir ist bei der Begleitung vieler Menschen deutlich geworden, daß das Herz seine Liebe lebt, indem es den Menschen zu sich führt. Auch zu Gefühlen oder inneren Zuständen, die er bisher als negativ und unerträglich angesehen und bekämpft und unterdrückt hat. Das Herz ermutigt ihn, solche gefürchteten und ungeliebten Teile kennenzulernen, indem es entsprechend aussieht oder sich so anfühlt. Wenn er nach derartigen schmerzhaften oder bedrohlichen Erlebnissen zu seinem Herzen zurückkehrt, ist es meistens warm und weich, hell und unverletzt. Dem Menschen fällt »ein Stein vom Herzen«, und er nimmt es in die inneren Arme. Er spürt die Nähe und Geborgenheit, nach der er immer Sehnsucht hatte. Er ahnt, wie es ist, liebevoller mit sich zu leben.

Ich erinnere mich gern an die innere Begleitung eines Freundes, der damals Medizin studierte und heute Arzt ist. Er wollte sein Herz kennenlernen. Als er sich nach innen wandte, konnte er es spontan sehen. Aber er war enttäuscht. Es sah genauso aus, wie er es aus Lehrbüchern oder aus der Anatomie kannte. Es war ein klares, aber unbelebtes Bild. Er schaute es sich ruhig an. Ich sah dann, daß sein Gesicht ganz weich wurde. Er sagte:»Jetzt sehe ich, daß mein Herz arbeitet. Und das hat es schon mein ganzes Leben lang getan, nur habe ich es noch nie so bemerkt.« Er blieb voller Rührung bei seinem Herzen, das er ganz lebendig sah. Und er dankte ihm. Danach überwog sein fachliches Interesse, und er wanderte durch seine Herzkammern, sah sich die Herzklappen an und konnte alles genau erkennen und schildern. Er war mit seinem Herzen sehr zufrieden, da es völlig gesund und lebendig war.

Bei einer anatomischen Wahrnehmung des Herzens können Erkrankungen oder Störungen deutlich gesehen werden. Der Mensch berichtet dann zum Beispiel von einer Verengung oder einer »dünnen Stelle« in der Herzwand. Obwohl solche Zustände lebensbedrohlich sein können, kann er sie gut ertragen und sie - mit Angst - ansprechen, um sie als Teil von sich kennenzulernen. Solche krankhaften Zustände haben häufig eine lange und schmerzhafte Geschichte, die sie erzählen, wenn der Mensch ihnen zuhört. Dabei wird jedesmal deutlich, daß das Leiden keine Strafe ist, sondern eine starke Ermutigung, in eine andere Lebenshaltung zu kommen.

Es ist schön, sein Herz auch einmal zu fragen:»Lebst du gern mit mir, so wie ich bin, auch mit meinen Schwierigkeiten?«Wer sich selbst bisher negativ bewertet hat, kann kaum glauben, daß das Herz fröhlich ja sagt. Im Herzen wird das eigene Vertrauen spürbar. Herz (und Seele) wissen, daß das Leben einen Sinn hat, weil es von innen gelebt wird. Und zum irdischen Leben gehört wohl auch, daß wir uns vergessen, uns nicht kennen und nicht mögen und uns vor uns selbst schützen. Leiden ist kein Fehler und keine Strafe, sondern eine intensive Berührung, die wir uns zumuten, um mit uns in Kontakt zu kommen. Das geschieht auch, wenn wir uns dessen nicht bewußt sind.

Da ich das nicht wußte und auch nicht glauben konnte, habe ich in vielen Erfahrungen mit anderen und in mir selbst immer wieder nachgefragt. Ich habe bewußt mit meinem Zweifel gelebt und mit großem Erstaunen von innen immer dieselbe klare Antwort bekommen. Sie ist mir zur Gewißheit geworden.

Erkrankungen des Herzens

Erkrankungen des Herzens haben stark zugenommen. Es gibt alle Arten von Durchblutungsstörungen bis hin zum Infarkt, der tödlich sein kann. Und es gibt zum Beispiel auch Herzphobien, die sehr bedrohlich wirken. Ich habe bereits einige unangenehme oder schmerzhafte Zustände beschrieben, die das Herz in der ersten inneren Begegnung deutlich machen kann. Das Herz wirkt dann fest und kalt oder verletzt und verwundet oder auch dunkel und bedrohlich. Das sind innere Zustände, die sich lösen können, wenn der Mensch sie erfährt, sich mit ihnen vertraut macht und sich nachher ein bißchen weniger vor seiner eigenen Weichheit und Zartheit schützen muß.

Wer seiner weichen, weiblichen Seite wenig vertraut, hält unbewußt und zwanghaft einen starken inneren Schutz aufrecht. Er macht sein Herz fest und hart, damit die Weichheit nicht an die Oberfläche kommen und er verletzlich werden kann. Längerfristig vermindert er damit die Energie und die Durchblutung auch seines physischen Herzens. Sein Herz versucht immer wieder, ihn darauf hinzuweisen, indem es schmerzt oder Druck macht. Solche Signale werden unübersehbar, wenn das physische Herz krank wird. Körperliche Symptome machen schmerzhaft den Mangel an Vertrauen zu sich und meistens auch zum irdischen Leben bewußt. Oft wird der Mensch durch die entstehende Behinderung und Einschränkung drastisch aus dem bisherigen Leben gerissen und auf sich selbst zurückgeworfen, was ebenfalls sehr unangenehm sein kann. Ein Mensch mit Herzproblemen ist sehr sensibel und spürt immer wieder innere Berührungen. Da er ihnen wenig vertraut, schützt er sich, indem er sie zum Beispiel durch Alkohol oder andere Drogen zu unterdrücken versucht oder in Aktivitäten aller Art geht. Er hat Sehnsüchte und ahnt angenehme Zustände. Aber unbewußt fürchtet er sich auch vor seiner Ruhe, weil dann das aufsteigen könnte, was er nicht mag oder was er fürchtet. Eine Erkrankung des Herzens reißt aus Bewegungen heraus und zwingt zur Ruhe. Er hat nichts mehr zu tun, außer bei sich zu sein. Das löst große Angst aus. Deswegen versuchen viele, so schnell wie möglich wieder aus diesem Zustand herauszukommen.

Da ist zum Beispiel der Politiker, der nach seinem Herzinfarkt im Krankenhaus seine Akten im Bett bearbeitet. Er selbst und seine Umgebung verbreiten unermüdlich, daß seine Leistungsfähigkeit nicht gelitten habe und daß er sich schon wieder um alles mögliche kümmern könne. Dieses Verhalten und die Berichterstattung über die Krankheit machen die große Angst vor Schwäche, Inaktivität und Hilflosigkeit bei uns deutlich.

Es geht nicht darum, die Leistungsfähigkeit abzuschaffen und einseitig nur noch das Nichtstun zu leben, wie einige fürchten. Das Nichts-mehr-tun-Müssen oder Nichts-mehr-tun-Können ist jedoch die Seite des Menschen, die zu leben Vertrauen nach innen voraussetzt. Zu dieser Seite führt uns unser Herz. Wer ihr nicht vertraut und einseitig seine Aktivität lebt, überfordert und überanstrengt sich, weil er selten Ruhe zulassen kann, in der er sich erholt. Sein Wunsch nach Ruhe und Frieden drückt sich oft in einer unbewußten Todessehnsucht aus, die auch Angst und Schuldgefühle auslöst. Dadurch kommt er in noch mehr Bewegung und Aktivität. Stirbt er - vielleicht an seinem Herzen -, erfüllt er sich unbewußt die Sehnsucht nach Frieden.

Nach vielen Erfahrungen mit kranken Menschen weiß ich, daß niemand von innen, von seiner Seele oder von Gott, verurteilt und gestraft wird. Leiden, Siechtum und Tod sind ebenso innere Zustände wie Freude und Lebendigkeit. Ich erlebe viele kranke Menschen, die durch innere Erfahrungen mit sich vertrauter werden, was sie nicht hindert, das Notwendige zu tun, um wieder gesund zu werden. Und wenn die Krankheit bleibt, kann der Mensch versöhnter und vertrauter mit ihr leben.

Bewußt mit dem Herzen leben

Allein schon der Gedanke an das eigene Herz bringt uns in Kontakt mit ihm. Oft meldet sich das Herz selbst durch seinen beschleunigten Puls, der in Aufregung, Angst oder Anstrengung sehr deutlich wird. Manchmal macht es sich durch einen Stich oder Druck bemerkbar. Es will dann nicht kaputtgehen, sondern ruft uns, mit ihm zu leben. So kann man sagen:»Herz, ich spüre dich« oder:»Herz, ich denke an dich.« Die kleine Stille oder Freude ist seine Antwort.

Nach meinen Erfahrungen ist das Herz sehr unternehmungslustig. Es ist fast immer bereit, uns zu uns selbst zu führen oder zu begleiten. So kann man sagen:»Herz, komme mit zu mir«, sich von ihm an die Hand nehmen zu lassen und sich auf den Weg zu machen.

Vom physischen Herzen wissen wir natürlich, daß es immer im Brustkorb ist und nicht in uns herumwandert. Das innere Herz kann alles. Wenn wir es möchten, kommt es mit in den Bauch, in den Beckenraum, ins kranke Bein oder in den Kopf. Das Herz ist meistens ganz ruhig und gelassen dabei und ermutigt, sich auch unangenehmen oder bedrohlichen Zuständen zuzuwenden.

Man kann sich auch seinem Herzen anvertrauen und sagen:»Herz, führe mich, wohin du willst.« Da ist sehr viel, wohin wir geführt werden, um mit uns vertrauter zu werden. Innere Erfahrungen betreffen natürlich nicht nur schwierige, unangenehme oder bedrohliche Themen. Es gibt wunderbare Zustände in uns, nach denen wir oft Sehnsucht haben.

In derartigen Erfahrungen wird die eigentliche Kraft des Herzens spürbar. Viele Menschen glauben, ihr Herz schützen zu müssen, weil es so zart und verletzlich ist. Im Kontakt mit ihm wird sein unbegrenztes Vertrauen zum Leben deutlich. Das ist die Kraft der Liebe und der Hingabe, die größer sein kann als die Kraft des Handelns. Wir müssen nicht verstehen, was in uns geschieht, wir müssen in uns nichts ändern. So wie wir sind, hat es einen Sinn. Das ist die Botschaft unseres Herzens. Und wir sind auch das Herz.

Das tägliche Leben kann sich nach inneren Erfahrungen allein dadurch ändern, daß wir uns selbst bewußter geworden sind. Wir können mehr von uns mit in den Alltag nehmen. Es ist zum Beispiel sehr schön, bewußter mit dem Herzen zu leben und manchmal zu sagen:»Herz, ich denke jetzt an dich. Begleite mich in diese Lebenssituation.« Das kann man machen, wenn es einem gutgeht, aber auch, wenn man Probleme hat. Damit muß sich im äußeren Verhalten nichts ändern. Man lebt mit anderen Menschen, übt seinen Beruf aus, ärgert sich über etwas oder freut sich. Man benutzt seinen Verstand und arbeitet am Computer. Alles fühlt sich innerlich anders an, wenn das Herz dabei ist. Manche glauben, daß sich Verstand und Herz widersprechen, weil sie diese beiden Seiten in sich nicht gut kennen.

Ich habe einmal einen Manager zu sich begleitet, der ziemliche Schwierigkeiten mit seinem Beruf hatte, weil ihm die immer wieder notwendigen Entscheidungen zunehmend schwerfielen. Er glaubte, daß er sich noch mehr anstrengen und sich stärker unter Kontrolle bringen müßte, um nicht durch seine Gefühle in seiner Handlungsfähigkeit gestört zu werden.

Es fiel ihm überhaupt nicht schwer, nach innen zu gehen. Er war bald bei seinem Herzen, das sehr groß und lebendig wirkte. Er wurde ganz weich, als er sich von ihm berühren ließ. Das ermutigte ihn, sein Herz um Hilfe zu bitten. Es war ganz fröhlich, als es sagte:»Das einzige Problem ist, das du mich nicht mit in deinen Beruf nimmst.« Der Manager und ich waren ziemlich verblüfft darüber. Er rief mich einige Zeit später an und erzählte mir, daß er sein Herz vorsichtig dazugenommen hätte, um mit Erstaunen zu erleben, daß es ihn in seiner Arbeit keineswegs hinderte, sondern ihn tatkräftiger und entscheidungsfreudiger machte. Außerdem hätten sich seine Energien verbessert, weil er sich immer wieder einmal gönnte, in den Armen seines Herzens eine Ruhepause zu machen.

Durch innere Erfahrungen geht also nichts von dem verloren, was wir schon kennen und schätzen. Es kommt jedoch immer etwas hinzu, was uns»größer« und lebensfähiger macht.

Manche Menschen haben Angst, den gefundenen inneren Kontakt wieder zu verlieren. Es ist selbstverständlich, daß die unbewußte Haltung, die wir so lange trainiert haben, nicht von heute auf morgen aufhört. Natürlich vergißt man sich immer wieder und lebt unbewußt und auch in Abwehr gegen sich selbst. Das ist kein Fehler, weil man auch dann Erfahrungen mit sich macht.

Für solche Fälle kann es hilfreich sein, das Herz um ein Zeichen zu bitten, mit dem es sich im Alltag bemerkbar macht. Das kann wie bisher schon Aufregung, Druck oder Schmerz sein. Es gibt aber auch innere Bilder, Worte oder Klänge, die uns daran erinnern, daß unser Herz sagt:»Hier bin ich, nimm mich mit in dein Leben!« Wenn das deutlich wird, kann man sagen»Hallo, mein Herz, ich spüre dich. Komm mit!«

Arme und Hände

Arme und Hände haben viele physische Funktionen, deren innere Entsprechungen erfahren und benutzt werden können. Da sind aktive Fähigkeiten wie zum Beispiel handeln, bewegen, festhalten, sich wehren, kämpfen, ziehen, schieben, tragen, heben. Die passiven Fähigkeiten sind zum Beispiel nicht handeln, annehmen, zulassen, loslassen, ruhen, ertragen sowie berühren und umarmen (ohne Erwartungen). Innere Erfahrungen mit einigen dieser Funktionen schildere ich in den folgenden Abschnitten.

Handeln

Die Fähigkeit zu handeln, einzugreifen und zu verändern wird in der westlichen Welt sehr hoch geschätzt und intensiv genutzt. Viele Menschen leben weitgehend in Aktivitäten und Bewegungen und versuchen, sich und ihr Leben»im Griff« zu behalten. Passivität und Nichthandeln werden demgegenüber oft als minderwertig angesehen und zu vermeiden gesucht. Das Nichts-mehr-tun-Können löst häufig große Angst aus. Eine solche einseitige Haltung oder Vorstellung kann dazu führen, daß die vergessene oder geringgeschätzte Seite auf unangenehme Weise deutlich wird und gelebt wird.

In inneren Erfahrungen können Hände manchmal durch Kälte oder Schmerzen auf sich aufmerksam machen. Oft kommen dann unangenehme Gefühle wie Angst oder Trauer auf. Dem Menschen wird bewußt, daß er diese bisher nicht ertragen oder zulassen konnte. Er hat immer wieder versucht, sie endlich zu überwinden. Das ist ihm jedoch trotz aller Bemühungen nicht gelungen. Seine Hände wirken blockiert und leblos, weil er nichts mehr tun kann. Er erlebt seine Hilflosigkeit und seine Wut, die er auch nicht mag. Ich ermutige ihn, sich diesen Zuständen und Gefühlen zuzuwenden, um sie als Teile von sich kennenzulernen. Wenn er seine Blockade, seine Hilflosigkeit und Wut anspricht, kommt er in Kontakt mit ihnen. Dabei erlebt er, daß er diese Zustände zulassen kann, ohne daß sie ihn überwältigen oder unfähig machen. Er wird ein bißchen ruhiger und spürt Erleichterung. So kommt der Mensch zu seinem Nichts-mehr-tun-Müssen. Er muß im Augenblick nichts bewerten, nichts unter Kontrolle halten oder verändern. Er spürt die Freiheit, innen seine Hände in den Schoß legen zu dürfen und sie ruhen zu lassen. Wenn er danach zu ihnen hinspürt, fühlen sie sich wärmer und lebendiger an. Er dankt ihnen für diese Erfahrung, worüber sich die Hände spürbar freuen.

Festhalten

Manchmal kommt jemand zu mir, der schmerzhafte Entzündungen und Verfestigungen in den Finger- und Handgelenken hat. Wendet er sich in der inneren Reise seinen Händen zu, spürt er zuerst eine große Angst. Er hat schon alles mögliche unternommen, um die Erkrankung zu überwinden. Sie ist aber eher schlimmer geworden. Er fürchtet, daß es so weitergeht und die Hände immer unbeweglicher werden. Er hat auch Angst, die Entzündung und die Festigkeit jetzt anzusprechen, weil er glaubt, daß sie endgültig werden, wenn er nicht mehr gegen sie kämpft. Er ist traurig und hilflos.

So bitte ich ihn, zuerst seine Angst, Trauer und Hilflosigkeit wahrzunehmen und zum Beispiel zu sagen: »Angst, ich spüre dich, ich kann dich aber kaum ertragen.« Wenn dann die Trauer aufbricht, ermutige ich ihn, sie frei fließen zu lassen. Denn sein Zustand ist wirklich traurig. Dem Menschen wird bewußt, daß er sich so bisher noch nie wahrgenommen und zugelassen hat. Das macht ihn noch trauriger. Er spürt gleichzeitig, daß er die Trauer ertragen kann. Sie ist warm und weich. Ich bitte ihn, Trauer und Angst mit zu seinen Händen zu nehmen. Wenn er sie innerlich sieht, kann er sie mit seinen inneren Händen berühren, um wahrzunehmen, wie sie sich anfühlen. Er spürt mit Angst seine Gelenke und sagt: »Festigkeit, ich spüre dich. Ich will dich loswerden.« Im Kontakt mit dieser Festigkeit werden Themen deutlich, die mit unbewußtem Festhalten zu tun haben.

Einige Menschen halten an einer Beziehung fest, obwohl sie für beide Beteiligten schwierig und unerträglich ist. Sie haben große Angst vor Trennung, Verlassenwerden und Einsamkeit. Wendet sich der Mensch dem Verlassenwerden zu, dann kommen oft Erinnerungen an die Kindheit auf, in der er Verlassensein und Einsamkeit erlebt hat. Läßt er seine Trauer, Hilflosigkeit und Wut zu, wird ihm bewußt, daß er diese Gefühle bisher abgelehnt und hinter sich zu lassen versucht hat. Oft findet er dann in ihnen das, wonach er Sehnsucht hatte. Seine Trauer bringt ihm Wärme und Geborgenheit. Seine Hilflosigkeit schenkt ihm Ruhe und Frieden. Und seine Wut macht ihn mit fließenden Energien vertraut, die er bisher festgehalten hat. Danach begreift er, daß er diese beglückenden Zustände bei anderen gesucht hat, die sie ihm nicht so geben konnten, wie seine Seele es tut. Er gewinnt damit die Freiheit, nicht mehr mit so vielen Erwartungen in eine Beziehung gehen oder in ihr bleiben zu müssen.

Unbewußtes Festhalten gibt es auch bei Gedanken und Vorstellungen. Was man nicht kennt, wird meistens mit Vorstellungen besetzt. Bei uns glaubt man zum Beispiel, daß Angst, Depression oder Aggression derartig schädlich und gefährlich sind, daß man sie nicht zulassen darf, sondern sie unter Kontrolle bringen oder bekämpfen muß. Das kann zu einer verzweifelten und gewaltsamen Abwehr von derartigen Gefühlen und inneren Zuständen führen, die damit jedoch nicht überwunden werden können. Der Mensch glaubt oft, versagt zu haben, und verstärkt seinen Kampf. Das abgewehrte Gefühl nimmt dabei einen immer größeren Raum in seinem Denken und in seinem Leben ein.

Das kann soweit gehen, daß der Mensch zu einer Verkörperung des verhaßten Gefühls wird, das sich im Gesicht, in Körperhaltungen und Verhaltensweisen ausdrückt. Der Mensch leidet nicht an dem Gefühl, wie er meint, sondern an seinem Mangel an Vertrauen zu dem Gefühl, das er nicht als eigenen Zustand erkennt und das er in der unbewußten Abwehr völlig festhält.

Ich habe viele Menschen mit solchen Symptomen durch ihre Erfahrungen begleitet. Nach dem bisherigen Kampf war es für jeden zuerst mit viel Angst verbunden, dann überraschend und erlösend, zum ersten Mal in seinem Leben zu dem Gefühl zu sprechen. Nach den Worten:»Angst, ich spüre dich. Ich ahne, daß du zu mir gehörst« atmet er hörbar durch und spürt große Erleichterung.

Wenn man mit seiner inneren Welt nicht vertraut ist, hat man viele Vorstellungen über innere Bedrohungen. Es soll ja geradezu lebensgefährlich sein, ins Unbewußte einzutauchen. Fast alle verwechseln immer wieder die Ebenen. Ich erlebe manchmal mit, daß jemand in einer inneren Erfahrung an verkrampften Händen über einem dunklen, drohenden Abgrund hängt. Er erinnert sich dann an frühere Alpträume, in denen er in dieser Situation in Panik geriet und schnell aufwachte. Er ist jetzt voller Angst, daß er abstürzen und sich verletzen oder zerstören könnte. Ich ermutige ihn, zur Angst und zum Abgrund zu sprechen. Er sagt zum Beispiel:»Abgrund, ich habe viel Angst vor dir. Ich ahne aber, daß du in mir bist. Hilf mir, dich kennenzulernen.« Wenn es ihm möglich ist, kann er sagen:»Abgrund, ich vertraue mich dir an.« Und dann lassen seine Hände los, und er fällt, zusammen mit seiner Angst, in die Tiefe.

Er erlebt immer, daß sich seine bisherigen schrecklichen Vorstellungen nicht erfüllen. Manchmal ist der fürchterliche Abgrund nur wenige Zentimeter tief. Der Mensch liegt dann da und lacht über seine Angst. Oder er merkt, daß er nicht fällt, sondern fliegt. So kommt er zu seiner inneren Leichtigkeit, Weite und Freiheit.

Oder er fällt oder gleitet in eine tiefe Dunkelheit, die ihm Angst macht und die er auch ansprechen kann. Er taucht in seine Tiefe und kommt fast immer in Zustände oder innere Landschaften, die sehr beglückend und befreiend sind. Das ist auch ein Thema der gefürchteten Depression, denn sie ist eine»Verlockung der eigenen Tiefe«.

Es gibt viele andere Bedrohungen, gegen die man sich durch Festhalten zu schützen versucht. In inneren Erfahrungen wird immer deutlich, daß es nicht um eine Gefahr für den physischen Körper geht. In der inneren Welt gelten andere Gesetze. Auch wenn jemand beim Sturz in den Abgrund zerschmettert wird, erleidet er weder einen physischen noch einen inneren Schaden. Er wird auch nicht verrückt, wie viele fürchten. Er erfährt vielmehr eine innere Öffnung, die ihn lebensfähiger macht.

Nach solchen Erlebnissen sind die Hände gelöst und warm, und der Körper ist entspannt. Der Mensch weiß oder ahnt, daß er nicht länger an unbewußten Vorstellungen über sich festhalten muß. Er kann jede Art innerer Erfahrung machen, um sich kennenzulernen.

Abwehr und Kampf

Im Inneren wird immer wieder deutlich, wie zwanghaft jemand gegen das kämpft, was er als negativ oder böse ansieht. Wendet er sich seinem Kampf zu, kommt er zu dem, wovor er sich bisher zu schützen versucht hat. Das können bedrohliche Zustände und Gefühle sein, wie Hilflosigkeit, Depression, Angst, Wut oder auch Verletzlichkeit. Aber oft sind es auch Weichheit und Zartheit, denen er bisher nicht vertrauen konnte.

Besonders die Idealisten, die nur das Gute wollen, kämpfen meistens gnadenlos gegen ihre schlechten Eigenschaften und Zustände, die sie oft als fremd oder feindlich erleben. Wenn sie so auch mit äußeren Gegnern umgehen, werden sie zu Fanatikern, wie sie in Politik oder Religion immer wieder auftauchen.

In inneren Erfahrungen geht es nicht darum, Abwehr und Kampf endgültig zu überwinden, sondern sich mit ihnen auf allen Ebenen ein bißchen vertrauter zu machen. Dann wird es möglich, bewußter damit zu leben, ohne sie immer zwanghaft einsetzen zu müssen. Innerlich können wir mit allem leben, was wir sind: Liebe und Haß, Freude und Trauer, Gesundheit und Krankheit, Hingabe und Handeln. Wer mehr Vertrauen zu sich hat, muß nicht mehr so unbewußt gegen sich und gegen andere kämpfen. Nach dem Kontakt zur eigenen Abwehr oder zum Kampf lösen sich manchmal körperliche Blockaden. Arme und Hände sind wärmer und durchbluteter, aber auch die Beine, die man unbewußt festgehalten hat, um nicht um sich treten zu müssen.

Der Kampf selbst gehört jedoch zu jedem von uns. Da ist zum Beispiel im physischen Körper das Immunsystems, das ihn durch Abwehrbereitschaft und sofortigen Kampf gegen Eindringlinge oder entartete Zellen schützt. Es führt in jedem Augenblick einen gnadenlosen Krieg um Leben oder Tod des physischen Körpers. Die Verminderung oder der Zusammenbruch dieses feinsinnigen Abwehrsystems führt zu Krankheit und physischem Tod.

Zu wissen, daß auch Kampf ein normaler innerer Zustand ist, bedeutet nicht, daß wir ihn beliebig in der äußeren Welt leben dürfen.

Es ist notwendig, sich an die notwendigen Regeln für das Zusammenleben mit Menschen und Tieren zu halten. Das fällt leichter, wenn man sein eigenes Leben als wertvoll und sinnvoll erfährt.

Berühren und Zulassen

Das Berühren oder In-die-Arme-Nehmen ist meistens sehr angenehm. Es ist ein Augenblick der Zuwendung und der Öffnung zu einem anderen Menschen. Fast jeder hat Sehnsucht danach, so zu berühren und so berührt zu werden. Oft sind solche Berührungen̄jedoch mit unbewußten Erwartungen an den anderen verbunden. Erfüllen sie sich nicht, gibt es Enttäuschungen, die niemand mag und die die Beziehung schwierig machen. Sehen wir nämlich die Ursachen für angenehme oder unangenehme Zustände nur außen, wenden wir uns jemandem zu, um von ihm geliebt und durch ihn glücklich zu werden. Kennen, vertrauen und lieben wir uns selbst nur wenig, gibt es niemanden, der uns wirklich glücklich machen kann. Auch wenn der andere liebevoll ist, können wir es nur soweit spüren, wie wir uns selbst mögen. Oft sehen wir die Ursachen der Enttäuschung dann auch nur im Verhalten des anderen.

Solche Beziehungsprobleme werden oft in inneren Erfahrungen deutlich. Der Mensch geht von einer großen Enttäuschung aus, die er mit jemandem erlebt hat. Er hatte gehofft, angenommen und verstanden zu werden, und fühlt sich zunehmend unverstanden und zuletzt verlassen. Ich ermutige ihn, sich dieser Enttäuschung zuzuwenden und sie anzusprechen. Auch Trauer und Verzweiflung kann er als Teile von sich wahrnehmen. Manchmal wird ihm bewußt, daß sich Enttäuschungen schon durch sein ganzes Leben ziehen. Er merkt aber auch, wie oft er von sich selbst enttäuscht war. Damit kommt er zu seinen eigenen Erwartungen, die ihm bisher weitgehend unbewußt waren. Auch sie kann er ansprechen. Er erinnert sich, wie sehr er sich bemüht hat, sich zu verändern, und wie wenig es ihm gelungen ist. Er spürt eine tiefe Unzufriedenheit, die er sich kaum zugestehen kann.

Damit werden bisher ungeliebte Gefühle und Zustände deutlicher. Er merkt, daß er ihnen auch jetzt mit der Erwartung begegnet, daß sie angenehmer werden oder ganz verschwinden sollten. Er spürt, daß er sich in manchem nicht ertragen konnte und lieblos mit sich umgegangen ist.

Alles das können Themen der Hände sein. Denn die inneren Hände haben die Fähigkeit zu berühren, um das zu spüren und anzunehmen, was da ist. In dieser Berührung muß sich nichts verändern, sie ist ohne Erwartung. So sind die Hände die »Botschafter des Herzens«. Denn das Herz liebt den Menschen ohne Bedingungen und Erwartungen. Wenn er dieser inneren Kraft vertraut, kann er sich berühren, wie er ist. Er kann auch einen anderen Menschen berühren und diesen so annehmen, wie er ist.

Wenn jemand das nicht weiß, können ihn die Hände durch Kälte oder Gefühllosigkeit darauf aufmerksam machen. In einer inneren Erfahrung merkt er, daß es nicht zuerst um die Berührung eines anderen Menschen geht. Ihm wird bewußt, daß er zum Beispiel noch nie sein Herz oder seinen Kopf mit seinen inneren Händen berührt hat.

Heilen mit den Händen

Manchmal entdeckt jemand in solchen Erfahrungen Eigenschaften seiner Hände, die ihm so bisher noch nicht bekannt waren. Das können künstlerische oder handwerkliche Fähigkeiten sein oder Energien, mit denen er andere berühren, behandeln und vielleicht heilen kann.

Viele halten es für unmöglich, daß man - außerhalb der üblichen Therapien - heilen kann. Für sie sind auch die Heilungen Jesu nur schöne Geschichten der Bibel.

Ich kenne inzwischen viele Menschen, die sehr eigenartige Fähigkeiten besitzen. Durch mehrere »Geistheiler« bin ich vor einigen Jahren in meinem damaligen Weltbild stark erschüttert worden. Inzwischen habe ich Heilungen aller Art miterlebt. Ich weiß, daß sie von innen kommen, daß sie aber auch durch jemanden ausgelöst werden können. Heilfähigkeiten sind gar nicht so selten. Es ist jedoch entscheidend, wie man damit umgeht.

Die wirklichen Heiler, die ich kenne, sind religiöse oder spirituelle Menschen, die ihre Heilfähigkeit als Botschaft benutzen. Sie heilen jemanden, um ihm zu zeigen, daß es eine größere Wirklichkeit gibt, als er bisher wußte. Denn sie bringen Wirkungen hervor, die man in unseren üblichen Vorstellungen über die Realität nicht erklären und nicht begreifen kann. Solche Heiler können den Menschen durch das »Wunder«, das ihm geschieht, tief erschüttern. Er ahnt oder weiß danach, daß es mehr gibt, als er bisher geglaubt hat. Das habe ich am Anfang meines inneren Weges selbst erlebt.

Ich erlebe jedoch auch manchmal, daß jemand durch seine Heilfähigkeiten ins Leiden kommt. Das geschieht, wenn der Heiler sich seiner inneren Motive nicht bewußt ist. Meistens ist er von dem Wunsch beseelt, anderen zu helfen und sie von ihrem Leid zu befreien. Oft ist er jedoch mit seinem eigenen Leid innerlich nicht vertraut und kann es nicht ertragen. Er versucht unbewußt, außen Leid zu beseitigen, um selbst nicht davon berührt zu werden. Das kostet viel Anstrengung und führt zu Enttäuschungen.

Kennt man sich selbst ein bißchen besser, dann weiß man, daß das Leid einen Sinn hat. Man kann dann auch als Heiler oder Therapeut alles Notwendige für einen anderen Menschen tun. Ist man aber sich bewußt, daß auch der andere eine Seele auf ihrem Weg der Erfahrung ist, macht man sich vom Erfolg der Behandlung nicht mehr so abhängig. Bleibt er krank oder verschlimmert sich sein Zustand, kann man ihn liebevoll durch sein Leiden begleiten.

Der Brustraum und der Atem

Das Fließen des Atems in den Körper hinein und aus ihm heraus ist ein schönes Bild für alle Arten von Beziehungen nach innen und nach außen.

Bei uns ist es üblich, die Ursachen für eigene Zustände weitgehend außen zu sehen. Natürlich gibt es die äußere Welt, aber sie berührt uns in uns selbst. Unsere Gefühle und Zustände können von außen ausgelöst werden, sie finden jedoch in uns statt und gehören zu uns. Ein liebevoller Mensch kann uns nur in unserer eigenen Liebe und Geborgenheit berühren. Kennen und leben wir unsere (innere) Liebe nicht, dann werden wir kaum spüren oder glauben, daß wir von jemandem geliebt werden.

In Erfahrungen mit Brustraum und Atem werden häufig Beziehungen zu anderen Menschen und Beziehungsprobleme erlebt. Der Mensch denkt oder erinnert sich an jemanden und spürt, wie sein Brustraum eng wird. Er glaubt dann, sich mit dem anderen Menschen auseinandersetzen zu müssen, um die schwierige Beziehung zu klären. Er erfährt jedoch immer, daß es zuerst um die innere Beziehung zu sich selbst geht. Der äußere Mensch und seine Verhaltensweisen führen ihn zu dem, was er bisher in sich selbst nicht kannte und nicht mochte.

Einige bekannte Vorgänge weisen auf weitere mögliche Erfahrungen mit der Atmung und dem Brustraum hin. So stockt einem bei Angst der Atem, bei unangenehmen Gefühlen schnürt sich der Hals zu, in der Wut verschlägt es einem die Sprache, und manchmal hat man die Nase voll.

Schutz

In der direkten Begegnung mit einem anderen Menschen wenden wir ihm die Vorderseite des Körpers und des Kopfes zu. Sind Soldaten oder Polizisten in Gefahr, körperlich angegriffen zu werden, schützen sie ihre Vorderseite durch eine Rüstung oder eine schußsichere Weste. Ähnlich schützen sich viele Menschen unbewußt auch in einer harmlosen Begegnung, wenn sie das, was sie vom anderen spüren, nicht mögen oder fürchten. Sie spannen die Oberfläche von Brust und Bauch fest an und kreuzen oft noch die Arme vor der Brust. Das kann zwanghaft und dauerhaft werden, so daß Brust und Bauch chronisch festgehalten bleiben.

Wenn das jemandem in einer inneren Erfahrung bewußt wird, glaubt er zuerst, daß er sich nach außen verschließe. Aber da er jetzt nicht direkt bedroht wird, merkt er, daß er sich vor etwas Unbekanntem in sich selbst schützt. Er kann seinen Schutz wahrnehmen und ihn ansprechen. Dann wird das deutlich, wovor er sich bisher unbewußt innerlich geschützt hat.

Bedrohung

Gefährliche Situationen werden jeden Tag in Filmen, im Fernsehen und in Kriminalromanen durchgespielt. Es wird geprügelt, gestochen, geschossen und gemordet. Es gibt Gute und Böse, die einen ewigen Kampf führen.

Ähnlich empfinden viele Menschen ihre inneren Zustände. Sie haben große Angst, sich mit ihrem eigenen Unbewußten zu beschäftigen, weil sie fürchten, daß dort unter anderem Böses und Zerstörerisches auf sie wartet. Und sie verhalten sich so, wie es den üblichen Vorstellungen entspricht. Sie suchen das Gute und kämpfen gegen das Böse.

So scheint es selbstverständlich zu sein, daß Aggression und Haß böse und gefährliche Gefühle sind, die man unter Kontrolle halten, überwinden oder transformieren muß. Dabei wird übersehen, daß diese Gefühle offensichtlich in uns selbst sind und zu uns gehören. Aber kaum jemand kennt sie wirklich.

Greift jemand einen anderen an und verletzt oder tötet ihn, dann wird das als Ergebnis der Aggression angesehen. Ein Mensch, der sich so verhält, ist jedoch ganz sicher nicht mit seiner Aggression vertraut. Er hat sie nie innerlich erfahren, sondern benutzt sie unbewußt und zwanghaft.

Die Aggression ist immer eine starke Schutzhaltung. Ein aggressiver Mensch fühlt sich nicht stark, wie er glauben machen möchte, sondern bedroht, hilflos und schwach, was er überhaupt nicht ertragen kann. Wenn er dann jemanden bedroht oder angreift, versucht er, das zu beseitigen, was er fürchtet.

Im menschlichen Zusammenleben sind Regeln und Gesetze notwendig, um derartige unbewußte Verhaltensweisen unter Kontrolle zu halten. Niemand sollte ungestraft einen anderen angreifen, verletzen oder töten dürfen.

Im Inneren ist es jedoch ganz anders mit Bedrohungen und Schutz. Dort können wir alles tun und alles zulassen, was wir wollen. Wir schaden damit weder uns noch anderen, sondern werden mit dem vertrauter, was wir bisher in uns gefürchtet und vor dem wir uns innerlich mit aller Gewalt zu schützen versucht haben. Darüber berichte ich mehr bei Erfahrungen mit Gefühlen.

Wir schützen uns nicht nur aktiv wie durch Aggression, sondern auch passiv. So erlebe ich immer wieder, daß jemand eine große Enge im Brustraum empfindet, die ihn wie ein eiserner Reifen umschließt. Der Mensch fürchtet, ersticken zu müssen. Er kann dann seine Angst ansprechen und sich mit ihr der Enge zuwenden. Wenn es möglich ist, sagt er:»Enge, ich lasse dich jetzt zu. Mache mit mir, was du willst.« Er liegt dann da und wartet auf das Schlimmste.

Wenn ich ihn frage, ob er das ertragen kann, wird ihm oft erst bewußt, daß er nicht zerquetscht worden ist und daß er etwas freier atmen kann. Er sagt dann:»Enge, ich kann dich so ertragen.« Er erinnert sich an jemanden, der lieblos und abweisend mit ihm umgegangen ist. Er wird sehr traurig und spürt, daß er seine Trauer nicht zulassen kann. Er hat sie sich selbst und anderen bisher nie wirklich zugemutet. Er spürt auch Hilflosigkeit, Wut und Aggression. Ihm wird mit Erschrecken bewußt, wie stark er sich bisher solchen Gefühlen verschlossen hat. Ich sitze neben ihm und ermutige ihn, alles wahrzunehmen und anzusprechen, um sich damit vertraut zu machen, daß alles zu ihm gehört.

So spricht er zum ersten Mal zu seiner Trauer, Hilflosigkeit, Aggression und Verschlossenheit. Dabei fühlt er sich nicht besonders wohl, aber er merkt, wie erleichternd es ist, so mit sich umzugehen. Er atmet tief durch, spürt, daß sich die Festigkeit seines Brustraumes löst, und sagt:»Ich freue mich über dich, Erleichterung.«

Erfahrungen mit einem geschützten Brust- und Bauchraum können auch zu anderen Bedrohungen führen. Manchmal sieht jemand ein großes Schwert auf seinen Brustraum gerichtet, das ihn zu durchbohren oder zu zerschneiden droht. Er erinnert sich an ähnliche Träume, die ihn gequält haben. Er hat viel Angst. Ich ermutige ihn auch in dieser Situation, so weit zu gehen, wie er kann. Denn ich weiß, daß er zu sich selbst kommt und von innen nicht geschädigt oder zerstört wird. Ich könnte jetzt mit ihm darüber reden. Auch wenn er mir glaubte, würde er es nicht wirklich wissen. Er kann es nur in sich selbst erfahren.

So kann er das Schwert direkt ansprechen:»Schwert, ich sehe dich, und ich habe große Angst vor dir.« Damit wird ihm bewußt, daß es ein inneres Schwert ist und nichts, was von außen seinen physischen Körper bedroht. Wenn es ihm möglich ist, kann er seinen Mut bitten mitzukommen und sich dem Schwert ausliefern. Ich weise ihn darauf hin, daß er die Erfahrung abbrechen kann, wenn es ihm unerträglich wird. Er braucht dann nur»Stopp« zu sagen und die Augen aufzumachen. So sagt er:»Schwert, ich lasse dich jetzt zu. Mache mit mir, was du willst.«

Manchmal geschieht nichts. Er liegt ruhig da und spürt seine Erleichterung. Das Schwert ist verschwunden. Es ist auch möglich, daß das Schwert in den Brustraum eindringt und ihn aufschneidet. Der

Mensch ist sehr betroffen. Er merkt aber mit Erstaunen, daß es nicht schmerzt und daß er den Zustand ertragen kann. Danach ist die Brust geöffnet, er kann in sie hineinsehen. Er atmet freier, sein Brustraum wirkt leicht und weit, Energien fließen, und manchmal wird ein helles Licht sichtbar. Er hat sich an sich selbst hingegeben. Mit Rührung und Freude erlebt er einen Zustand des Vertrauens und des Friedens.

Probleme und Krankheiten des Atemraumes

Das unbewußte Festhalten des Brustraumes beschränkt die Atembewegung und damit die inneren und äußeren Energien des Atems, die sehr viel mit der Beziehung des Menschen zu sich selbst zu tun haben. In Krankheiten des Atemraumes wird oft chronisch oder akut die Enge und die Behinderung des Atems deutlich.

Sehr dramatisch und bedrohlich ist Asthma, an dem der Mensch zu ersticken droht. Ich habe inzwischen einige Asthmatiker innerlich kennengelernt. Sie sind besonders sensibel, haben jedoch zu ihrer Sensibilität, Zartheit und Weichheit oft wenig Vertrauen.

Ich erinnere mich an einen jungen Mann, der vorher noch nie bewußt innerlich bei sich war. In seiner inneren Erfahrung ging er zu einem Haus, dessen Fenster und Türen sich weit öffneten, als er herankam. Er betrat das Haus, sah sich darin um und ging die Treppe hinauf. Dann bekam er einen schweren Asthma-Anfall. Ich fragte ihn, ob er abbrechen wolle. Er sagte jedoch, daß er es noch ertragen könne. So ermutigte ich ihn, den Anfall so weit wie möglich zuzulassen und sich ihm zu öffnen. Nach einiger Zeit konnte er wieder sprechen und sagte:»Es war entsetzlich. Da oben war eine schreckliche Gestalt, eine grauenhafte alte Frau.«

Er entschloß sich dann jedoch, mit seiner Angst noch einmal die Treppe hinaufzugehen. Er war völlig überrascht, eine schöne, liebevolle Frau zu sehen. Er ging zu ihr hin, berührte sie und fragte:»Warst du das eben? Warum hast du so schrecklich ausgesehen?« Sie antwortete lächelnd:»Ich wollte dir zeigen, wie du mich bisher gesehen hast und wieviel Angst du vor mir hattest.« Der junge Mann war sehr berührt. Er konnte seinem Asthma danken, daß es ihn zu sich geführt hatte. Er spürte, daß er jetzt bewußter mit seiner weiblichen Seite und auch mit seiner Krankheit würde leben können.

Rauchen

Ein Mensch schädigt scheinbar freiwillig seinen Atemraum durch Tabakrauchen. Viele wissen, daß es tiefgreifende Auswirkungen auf die Lungen und den ganzen Atemtrakt haben kann, und rauchen mit entsprechend schlechtem Gewissen. Man ist allgemein der Meinung, daß das Rauchen die Gesundheitsschäden verursacht. Aber Rauchen und Lungenkrebs zum Beispiel sind beides Symptome derselben unbewußten inneren Haltung.

Das Rauchen und seine Auswirkungen sind mir persönlich fremd, da ich nie geraucht habe. Ich begleite aber häufig Menschen, die rauchen und dann innerlich zu diesem Thema kommen. Fast jeder hat große Schuldgefühle. Oft versucht er schon länger, mit dem Rauchen aufzuhören, hat es aber nie endgültig geschafft.

Er kann zuerst sein Schuldgefühl als Teil von sich wahrnehmen und zu ihm sprechen. Dann bitte ich ihn, auch das Rauchen selbst anzusprechen. Das ist ihm ganz ungewohnt. Er hat es noch nie als sich zugehörig empfunden, weil er immer mit der Vorstellung lebte, es endlich loszuwerden. Er fragt mich:»Bleibt es nicht immer da, wenn ich es jetzt anspreche?« Ich sage ihm, daß es darum geht, sich so kennenzulernen, wie er jetzt ist. Und dazu gehört auch das Rauchen.

Er sagt dann:»Rauchen, du gehörst zur Zeit auch zu mir.« Oft ist er ganz erleichtert. Er merkt, daß er offener und liebevoller mit sich umgehen darf. Nach den Erfahrungen, die ich miterlebt habe, kann auch das Rauchen eine Schutzhaltung sein. Jemand raucht zum Beispiel, wenn er sich nervös und angestrengt fühlt. Die Nervosität ist sehr oft ein Ausdruck festgehaltener Gefühle, vor denen er sich unbewußt schützt. Dabei entsteht Unruhe im Brust- und Bauchraum, die durch das Rauchen gedämpft wird. Der Mensch kämpft damit unbewußt gegen das in sich, was er nicht kennt und nicht mag. Im Kontakt mit dem Rauchen kommt er so zu Unruhe, Nervosität, Angst, Hilflosigkeit, Trauer und anderen unangenehmen Gefühlen und inneren Zuständen.

Mit einer Gruppe machte ich einmal eine innere Reise in einen sterbenden Wald. Einige Raucher berichteten danach, wie ihnen bewußt wurde, daß die braunen Nadeln eines sterbenden Baumes den feinen Strukturen ihrer Lunge ähneln. Sie lernten so ihre innere Luftverschmutzung und die Schäden ihrer Lunge kennen.

Nicht nur in inneren Erfahrungen wird deutlich, wie Menschen ihren physischen Körper schädigen oder gar zerstören. Das ist unverständlich und unerklärlich, da es völlig unvernünftig ist.

Am Anfang meiner Erfahrungen war ich oft betroffen, wie lieblos manche Menschen mit sich umgehen. Sie kennen und vertrauen sich nicht und leben nicht gern mit ihrem Körper in ihrer irdischen Existenz. Meistens sind sie sich dessen jedoch überhaupt nicht bewußt. Inzwischen weiß ich, daß selbstzerstörerische Verhaltensweisen und schwere Krankheiten ein Ausdruck von großer Sehnsucht sind. Viele Menschen ahnen oder spüren, daß es irgendwo Freiheit und Leichtigkeit, Weite und Licht gibt. Da sie nicht wissen, wo sich ihre Sehnsucht erfüllt, vermuten sie, daß es hinter dem schwierigen irdischen Leben geschieht. Und dahin gelangt man durch den Tod.

So versuchen viele Menschen unbewußt, ihren engen, schweren, scheinbar hinderlichen Körper abzuschütteln und das beschwerliche, unangenehme irdische Leben hinter sich zu lassen, um irgendwo hinzukommen, wo es ihnen bessergeht.

Diese Einstellung macht das Leben natürlich noch schwieriger. Der ungeliebte Körper kann nicht das geben, was er an Fähigkeiten hat. Das abgelehnte irdische Leben wirkt uninteressant und sinnlos.

Inzwischen weiß ich, wie viele Menschen in einer mehr oder weniger starken Todessehnsucht leben, die sich in allen möglichen Verhaltensweisen ausdrückt. Da sind die Überforderung des Körpers, zum Beispiel auch im Sport, die Verwendung denaturierter oder schädlicher Nahrungsmittel oder Drogen, die Benutzung gefährlicher Technik, Kriege und Kämpfe, schwere, tödliche Krankheiten und nicht zuletzt Selbsttötungsversuche oder Suizide.

Wenn sich jemand solcher eigenen Vorgänge bewußt wird, kommt er immer zu seiner Todessehnsucht, die er sich zugestehen und ansprechen kann, um sich von ihr dahin führen zu lassen, wohin sie ihn schon immer bringen wollte. Das ist keineswegs der physische Tod, sondern der »innere Tod«, der immer in uns ist. Durch ihn kommen wir in beglückende innere Zustände der Freiheit und Weite und erleben, daß unser physischer Körper uns nicht daran hindert. Über den Tod schreibe ich später ein ganzes Kapitel.

Noch einmal zum Rauchen: In der Zigaretten-Werbung wird häufig die Sehnsucht nach ursprünglicher Natur, nach Weite und Abenteuer angesprochen. Sie erfüllt sich, wenn man in seinen inneren

Urwald reist, dort seine (bedrohlichen) Tiere und Flüsse kennenlernt und danach zufrieden und vertrauensvoll unter seiner inneren Sonne ruht.

Organe der Nahrungsaufnahme und -verwertung

Die Aufnahme und Verwertung von Nahrung ist ein vielfältiger physischer Vorgang, mit dem man sehr interessante innere Erfahrungen machen kann. Denn das Aufnehmen oder Zulassen, Verwerten oder Benutzen und Ausscheiden oder Loslassen gibt es auf allen (inneren) Ebenen.

Wir nehmen jeden Tag sehr viel zu uns: die ganze Fülle von Information in Worten, Bildern und Musik, die durch die Medien vermittelt wird, berührende und bedrohliche Nachrichten aus allen Teilen der Welt, den Lärm der Straße und die Menschen mit ihren Eigenschaften und Gefühlen. Wir nehmen alles - mehr oder weniger bewußt - wahr. Die Frage ist, wie wir damit umgehen.

In einer inneren Erfahrung wird einem Menschen deutlich, daß er sich von der Fülle und der Unruhe der äußeren Welt oft völlig überfordert fühlt. Er hat versucht, sich davon zurückzuziehen, um seine Ruhe zu finden. Es ist ihm jedoch meistens nicht gelungen, und so wird er noch unruhiger und unzufriedener.

Ihm kann jetzt bewußt werden, daß die Unruhe in ihm selbst ist. Da er sie nicht mag, fällt es ihm schwer, sie als Teil von sich anzusprechen. Ich ermutige ihn, sich ihr zuzuwenden, soweit es ihm möglich ist. Er sagt dann: »Unruhe, ich ahne, daß du zu mir gehörst.« Ich bitte ihn, sich seiner Unruhe auszuliefern, und er sagt mit Unbehagen: »Unruhe, ich lasse dich zu. Mache mit mir, was du willst.« Er wird etwas stiller und entspannt sich.

Er erinnert sich jetzt an eine bunte, blühende Landschaft, die er in seiner Kindheit sehr geliebt hat und nach der er immer wieder Sehnsucht hatte. Er wird ein bißchen wehmütig, weil es sie so nicht mehr gibt. Ich bitte ihn, diese Landschaft zu fragen, ob sie in ihm ist. Das kann er nicht verstehen, weil er ja weiß, daß sie außen war. Nachdem er trotzdem gefragt hat, wird er ganz still. Er erfährt zu seiner Überraschung, daß die Landschaft, die er da sieht, ein innerer Zustand ist und daß sie schon immer in ihm war und nicht verlorengehen kann.

So findet er eine bunte, vielfältige Lebendigkeit in sich, nach der er immer Sehnsucht hatte. Da er sie bisher in sich nicht kannte, vertraute er einigen vitalen Zuständen und Gefühlen nicht. Die nicht zugelassene Lebendigkeit erlebte er unangenehm in seiner Unruhe.

Dieses Beispiel illustriert die innere Entsprechung zur Nahrungsaufnahme und -verarbeitung: Wir werden lebensfähiger, wenn wir bei uns ankommen lassen, was uns von außen oder innen berührt. Wir können alles verwenden, um uns darin kennenzulernen und Vertrauen zu gewinnen. Danach können wir es loslassen, um die nächste Erfahrung zu machen.

Der Magen

Beim Essen gibt es vieles, was dem Magen das Leben schwermacht. Man ißt zu schnell, zu viel und zu schwer, trinkt zu viel Alkohol, raucht und nimmt zu viele Tabletten. Das Essen ist häufig denaturiert und ziemlich gehaltlos. Der Magen muß sehen, wie er mit allem fertig wird. Vielleicht wird er sauer oder krank und macht durch Schmerzen und andere Probleme auf sich aufmerksam.

In einer inneren Erfahrung kommt der Mensch oft durch Schmerz oder Druck zu seinem Magen. Dabei entstehen meistens Schuldgefühle, weil klar ist, daß der Mensch bisher sehr lieblos mit ihm umgegangen ist. Er kann seine Schuldgefühle ansprechen und mit ihnen seinen Magen besuchen. In der ersten Begegnung wirkt der oft dunkel, hart und innerlich wund. Oft sind Reizungen oder Entzündungen der Magenwand deutlich zu erkennen.

Der Mensch wird traurig. Ihm fallen Beziehungen ein, in denen andere ihn nicht so annehmen konnten, wie er war. Er wurde zurückgewiesen oder aufgefordert, sich zu ändern. Oft hat er versucht, diesen Erwartungen zu entsprechen und sich so zu verhalten, daß sie mit ihm zufrieden waren. Dabei hat er vieles hinuntergeschluckt und still gelitten.

Jetzt wird ihm klar, daß er sich in vielem selbst nicht mochte. Wie oft hat er seine Trauer abgewürgt oder hinuntergeschluckt. Und auch viele andere Gefühle wie Angst, Hilflosigkeit, Verzweiflung und Wut. Sie alle landeten im Magen, der mit dem besten Willen nichts mit ihnen anfangen konnte.

Wird dem Menschen das bewußt, kann er sich diesen Gefühlen zuwenden und ihnen ein bißchen näherkommen. Er kann seinen leidenden Magen mit den inneren Händen berühren oder ihn in die inneren Arme nehmen. Er kann auch fragen:»Magen, bist du sauer auf mich, daß ich dir so viel zugemutet habe?« Der Magen freut sich, daß er wahrgenommen und angesprochen wird. Er wirkt weicher, ruhiger und ein bißchen heller. Der Mensch merkt, daß der Magen nicht böse auf ihn ist. Ihm wird bewußt, daß er selbst der Magen und das Leiden ist. Danach kann er seinem Magen danken, daß er ihn zu sich selbst geführt hat.

Erfahrungen eines lieblosen Umgangs mit dem Magen können auch zur Todessehnsucht führen, die ich im vorigen Abschnitt betrachtet habe. Denn physische Nahrung ist ein Geschenk von»Mutter Erde«. Wenn jemand sein irdisches Leben und seinen Körper nicht besonders schätzt, sondern als Hindernis auf dem Weg in die Freiheit empfindet, macht sich das auch in der Ernährung deutlich. Da gibt es zum Beispiel die»Freß- und Brechsucht«, die die Betroffene immer zu ihren Sehnsüchten führt. Lernt sie diese kennen und läßt sie sich von ihnen nach innen führen, zum Beispiel auch zum»inneren Tod«, kann sie besser mit sich selbst auf der Erde leben.

Bei uns gibt es in großem Umfang Fehlernährung oder krasse Überernährung. Trotz aller Gesundheitsappelle halten fast alle an ihren schädlichen Gewohnheiten fest, weil sie sich der inneren Motive nicht bewußt sind.

Der Weg nach innen öffnet sich, wenn man sich die Freiheit nimmt, seine eigenen Verhaltensweisen nicht mehr zu bewerten. Man gewinnt die Möglichkeit, sie sich zuzugestehen, um innerlich mit sich vertrauter zu werden. Danach muß man nicht mehr ganz so unbewußt und zwanghaft leben und leiden.

Der Darm

Der Darm hat zwei wesentliche Funktionen: die Verwertung des Aufgenommenen und die Ausscheidung des Ausgewerteten. Das erste berührt das in einem vorherigen Abschnitt behandelte innere Sich-nutzbar-Machen von äußeren und inneren Vorgängen und Eindrücken. Im folgenden betrachte ich das (innere) Loslassen und Festhalten, das in sehr vielen Erfahrungen schmerzhaft oder bedrohlich ins Bewußtsein kommt. Wenn jemand mit sich nicht vertraut ist, kennt er seine innere Fülle und das Fließen seiner Lebendigkeit nicht. Er glaubt, vieles nur mit Anstrengung erreichen zu können und es dann festhalten zu müssen, damit es nicht wieder verlorengeht. Und um sicher zu gehen, daß er immer etwas hat, sammelt er. Und zwar nicht nur Geld und Gut, sondern auch angenehme Umstände. Oft sorgt er sich, daß er alles verlieren könnte. Jeder muß jedoch erleben, daß schöne Zustände und Gefühle wieder vergehen. Wiederholt man angenehme äußere Erlebnisse, sind sie meistens nicht mehr so, wie man sie erinnert.

Oft hält jemand jedoch gerade an dem fest, was er nicht mag. Kennt jemand zum Beispiel seine Angst nicht, bemüht er sich immer wieder, sie endlich zu überwinden oder zu beseitigen. Sie wird dadurch jedoch nicht weniger. Da er sich so intensiv mit ihrer Abwehr beschäftigt, werden überall Vorgänge oder Zustände deutlich, die ihm Angst machen. Sie ergreift geradezu Besitz von ihm.

Dann ist es wie ein Wunder, wenn er - mit viel Angst - zum ersten Mal in seinem Leben sagt:»Angst, ich ahne, daß du auch ein Teil von mir bist.« Er ist sehr überrascht, daß sie ihn nicht überwältigt und zerstört, wie er befürchtet hat. Wenn er sich ihr anvertraut, lernt er das in sich kennen, wovor er sich bisher geschützt hat. Danach kann er besser mit sich und seiner Angst leben.

Viele Menschen halten unbewußt an Gedanken, Vorstellungen oder Erinnerungen fest. Sie haben Angst vor Neuem oder Unbekanntem und suchen Sicherheit in dem, was sie glauben oder was allgemein akzeptiert wird, auch wenn es nicht unbedingt angenehm oder befriedigend ist. Dabei ist das Festhalten selbst nicht das Problem. Nur wenn jemand zwanghaft festhalten muß, weil er wenig Vertrauen zu seiner fließenden Lebendigkeit hat, wird es unangenehm. Darauf weist häufig der Darm deutlich hin.

Bei uns leidet ein großer Anteil der Bevölkerung an Magen- und Darmerkrankungen, vor allem an Verstopfung. Viele Menschen nehmen jahrelang ununterbrochen Abführmittel. Manche sagen bei jeder Gelegenheit»Scheiße« als magische Beschwörung, was ihnen jedoch leider auch nicht hilft, mit diesem Teil von sich vertrauter zu werden.

Kommt man durch Schwierigkeiten mit seinem Darm zu sich, lernt man einige bisher negativ angesehene oder bedrohliche Gefühle kennen. Da ist zum Beispiel auch der Ekel, den man sich bisher noch nicht zugestanden hat. In allen derartigen Erfahrungen finden wir unsere eigenen Energien und Fähigkeiten. Durch mehr Vertrauen zu uns können wir - zuerst innerlich - mehr bei uns ankommen und weiterfließen lassen, was auch das äußere Leben fülliger und leichter macht. Das ist eine gute Gelegenheit, dem Körper zu danken.

Der Beckenraum

Der Beckenraum ist die »Tiefe« des Rumpfes und enthält vor allem Ausscheidungsorgane, Sexualorgane und, im weiblichen Körper, mütterliche Organe.

In inneren Erfahrungen ist die Tiefe meistens ein unbekannter und gefürchteter Raum. So kann auch der Beckenraum in der ersten Begegnung dunkel und sehr bedrohlich wirken. Es fällt dem Menschen schwer, näher heranzugehen und ihn innerlich wahrzunehmen. Er fürchtet, hineinzufallen und verschlungen oder zerstört zu werden.

Ich ermutige dazu, die Angst oder Panik anzusprechen und sie bewußt mitzunehmen. Wenn der Mensch schon mit seinem Herzen oder einer inneren Gestalt vertraut ist, kann er bitten, geführt oder begleitet zu werden. Das Herz zum Beispiel kommt meistens gern mit auf die innere Reise. Ich erlebe aber manchmal, daß ein Herz sagt: »Gehe allein dahin.« Der Mensch ist dann betroffen, weil er sich, wie auch sonst in seinem Leben, alleingelassen fühlt. Aber nach den Erfahrungen in seinem Beckenraum weiß er, warum sein Herz sich so verhalten hat. Solche kleinen Proben der Seele verstärken das Selbstvertrauen ganz erheblich.

Manchmal findet jemand vor seinem Beckenraum eine Mauer, die unendlich lang, hoch und unüberwindlich ist. Der Mensch ist erschrocken und traurig und versucht, die Mauer zu überwinden oder zu durchbrechen. Das gelingt ihm jedoch trotz aller Anstrengung nicht. Danach ist er hoffnungslos und erschöpft. Das erinnert ihn an seinen Alltag. Jetzt aber hat er die Möglichkeit, diese Gefühle und Zustände als Teile von sich bewußt wahrzunehmen und sie anzusprechen. So kann er sagen: »Hoffnungslosigkeit, ich lasse dich jetzt zu.« Damit hört er auf zu kämpfen.

Danach fällt es ihm leichter, auch die Mauer als Teil von sich zu erfahren. Er kann sie mit seinen inneren Händen berühren und sagen: »Mauer, ich spüre, daß du in mir bist.« Manchmal bekommt er Angst, daß diese unüberwindliche Mauer immer so bleiben wird, wenn er sie akzeptiert. Aber da er es noch nicht erfahren hat, weiß er nicht, was wirklich geschehen wird.

Im Kontakt mit der Mauer wird ihm bewußt, wie stark er sich bisher innerlich verschlossen hat. So kann er sich mit dem Schutz vertraut machen und ihn ansprechen. Oft erfährt er, daß er sich vor einigen bedrohlichen Energien geschützt hat. Das können starke Gefühle wie Wut oder Aggression sein oder die Kraft seiner Sexualität.

Der Mensch braucht nur wahrzunehmen, was er jetzt fühlt oder woran er denkt oder sich erinnert. Er muß nicht verstehen, was in ihm vorgeht. Er kann es sich zugestehen und es ansprechen. Er wird vertrauter mit sich. Oft wird ihm bewußt, daß er jetzt an die Ursachen seines Energiemangels kommt, den er im niedrigen Blutdruck und allgemeiner Erschöpfung spürt.

Danach öffnet sich meistens auf irgendeine wundersame Weise der Zugang. Einige Mauern verschwinden einfach, andere werden winzig klein, wieder andere haben plötzlich einen offenen Durchgang. Der Mensch ist erleichtert, wenn er merkt, daß er nicht kämpfen muß, um zu sich zu kommen.

Das Ganze ist wieder ein schönes Beispiel für den inneren Weg. Der Mensch auf der Reise zu seinem Beckenraum wird sich zuerst schmerzhaft seiner Mauer bewußt. Die führt ihn zu seiner Hoffnungslosigkeit, die ihn mit seinem Schutz vertraut macht. Der zeigt ihm seinen Mangel an Vertrauen zu Energien, denen er sich zuwendet. Die dann offene Mauer macht deutlich, daß er Vertrauen gewonnen hat und weitergehen kann zu sich selbst.

Ich sitze daneben, höre ihm gut zu und ermutige ihn, das wahrzunehmen und anzusprechen, was da deutlich wird. Ich freue mich, wie klar und liebevoll er von seiner Seele zu sich selbst geführt wird und wie er einen Schritt nach dem anderen geht und sich kennenlernt.

Auch wenn jemand ohne große Angst und Widerstände zu seinem Beckenraum kommt, ist dieser in der ersten Begegnung meistens sehr dunkel. Fast jeder hat Sehnsucht nach dem Licht und findet die Dunkelheit hinderlich und bedrohlich. Ich ermutige, sich ihr zuzuwenden und zu ihr zu sprechen. Die Dunkelheit ist undurchsichtig und macht es unmöglich zu erkennen, was gleich geschehen wird. Vielleicht droht in ihr ein tiefer Absturz oder eine Gestalt oder ein Tier. Was da ist, kann der Mensch nur erfahren, wenn er sich ihr mit seiner Angst anvertraut. So sagt er: »Dunkelheit, ich liefere mich dir aus.« Geht er dann vorsichtig in sie hinein, erlebt er immer, daß er nicht geschädigt wird. Oft findet jemand in seiner Dunkelheit Wärme, Geborgenheit und Ruhe, nach denen er Sehnsucht hatte. Er kann beginnen, damit zu leben.

Manchmal ist ein Beckenraum hell und groß, wenn der Mensch zu ihm kommt. Er ist betroffen, wenn er merkt, wie wenig er diesen Teil von sich bisher kannte.

Energien

In der Tiefe (des Beckenraumes) öffnet sich eine große innere Welt. Da sind unter anderem alle möglichen Energien, die für das irdische Leben grundlegend sind. Wenn jemand sie nicht kennt und ihnen wenig vertraut, können sie bedrohlich oder zerstörerisch wirken. Dann verschließt er sich und lebt im Energiemangel.

Im folgenden betrachte ich einige dieser Lebenskräfte, gegliedert nach den Elementen Erde, Feuer und Wasser.

Die Energien der (inneren) Erde werden häufig sehr angenehm als fruchtbare, blühende, weite Landschaften erfahren, mit allen möglichen Tieren und Pflanzen. Dieselben Energien können sich jedoch auch unangenehm und bedrohlich zeigen, zum Beispiel als trockene Wüste, als drohender Abgrund, als Enge und Festigkeit oder, in Verbindung mit Wasser, als Sumpf oder Morast. Man kann sich dem zuwenden und erleben, daß es keine äußeren Zustände sind, sondern die eigene innere Wirklichkeit.

Die Seele benutzt jedoch nicht nur Zustände und Vorgänge der physischen Welt, um innere Dinge darzustellen. Bei uns hält man Märchen- und Fabelwesen für schöne, aber unbedeutende Produkte der Phantasie. Sie sind jedoch auch Ausdruck der inneren Wirklichkeit. Taucht also zum Beispiel im Beckenraum ein Zwerg oder ein Riese auf, kann man mit ihnen sprechen, sie berühren und kennenlernen. Der Zwerg erzählt dann vielleicht etwas über die Fruchtbarkeit unserer inneren Erde und der Riese über ihre große Kraft.

Im Beckenraum gibt es auch die vielfältigen Energien des Wassers, die sich als Flüsse oder Meere zeigen können und in allem, was im oder vom Wasser lebt. Da gibt es bunte, freundliche Fische, aber auch sehr bedrohliche Haie, Kraken, Wasserschlangen und andere Ungeheuer. Manche Menschen tauchen gern in ihr inneres Meer und versinken in dessen Tiefe. Andere geraten in Panik, wenn sie nur daran denken, daß sie untergehen könnten. Dabei geht es natürlich um das Vertrauen zum inneren Wasser und dessen Energien. Auch das Feuer kann im Beckenraum sichtbar und spürbar werden. Das reicht von der leuchtenden, warmen Energie einer großen Sonne, die jeder gern akzeptiert, bis zu einem bedrohlichen Vulkan, in den der Mensch zu stürzen droht. Einige finden einen feuerspeienden Drachen oder einen Teufel an seinem Feuer.

Jeder von uns erlebt so etwas immer wieder einmal im Traum. Wenn da jedoch ein bedrohliches Meeresungeheuer oder ein brodelnder Vulkan auftaucht, schreckt der normale Mensch schnell aus seinem Alptraum und rettet sich ins Wachbewußtsein. Da die inneren Ebenen bei uns weitgehend unbekannt sind, orientiert er sich an der physischen Welt. In ihr ist der Sprung in die Tiefe des Abgrundes, das Versinken im Meer oder der Sturz in einen Vulkan tödlich. In der inneren Wirklichkeit ist es ganz anders. Tod oder Zerstörung wie in der äußeren Welt gibt es in ihr nicht.

Im Inneren können wir uns unbedenklich ins Feuer stürzen oder uns von einem Tier zerreißen lassen. Niemand wird dadurch zerstört oder »verrückt«, wenn er es bewußt als eigene Erfahrung zuläßt. Wir lernen so bisher unbekannte und gefürchtete Teile von uns selbst kennen. Gerade solche drastischen Erfahrungen schaffen ein großes Vertrauen zur eigenen Seele. Auch der physische Körper wird dadurch nicht geschädigt. Er läßt solche Erfahrungen mit Freude zu und ist danach lebensfähiger als vorher, weil ihm mehr von der Energie zur Verfügung steht, die vorher aus Angst blockiert worden ist.

Ich weiß, daß viele das nicht glauben können. Bei uns gelten solche Vorgänge entweder als reine Phantasie ohne jede Bedeutung, oder sie werden für nicht normal, für gefährlich und zerstörerisch gehalten. In solchen Vorstellungen wird deutlich, wie wenig ein unbewußter Mensch seine Seele kennt. Darin liegt eine der Ursachen für die vielen Ängste in unserer westlichen Welt.

Ein Mangel an Vertrauen zu den eigenen vitalen Energien kann sich auf vielen Ebenen bemerkbar machen. Da sind zum Beispiel der niedrige Blutdruck und die Kreislaufschwäche. Der Betroffene muß sich sehr anstrengen, um die notwendigen Dinge des Alltags zu erledigen. Sein Leben ist mühsam und manchmal unerträglich. Auch die gefürchtete Depression kann Angst vor dem Beckenraum deutlich machen. Nach meinen Erfahrungen ist Depression eine Verlockung der inneren Tiefe. Wenn sich ein Mensch ihr anvertraut, führt sie ihn nach einem Absturz durch die Dunkelheit fast immer in einen sehr beglückenden Zustand kraftvoller Energien, die sich zum Beispiel in einer üppigen Landschaft ausdrücken. Dem Menschen wird klar, daß er nach diesem Zustand Sehnsucht hatte, daß er bisher jedoch mit aller Gewalt die Dunkelheit und den Sturz zu vermeiden versucht hat, weil er nicht wußte, daß er in sich hineinfällt.

Energie-Blockaden können sich physisch im »Hohlkreuz« ausdrücken, wobei Rücken und Wirbelsäule so gehalten werden, daß Energien nicht frei aus dem Beckenraum aufsteigen können. Das kann zu chronischen Schäden der Wirbelsäule führen.

Derartige Energie-Blockaden können auch in äußeren Lebensumständen spürbar werden. Menschen erleben dann, daß sie trotz aller Bemühungen immer zu wenig haben. Es mangelt ihnen an Geld und Gut, ebenso an der Liebe und Zuwendung anderer.

Bei einigen Menschen ist der Mangel an Vertrauen so extrem, daß innere bedrohliche Gestalten und Energien als äußerlich und völlig fremd angesehen werden. Sie empfinden sich »von fremden Mächten« bedroht oder besessen. Ich habe auch solche Menschen durch ihre inneren Erfahrungen begleitet. Wenn sie - zusammen mit ihrer großen Angst - den Mut aufbringen, sich den schrecklichen Gestalten zuzuwenden und vielleicht anzuvertrauen, erleben sie immer, daß sie nicht zerstört oder geschädigt werden. Sie kommen vielmehr mit bisher »verteufelten« Teilen von sich selbst in Kontakt. Das beschreibe ich später ausführlicher.

In einigen religiösen Kulturen werden solche bedrohlichen oder zerstörerischen Aspekte durch Gottheiten dargestellt. Das macht es dem gläubigen Menschen möglich, sich auch diesen Energien zuzuwenden, um selbstverständlicher mit ihnen zu leben.

Nach meinen Erfahrungen kann ich ohne jeden Vorbehalt dazu ermutigen, sich in allem kennenzulernen. Wenn es nötig ist, sollte man

Vorsicht und Angst, aber auch Mut und Vertrauen bewußt in die Erfahrung mitnehmen. Wenn etwas unerträglich wird, kann man das innere Experiment abbrechen. Es ist auch kein Problem, innerlich vor etwas wegzulaufen. Tut man das bewußt, ist man genauso bei sich und macht eine wertvolle Erfahrung.

Innere Erfahrungen sind so einfach und auch so liebevoll, weil man sich zu nichts zwingen muß. Jede bewußte Wahrnehmung vergrößert das eigene Vertrauen. Auch wenn man sich eine Grenze zugesteht.

Sexualität

Auch die Sexualität ist eine stark mit dem Beckenraum verbundene Lebenskraft. Sie wird bei uns fast ausschließlich in der physischen Ebene mit einem anderen Menschen gelebt. Dabei werden beide Partner in ihrer Hingabe berührt, die vielen westlichen Menschen wenig vertraut ist. Hingabe wird von vielen geradezu gefürchtet, weil sie als Nichts-mehr-tun-Können oder als Auslieferung an jemand anderen angesehen wird.

In inneren Erfahrungen wird der Mensch immer wieder zu seiner Hingabe gebracht. Ihm wird von innen zugemutet, sich ohne Bedingungen und Erwartungen seiner eigenen Seele anzuvertrauen. Das ist am Anfang meistens mit großer Angst verbunden, weil der Mensch fürchtet, verletzt oder gar zerstört zu werden. Jeder, der solche Erfahrungen mit sich macht, weiß danach, daß die Hingabe zuerst ein innerer Vorgang ist.

Ohne dieses Vertrauen schützt sich der Mensch meistens unbewußt vor Hingabe. So gibt es bei uns viele, die sich enttäuscht von Beziehungen und von der Sexualität abgewandt haben oder sie moralisch abwerten. Damit ziehen sie sich unbewußt auch von der inneren Sexualität zurück, die bei uns fast unbekannt ist.

Die innere Sexualität gibt es in jedem Menschen, unabhängig von seinem Alter und seinem physischen Geschlecht. Sie drückt sich aus in der Sehnsucht nach »Eins-Sein« und der entsprechenden Kraft des »Eins-Werdens«.

Wir erleben uns in einer unendlichen Vielfalt von Vorgängen und Zuständen, von denen wir viele als Polaritäten empfinden. Da sind zum Beispiel Körper und Geist, Bewegung und Ruhe, Freude und Trauer, Helligkeit und Dunkelheit, Vertrauen und Angst, Wärme und Kälte, Liebe und Haß. Erkennen wir sie nicht im Zusammenhang unseres Wesens, wirken sie gegensätzlich. Oft werden die beiden Seiten unterschiedlich bewertet. Liebe und Freude sind gut, Trauer und Angst sind negativ, Aggression und Haß sind böse, und Licht ist wertvoller als Dunkelheit. Daraus ergeben sich die üblichen Verhaltensweisen. Liebe und Freude werden gesucht und festgehalten, Trauer und Angst unterdrückt und Aggression und Haß bekämpft. Und manche religiösen Menschen versuchen, das Licht zu erreichen, indem sie die Dunkelheit überwinden.

Solche Bewertungen machen es dem Betreffenden sehr schwer oder ganz unmöglich, seine eigene Vielfalt gleichmäßig und vertrauensvoll zu leben. Er hat sich unbewußt in mindestens zwei Seiten zerlegt und bemüht sich, die eine zu finden und festzuhalten und die andere unter Kontrolle zu bringen und loszuwerden. Gleichzeitig spürt er eine tiefe Sehnsucht nach Ganzwerden und Heilsein.

Es ist die Berührung seiner inneren Sexualität, die ihn verlockt, mit beiden Seiten zu leben. Hat der Mensch zum Beispiel seine Trauer innerlich kennengelernt, kann er vertrauter mit ihr leben. Damit vermindert sich der Unterschied im Umgang mit Trauer und Freude. Er kann gleichmäßiger mit beiden Gefühlen leben. Er kann traurig sein und er kann sich freuen, ohne das eine für schlecht und das andere für gut halten zu müssen. Beide Gefühle unterscheiden sich natürlich weiterhin voneinander. Trauer bleibt Trauer und Freude bleibt Freude. Der Mensch erlebt jetzt jedoch, daß sie nicht voneinander getrennt, sondern zwei Ausdrücke derselben Energie sind. Er ahnt oder spürt die Einheit hinter der Vielfalt.

Die innere Sexualität wird in einigen Religionen ganz selbstverständlich durch genitale Symbole dargestellt oder durch die Vereinigung von Frau und Mann als ein Gleichnis für das innere Eins-Werden.

Bei einer inneren Reise kommt ein Mensch fast immer durch Erinnerungen an schwierige Beziehungen zur Sexualität. Dabei werden zuerst Trauer und Enttäuschung deutlich, die er bisher nicht mochte. Jetzt wendet er sich mit Unbehagen diesen Gefühlen zu und spürt sie ein bißchen deutlicher als Teile von sich selbst. Ihm wird bewußt, wieviel er bisher in sich selbst abgelehnt hat, daß er aber gleichzeitig von anderen erwartet hat, so angenommen zu werden, wie er ist.

In der inneren Erfahrung merkt er, daß er jetzt beginnen kann, auch mit seiner Ablehnung und anderen unangenehmen Gefühlen oder Zuständen zu leben. Damit geht nichts von der ihm angenehmen Seite verloren. Die bisher ungeliebte kommt dazu. Dann ist es möglich, sich von bisher automatischen Wertungen und Abwehrhaltungen zu lösen und sich mehr zuzulassen und anzunehmen. Man vertraut sich damit seiner Seele an.

Es ist dann auch nicht mehr so schwer, einen anderen Menschen so sein zu lassen, wie er ist. Außerdem muß man eine Beziehung und vielleicht auch die Sexualität nicht mehr mit den Sehnsüchten befrachten, die der andere gar nicht erfüllen kann.

Mütterliche Organe

Im Beckenraum einer Frau gibt es weibliche und mütterliche Organe. Viele Frauen kommen im Kontakt mit ihrem Beckenraum zu inneren Erfahrungen ihrer Mütterlichkeit.

Die Mütterlichkeit gibt es in jedem Menschen, ob Frau oder Mann. Sie ist die Fähigkeit, sich selbst so anzunehmen und zu lieben, wie man ist. So wie eine gesunde Mutter ihr Baby in die Arme nimmt und es liebt, ob es schön ist oder häßlich, gesund oder krank.

Wenn jemand sich nur wenig kennt und vertraut, lebt er nur einen Teil seiner Mütterlichkeit. Berührt ihn die Sehnsucht nach Liebe und Geborgenheit, lockt ihn seine Seele, sich kennenzulernen.

Probleme mit der Mütterlichkeit können auf verschiedenen Ebenen deutlich werden. Viele Menschen wurden in ihrer Kindheit nicht so von ihrer Mutter angenommen und geliebt, wie sie es ersehnt hatten. Sie glauben meistens, sich mit der leiblichen Mutter auseinandersetzen zu müssen, um die Probleme zu klären. In inneren Erfahrungen erlebe ich jedoch immer wieder mit, daß es zuerst um die eigene Mütterlichkeit geht. Dieses Thema berühre ich in vielen Kapiteln dieses Buches.

Frauen kommen oft durch die Erkrankung ihrer Gebärmutter zu inneren Erfahrungen, die fast immer mit Erinnerungen an schwierige Beziehungen zur Mutter in der Kindheit beginnen. Dabei werden

Trauer, Hilflosigkeit, Verlassenheit, Nichtangenommensein, Nichtgehörtwerden, Resignation und auch Wut und Haß deutlich, denen sich die Frau zuwenden kann. Es wird ihr bewußt, daß sie diese Gefühle bisher unterdrückt und abgelehnt hat. Sie spürt Erleichterung, wenn sie sie sich zugesteht und als Teile von sich anspricht. Damit lebt sie ihre Mütterlichkeit, auch wenn ihr das im Augenblick noch nicht bewußt ist. Derartige Erfahrungen beschreibe ich ausführlicher im Abschnitt über die »innere Mutter«.

Danach kann sie sich auf die Reise in den Beckenraum machen, um zur Gebärmutter zu gehen. Manchmal wird eine Grenze oder tiefe Dunkelheit sichtbar, die Angst auslöst und es der Frau schwermacht, dem Beckenraum nahezukommen. Wendet sie sich der Angst zu, wird ihr bewußt, daß sie fürchtet, von ihrer Gebärmutter zurückgewiesen oder bestraft zu werden, nachdem sie ihr einiges zugemutet hat. Besonders tief sitzt der Schmerz über einen Schwangerschaftsabbruch. Die Frau hat viele Schuldgefühle. Ich bitte sie, die Gebärmutter anzusprechen, auch wenn sie ihr noch nicht nahe ist, und sie um Hilfe zu bitten, mit ihr vertrauter zu werden.

Die Frau spürt, daß sie gehört worden ist, und nimmt ihre Schuldgefühle, ihren Schmerz und ihre Trauer mit zur Gebärmutter. Die kann ganz grau und unlebendig aussehen, was die Frau noch trauriger macht und weitere Schuldgefühle weckt. Spricht sie die Gebärmutter an und berührt sie sie mit ihren inneren Händen, spürt sie Wärme und Weichheit. Das gibt ihr Mut zu fragen, ob die Gebärmutter sauer auf sie ist, weil sie bisher so mit ihr umgegangen ist und sie fast völlig vergessen hat. Sie erlebt mit Verwunderung und Freude, daß die Gebärmutter ihr die Wärme und Geborgenheit schenkt, nach der sie immer Sehnsucht hatte. Ihr wird bewußt, wie oft sie diese Geborgenheit außen gesucht und nicht gefunden hat. Sie merkt auch, daß sie selbst auch diese liebevolle Gebärmutter ist.

Danach hat sich die Gebärmutter verändert. Sie ist kräftiger und voller und gut durchblutet. Die Frau nimmt sie in die Arme und genießt die Berührung und die Ruhe, die von ihr ausgeht.

Jetzt kann die Frau auch über den Schwangerschaftsabbruch sprechen und - weil ihre Gebärmutter liebevoll und ruhig bleibt - ihn sich zugestehen. Ich habe nie erlebt, daß jemandem von innen Vorwürfe wegen seines Verhaltens gemacht worden sind. Auch ein krankes Organ sagt dem Menschen, daß sein Leiden einen Sinn hat. Mit mehr

Vertrauen zu sich selbst gewinnt er die Freiheit, nicht weiterhin unbewußt und zwanghaft etwas tun zu müssen, an dem er oder andere leiden.

Es gibt auch Frauen, die in einer inneren Erfahrung sofort und freudig zu ihrer Gebärmutter eilen und sich ihr in die Arme werfen. Auch wenn sie so direkt bisher noch nicht bei sich waren, haben sie schon immer vertrauter und liebevoller mit ihrer Weiblichkeit und Mütterlichkeit leben können, was auch in ihren äußeren Beziehungen deutlich wurde. Zu den berührendsten Erfahrungen gehört der Besuch einer Frau bei ihrem Kind im Bauch. Ich frage in jedem meiner Seminar-Wochenenden, ob eine Schwangere anwesend ist, weil ich der Schwangeren, den Teilnehmern und mir gern gönne zu erleben, wie die Frau ihr Baby und sich selbst direkt kennenlernt. Sie kann innerlich zu ihrem Kind gehen, es sehen und mit ihm sprechen. Der Zugang ist sehr einfach, aber einige Frauen spüren zuerst Hemmungen und Schuldgefühle. Denn manchmal ist eine Frau nicht sicher, ob sie ihr Kind wirklich will oder ob sie richtig für es sorgen kann. Sie kann sich ihrer Zweifel und Sorgen bewußt werden, sie ansprechen und sie mit zu ihrem Kind nehmen.

Fast jede Frau sieht das Kind in der Fruchtblase, auch wenn es erst wenige Wochen alt ist. Sie kann es mit ihren inneren Händen berühren und es deutlich spüren. Wenn die Frau das Kind anspricht, erlebt sie zu ihrer Überraschung, daß es reagiert und antwortet, ganz unabhängig von seinem Alter. Spätestens jetzt wird der Schwangeren und allen, die es miterleben, bewußt, daß sich hier Seelen begegnen.

Das Kind freut sich über den Besuch. Die Frau kann mit ihm über alles sprechen, auch über ihre Zweifel und Bedenken. Das Kind ist voller Vertrauen und Ruhe. Es lebt noch ganz in der Gewißheit seiner Seele. Ich frage dann, ob die »Inneren Wesen« des Kindes und der Mutter dazukommen wollen. Die Mutter ist meistens durch frühere Erfahrungen mit ihrem eigenen Inneren Wesen vertraut. Sie erlebt jetzt eine zweite innere Gestalt, die zu ihrem Kind gehört. Die Mutter kann fragen, warum gerade dieses Kind zu ihr kommt, ob sie sich schon von früher kennen und welches Lebensthema jeder von ihnen hat. Fast immer gibt es sehr klare und plausible Antworten.

Nach einer solchen Erfahrung lebt die Mutter bewußter mit ihrem Baby im Bauch. Sie weiß, daß da kein »unbeschriebenes Blatt« zu ihr kommt, sondern ein Wesen, das gerade sie mit ihren angenehmen, aber auch problematischen Eigenschaften ausgesucht hat, um mit ihr Erfahrungen zu machen. So besucht die Frau dieses Wesen öfter innerlich, spricht mit ihm und mutet ihm auch ihre Schwierigkeiten zu. Jeder, der eine solche Erfahrung miterlebt, erfährt sehr viel über den Sinn der Beziehung zwischen Mutter und Kind. Das kann das Verhältnis zur eigenen Kindheit und zu eigenen Kindern erheblich verändern. Eine derartige Erfahrung kann den Menschen mit seiner eigenen Mütterlichkeit vertraut machen, in welcher sich seine Sehnsucht nach Liebe und Geborgenheit erfüllt.

Der Bauch

Der Bauch ist in vielerlei Hinsicht die Mitte des Rumpfes. Von unten kommen die vitalen Kräfte des Beckenraumes. Von oben fließen die Energien des Geistes als Gedanken und Erinnerungen sowie die weiche, warme Kraft des Herzens. Dazu kommen die Schwingung des Atems und die Kraft der aufgenommenen Nahrung, die zum Teil im Bauch ausgewertet wird.

Der Bauch drückt Fülle oder Mangel aus. Er macht deutlich, ob jemand seinen fließenden Kräften vertraut, oder ob er sie zum Teil vor oder in seinem Bauch festhält.

Ein blockierter Bauch kann unruhig, gebläht und bedrohlich wirken. Oft ist die Bauchdecke angespannt. In ihm werden häufig kraftvolle Gefühle festgehalten, die aus der Tiefe aufsteigen wollen. Das sind zum Beispiel Aggression, Wut oder Haß, von denen die meisten glauben, daß sie böse oder schlecht sind und viel Unheil anrichten müssen, wenn man sie lebt. Sie werden unbewußt unterdrückt oder bekämpft und rumoren unangenehm im Bauch herum, was noch mehr Angst macht, die man auch nicht zulassen kann. Solche starken Gefühle gehören zu jedem von uns. Sie können innerlich direkt erfahren und gelebt werden. Wenn wir uns ihnen zuwenden, lernen wir bisher unbewußte Haltungen kennen, mit denen wir uns vor uns selbst zu schützen versucht haben. Dahinter liegen oft Hilflosigkeit, Verletzlichkeit, aber auch Weichheit, Zartheit oder Sensibilität.

Ein Bauch kann sich aber auch kraftlos und schlapp anfühlen, wenn die Energien stark blockiert sind. Einige Menschen blockieren nicht nur die Energie, die von unten aufsteigen will. Sie finden eine dicke Mauer zwischen Brust- und Bauchraum, durch welche zum Beispiel die Kraft und Wärme des Herzens nicht nach unten fließen können. Sie erfahren dadurch, daß sie ihrem Bauch und Beckenraum bisher nicht vertrauen können. Ich ermutige sie, auch ihren Mangel an Vertrauen und die dicke Mauer anzusprechen und zuzulassen. Wenn jemand sagt:»Mauer, ich sehe dich und ich ahne, daß du zu mir gehörst«, lebt er die Kraft seines Herzens, sein Vertrauen. Er muß danach die Mauer nicht mehr bekämpfen und zu überwinden versuchen. Sie ist kein Hindernis mehr, sondern ein Schritt auf dem Wege zu sich selbst.

Der Rücken und die Wirbelsäule

Wie der Bauch, so können auch der Rücken und die Wirbelsäule als Verbindung von Räumen und Energien erfahren werden.

Die Wirbelsäule macht es dem Menschen möglich, sich aufzurichten oder sich zu beugen. Die Räume des Körpers sind im Sitzen oder Stehen übereinandergetürmt, und obendrauf thront der Kopf, mit dem man meistens versucht, Übersicht und Kontrolle zu behalten.

Im inneren Kontakt mit der Wirbelsäule kann deutlich werden, wie leicht oder schwer es jemandem fällt, aufgerichtet und selbstbewußt zu sein. Bei uns wird Selbstbewußtsein oft mit einem besonders eindrucksvollen Auftreten oder mit äußeren Merkmalen von Besitz oder Macht verwechselt. Dafür muß man sich meistens ziemlich anstrengen, was in Spannungen und Verhärtungen der Wirbelsäule deutlich werden kann. Das wirkliche Selbstbewußtsein ist jedoch das Sich-seiner-selbst-bewußt-Sein, das Sich-selbst-Kennen und das Sich-selbst-Vertrauen, das von innen kommt.

Viele Menschen spüren in inneren Erfahrungen Schmerzen, Spannungen oder Verhärtungen in der Wirbelsäule, meistens im Kreuz. Es fällt ihnen schwer, sich diesen Zuständen zuzuwenden, denn sie versuchen schon lange Zeit, sie loszuwerden. Sie fürchten, daß die unangenehmen Zustände dauerhaft oder noch schlimmer werden könnten, wenn sie sie wahrnehmen und als eigene Zustände akzeptieren.

So kommen sie oft zuerst zu ihrer Angst, die sie ansprechen und mit zur Wirbelsäule nehmen können. Diese wirkt in der ersten Begegnung oft sehr dunkel. Der Mensch sagt dann vielleicht:»Wirbelsäule, es fällt mir schwer, dich so anzunehmen.« Wenn er sie dann mit seinen inneren Händen berührt, spürt er Härte und oft Kälte, die ihm ebenfalls unangenehm sind. Ich ermutige ihn, auch diese inneren Zustände wahrzunehmen und sie anzusprechen. So sagt er:»Härte, ich mag dich nicht.«

Durch die Härte und Kälte kommen oft Erinnerungen an Menschen auf, an denen er als Kind gelitten hat. Statt der ersehnten Wärme und Zuwendung hat er häufig Ablehnung, Verschlossenheit und Kälte erfahren. Er wird jetzt traurig und wütend. Es fällt ihm schwer, diese Gefühle zuzulassen. Dabei wird ihm bewußt, daß er sich vielen seiner Gefühle und inneren Zustände bisher verschlossen hat. Wie oft hat er sich»zusammengerissen«, um Gefühle nicht zuzulassen und sie anderen nicht zu zeigen. Er spricht zum ersten Mal in seinem Leben zu seiner Trauer, die jetzt ganz deutlich ist, und sagt:»Trauer, ich spüre, daß du zu mir gehörst.« Ihm wird bewußt, wie viele Erwartungen er an sich hatte und wie oft er von sich selbst enttäuscht war. So kann er auch seine Erwartungen und Enttäuschungen ansprechen. Er spürt Erleichterung, weil er begreift, daß es so einfach ist, offen und liebevoll mit sich selbst umzugehen.

Alles das erzählt ihm seine Wirbelsäule und freut sich, daß er ihr zuhört. Er nimmt seine Wirbelsäule in die inneren Arme und dankt ihr, daß sie ihn zu sich geführt hat. Er spürt Wärme und Freude als Antwort seiner Wirbelsäule, der er sich zum ersten Mal so zugewendet hat.

Mit der Wirbelsäule kann man viele Erfahrungen machen.

So haben viele Menschen einen chronisch festgehaltenen Nacken mit einem vorgeschobenen Kopf. Sie versuchen, fast ausschließlich mit den schönen Fähigkeiten ihres Kopfes zu leben. Sie müssen alles analysieren, diskutieren, bewerten und verstehen, was sie erleben. Sie müssen vernünftig sein, sich selbst unter Kontrolle halten und alles im Griff haben. Sie vertrauen der unvorhersehbaren Lebendigkeit ihrer Gefühle nicht und fürchten sogar die warme, weiche Kraft ihres Herzens, die manchmal einfach unkontrolliert fließt.

Besonders im Kreuzbereich ist die Wirbelsäule oft fest und schmerzhaft. Bei den Erfahrungen mit dem Beckenraum habe ich auf die vielen Lebensenergien hingewiesen, die aus der Tiefe kommen können. Wenn man ihnen teilweise oder überhaupt nicht vertraut, dann riegelt man nicht nur den Bauchraum, sondern ganz besonders deutlich und schmerzhaft sein Kreuz ab, was im chronischen »Hohlkreuz« sichtbar wird.

Eine innere Reise zum blockierten Kreuz bringt den Menschen zuerst zum Schmerz, zum Festhalten und immer zur Angst. Dahinter findet er das, wovor er sich bisher zu schützen versucht hat. Das sind oft gerade die Zustände oder Energien, nach denen er Sehnsucht hatte, wie zum Beispiel Wärme, Lebendigkeit und vielleicht auch Sexualität.

Die Wirbelsäule ist auch die Verbindung zwischen oben und unten, zwischen dem inneren Himmel und der inneren Erde. Im inneren Himmel gibt es Weite und Unbegrenztheit, Helligkeit und Leichtigkeit und in der Erde Schwere und Dunkelheit, Fruchtbarkeit und Mütterlichkeit. Derartige Zustände der Seele sind immer da, ob man sich dessen bewußt ist oder nicht. In seinen Sehnsüchten berühren und verlocken sie den Menschen, der meistens nicht weiß, wo und wie er sie finden kann. Sehnt sich zum Beispiel jemand nach dem Himmel mit seiner Freiheit, glaubt er meistens, ihn erreichen zu können, wenn er die Enge, Schwere und Dunkelheit der Erde abschüttelt. Das führt zur Geringschätzung und Ablehnung der irdischen Existenz und des eigenen physischen Körpers. Derartige unbewußte Bewertungen können in der Wirbelsäule, zum Beispiel im Nackenbereich, schmerzhaft spürbar werden.

So kann eine schmerzhafte Wirbelsäule auch der Anlaß sein zu erfahren, daß man die Erde nicht verlassen muß, um in den Himmel zu kommen. In vielen Fällen geraten Menschen auf einer inneren Reise ganz unversehens in einen sehr leichten und weiten Zustand. Sie merken daß sie ihre Form verlieren, sich ausbreiten und ihren physischen Körper nicht mehr spüren. Wenn sie diesen Zustand nicht schon - vielleicht aus der Meditation - kennen, befürchten sie, sich aufzulösen und ihren Körper zu verlieren. Sie nehmen dann ihre Angst mit und lassen es zu, soweit sie können. Ihnen wird bewußt, daß sie sich nicht im physischen Raum, sondern in sich selbst bewegen. So lernen sie ihren inneren Himmel kennen und merken, daß sie gleichzeitig in ihrem physischen Körper sind, der ruhig daliegt und den Ausflug zuläßt.

Nach solchen Erfahrungen kann man besser auf der Erde leben. Man muß dann nicht aus den Schwierigkeiten des irdischen Lebens in die Leichtigkeit und Weite des inneren Himmels flüchten, wie manche Menschen glauben. Das irdische Leben wird bunter und fülliger, wenn man sich ab und zu an das erinnert, was man schon von der eigenen Seele kennt. Dann nimmt man nämlich mehr von sich mit in dieses Leben. Ist es gerade einmal wieder einmal eng und schwierig, kann man sich an die Weite und Leichtigkeit erinnern, die immer in einem ist und auch dann nicht verlorengeht, wenn man sie nicht spürt. Kennen und vertrauen wir uns ein bißchen mehr, können wir uns ungezwungener in der Wirbelsäule aufrichten. Wir können uns aber ebenso vor dem Wunder der eigenen Seele und der Vollkommenheit jedes Menschen und der ganzen Schöpfung beugen.

Beine und Füße

Die Beine sind mit dem Beckenraum verbunden. Die Füße sind die Basis der Beine und des Körpers, und sie stellen den Kontakt zur Erde her. Mit Beinen und Füßen kann man auf der Erde gehen, laufen oder stehen. Man kann zu jemandem oder etwas hingehen oder davon weglaufen. Mit den Beinen und Füßen kann man auch jemanden oder etwas treten und abwehren.

Die Füße berühren den physischen Erdboden. Sie können dabei Kraft, Wärme, Kälte, Trockenheit oder Feuchtigkeit wahrnehmen. Oder sie können sich von der Erde zurückziehen und sich isolieren.

Alles das hat natürlich wieder seine inneren Entsprechungen. Es gibt ein inneres Stehen, Gehen oder Weglaufen und die Berührung der inneren Erde. Mit Beinen und Füßen kann man viele Erfahrungen machen und diese Vorgänge in sich selbst kennenlernen.

Verbindung zwischen Körper und Erde

Lebt ein Mensch einigermaßen vertraut mit seiner inneren Erde, dann schätzt und achtet er seinen physischen Körper und sein irdisches Leben. Er benutzt die Fähigkeiten seines Körpers für ein befriedigendes Leben und genießt dankbar die Geschenke von Mutter Erde.

Kennt sich jemand innerlich nur wenig, hat er meistens geringes Vertrauen zu seiner irdischen Existenz. Er empfindet sein Leben als zufällig und sinnlos. Meistens schätzt er dann seinen Körper und die Gaben der Erde nicht besonders. Dieser Mangel an Vertrauen blokkiert viele Energien, und das Leben wird anstrengend. Er muß sich bemühen, auf der Erde zu leben. Er findet in sich selbst nicht genug Fähigkeiten, um seinen Unterhalt zu verdienen. Da er nicht glaubt, daß ihm seine Seele und die Erde alles schenken, beutet er seinen Körper und auch die äußere Erde für seine (zum Teil übersteigerten) Bedürfnisse aus.

Alle religiösen Meister weisen darauf hin, daß die Erde genug für alle hat. So sagte Jesus:»Sehet die Vögel unter dem Himmel an: sie säen nicht, sie ernten nicht, sie sammeln nicht in die Scheuern; und euer himmlischer Vater nähret sie doch.« Das ist eine Verheißung für das innere und äußere Leben mit der Erde.

Füße und Beine stellen die Verbindung zwischen Erde und Körper her. Vertraut jemand der Kraft seiner Erde wenig - und dazu gehört auch die Mütterlichkeit -, dann isoliert er sich von ihr. Oft sind die Füße kalt und wirken undurchlässig. Ebenso gibt es Behinderungen in den Beinen, wie Verspannungen in den Muskeln oder Durchblutungsstörungen.

In inneren Erfahrungen kann der Mensch diese unangenehmen oder schmerzhaften Zustände ansprechen. Er muß nicht versuchen, sie zu verstehen oder zu verändern. Fast immer wird er traurig, spürt Schuldgefühle und hat Angst, daß sich sein Zustand verschlimmern könnte. Wenn er diese Gefühle zuläßt und sie mit zu den Füßen oder Beinen nimmt, lernt er einen vergessenen oder abgelehnten Teil von sich kennen.

Viele Menschen mögen ihre Füße nicht, kümmern sich kaum um sie und berühren sie nicht gern. Da bricht sehr oft das Nicht-angenommen-Sein oder Abgelehnt-Werden aus der Kindheit auf. Dem Menschen wird bewußt, daß er mit Teilen von sich bisher genauso umgegangen ist. Kommt er so zu seinen Füßen, erlebt er jedoch immer, daß sie ihm keine Vorwürfe machen. Sie freuen sich, daß er sich die Freiheit nimmt, auch in schmerzhaften Erfahrungen zu sich zu kommen.

In einem solchen Augenblick lebt der Mensch seine Mütterlichkeit. Er geht liebevoll mit sich selbst um und empfängt die Kraft und Vielfalt seines Körpers und seiner Seele. Das ist ein Thema der inneren »Mutter Erde«.

Bewegen und Stehen

Viele Menschen leben unbewußt und zwanghaft in ständiger Bewegung. Sie sind in Eile, um alle Dinge zu erledigen. Sie rennen, um rechtzeitig am richtigen Ort zu sein. Sie reisen weit, um etwas Neues zu sehen oder zu erleben. Sie können mit Verkehrsmitteln überall hinkommen, ohne sich körperlich anstrengen zu müssen. Gleichzeitig spüren viele eine tiefe Sehnsucht nach Ruhe. Sie versuchen immer wieder, ihre Hektik und Unruhe zu beseitigen, müssen jedoch erleben, daß es ihnen nicht gelingt. Die Bewegung scheint sich verselbständigt zu haben.

Während ich jemanden durch seine inneren Erfahrungen begleite, spürt er manchmal Druck oder Schmerz in seinen Beinen. Das empfindet er als Störung, da er sich mit wichtigeren inneren Themen beschäftigen möchte. Ich weiß, daß sich jetzt seine Beine melden, um ihn zu sich zu bringen, und ermutige ihn, sich ihnen zuzuwenden. Dann können Trauer, Angst oder auch Hilflosigkeit deutlich werden, die er wahrnehmen und ansprechen kann. Oft wird ihm bewußt, wie sehr er sich bisher um etwas bemüht hat. Er hat sich »die Beine abgelaufen«, um einen anderen Menschen zu erreichen und endlich von ihm wahrgenommen und angenommen zu werden. Jetzt ist er enttäuscht und erschöpft. Er kann nicht mehr. Wenn er das sich jetzt zugesteht, bricht Angst auf, daß er nie mehr aus diesem Zustand herauskommen und in Passivität und Resignation untergehen könnte.

Nimmt der Mensch diese bedrohlichen Zustände als Teile von sich selbst wahr, kann er sagen: »Resignation, ich spüre dich und habe große Angst vor dir.« Wenn er möchte, kann er sich seiner Resignation anvertrauen oder ausliefern, um sie kennenzulernen. Er sagt dann zum Beispiel: »Resignation, ich gebe mich dir hin. Du kannst mit mir machen, was du willst.« Ich weise ihn immer darauf hin, daß er eine Erfahrung auch abbrechen kann, wenn sie zu unangenehm wird. Er liegt dann still da und wartet mit Angst auf das, was die bedrohliche Resignation jetzt mit ihm machen wird.

Nach einiger Zeit frage ich ihn, ob er diesen Zustand ertragen kann oder ob er sogar angenehm ist. Er sagt: »Es passiert ja gar nichts mit mir. Ich bin eigentlich ganz ruhig.« Ich bitte ihn dann, die Ruhe wahrzunehmen und ihr vielleicht zu sagen: »Ruhe, ich mag dich.« Er kann auch seiner Resignation sagen »So, wie du jetzt bist, kann ich dich gut ertragen.« Er kann nicht begreifen, daß er vor diesem Zustand bisher so viel Angst gehabt hat.

Probleme mit Gelenken, Muskeln, ein Unfall oder eine Verletzung können den Menschen hindern, immer weiter laufen zu müssen. Meistens kann er die erzwungene Ruhe nur schwer ertragen. Er wehrt sich dagegen und versucht, seine Bewegungsfähigkeit schnell wiederzugewinnen. Dann erlebt er jedoch, daß die körperliche Behinderung von anderen, zum Beispiel von den Eltern, dem Lebenspartner oder auch dem Arbeitgeber, anerkannt wird. Jeder gesteht ihm zu, daß er nichts mehr tun kann und sich Ruhe gönnen muß.

Die Sehnsucht nach Ruhe kann auch zum Konsum von Drogen führen. Es gibt viele Psychopharmaka, die Ruhe und Entspannung verschaffen. Auch Alkohol kann in kleinen Mengen gelassener und ruhiger machen. In größeren Mengen führt er zum Verlust der Kontrolle über die Bewegung. Das Tabakrauchen vermindert die Durchblutung und kann zu»Raucherbeinen« führen, die Gehen und Laufen schmerzhaft einschränken.

So versuchen viele unbewußt, sich aus der ewigen Rennerei und den nichtendenwollenden Anforderungen ihres Lebens herauszubringen. Die oft unangenehmen Nebenwirkungen derartiger Medikamente oder Drogen sind selbst wieder Symptome der eigentlichen unbewußten inneren Haltung.

Oft erfährt jemand, daß er gerade vor seiner Ruhe große Angst hat. Er fürchtet sich entweder vor dem Nichts-mehr-tun-Können, der Passivität und der Langeweile oder vor dem, was aus seinem Inneren in einem Augenblick der Ruhe aufsteigen könnte. Gerade sensible Menschen haben viele Schuldgefühle, weil sie ahnen, daß sie sich vergessen haben und gegen sich leben. Sie glauben, daß sie von innen bewertet und verurteilt werden. So stürzen sie sich in immer neue Aktivitäten.

Bewegungen sind natürlich nicht immer Flucht. Es gibt eine große Sehnsucht nach Bewegung. Sie will den Menschen jedoch zuerst nach innen führen und verlockt ihn zum Beispiel zu Entdeckungsreisen zu den eigenen Gefühlen, in den Körper oder in die unbekannte Wildnis seines Beckenraumes. Wenn ein unbewußter Mensch das spürt, geht er ins nächste Reisebüro und bucht eine Safari-Reise in Afrika.

In vielen Erfahrungen wird das oft sehr negativ bewertete Weglaufen deutlich. Kommt jemand an ein unangenehmes oder bedrohliches

Gefühl oder an eine schmerzhafte Erinnerung, sagt er: »Jetzt möchte ich weglaufen. Aber das darf ich ja nicht.« Ich mache ihn darauf aufmerksam, daß auch das Weglaufen ein innerer Vorgang ist, den er jetzt besser kennenlernen kann. So sagt er: »Weglaufen, jetzt benutze ich dich einmal bewußt« und läuft innerlich vor dem Unangenehmen oder Bedrohlichen davon. Meistens kommt er zu dem, was er besonders gern mag: in eine schöne Landschaft oder zu einem geliebten Menschen. Er erlebt mit Erstaunen, daß er immer noch in sich ist. Er selbst ist die Landschaft oder der Mensch, den er liebt. Er erfährt damit eine Ermutigung seiner Seele, auch das in sich kennenzulernen, was ihm angenehm und vertraut ist. Er ist erleichtert, daß er nichts verpaßt hat, und beglückt, daß es so schöne Dinge in ihm gibt. Danach haben sich Spannungen in den Beinen meistens gelöst. Er hatte sie bisher festgehalten, weil er sich das Weglaufen nicht zugestehen konnte, sondern glaubte, allem standhalten und alles klären oder erledigen zu müssen.

In Erfahrungen mit Unbeweglichkeit, Durchblutungsstörungen oder Kälte im Bein kann jemandem auch mit Erschrecken bewußt werden, daß er sein Bein festhält, weil er sonst kräftig um sich treten würde. Er erinnert sich an Situationen, in denen er voller Wut war, sich aber zusammengerissen hat, um niemandem zu schaden. Schon in der Kindheit waren da die übermächtige Mutter oder der Vater, den er treten wollte.

So kommt er zu seiner Wut, seiner Aggression oder seinem Haß. Das sind ja sehr übel beleumdete Gefühle, die man für äußerst negativ und gefährlich hält, weil sie außen viel Schaden anrichten können. Aber kaum jemand kennt diese kraftvollen Gefühle wirklich, weil er sich ihnen nie innerlich zugewendet und geöffnet hat.

In der inneren Erfahrung sagt der Mensch: »Wut, ich ahne, daß du auch zu mir gehörst. Ich habe Angst vor dir.« Er lernt sie dann als eine starke Schutzhaltung kennen, die er unbewußt einsetzt, wenn er sich hilflos oder machtlos fühlt. So führt ihn die Wut weiter zur Hilflosigkeit. Er kann sich auch ihr zuwenden und sie ansprechen. Ihm wird bewußt, daß sie ihm bisher ganz unerträglich war, so daß er sie mit aller Gewalt abzuwehren versucht hat.

In seiner Hilflosigkeit findet er, was ihm bisher so bedrohlich war, nämlich das Nichts-mehr-tun-Können. Wie oft hat er versucht, die Mutter zu erreichen oder von ihr angenommen zu werden. Er gesteht sich jetzt seine Trauer und Angst zu. Auf meine Ermutigung will er sich der Hilflosigkeit ausliefern und sagt:»Hilflosigkeit, mache jetzt mit mir, was du willst.« Er liegt da und erwartet Schreckliches. Nach einer Weile merkt er, daß nichts mit ihm geschieht, außer daß er ruhiger und entspannter ist. Er kann kaum glauben, daß das seine Hilflosigkeit sein soll, vor der er sich bisher geschützt hat. Er genießt diesen Zustand und lernt darin sein Nichts-mehr-tun-Müssen kennen, nach dem er schon lange Sehnsucht hatte. Ihm wird bewußt, daß er sich davor geschützt hat, weil er fürchtete, in der Hingabe von anderen bedroht oder ausgenutzt werden zu können. Jetzt erlebt er, daß er sich an sich selbst, an seine Seele hingeben kann.

Nach solchen Erfahrungen mit Wut und Hilflosigkeit fühlen sich die physischen Beine meistens wärmer, leichter und fließender an. Der Mensch dankt ihnen, daß sie ihn zu sich geführt haben. Darüber freuen sich die Beine.

Erfahrungen mit Krankheiten

Wir sind daran gewöhnt, einen krankhaften Zustand als Fehlfunktion des Körpers anzusehen, dessen Ursachen meistens außerhalb von uns selbst liegen. Eine Krankheit wird daher als fremd und falsch empfunden und bekämpft und zu beseitigen versucht. Kaum jemand glaubt, daß sie zu ihm gehört oder gar sinnvoll sein könnte.

Dieser Umgang mit einer Krankheit entspricht der Beziehung zum Körper selbst. Die meisten finden ihren Körper normal, wenn sie ihn nicht spüren, wenn er also reibungslos funktioniert. Das führt dazu, daß manche ihren Körper wie eine Maschine ansehen und behandeln. Sie bezeichnen zum Beispiel ihr Herz als Pumpe, die man heute im Notfall - zum Teil durch wirkliche Maschinen - ersetzen kann.

Der Körper wird dann vor allem unter dem Gesichtspunkt erlebt, ob er das kann, was man von ihm erwartet. Das sind vor allem Aktivität und Leistung. Viele Sportler zwingen ihren Körper mit mehr oder weniger Gewalt zur Höchstleistung, die bei uns als sehr positiv bewertet wird. Geht dabei ein Muskel oder ein Knochen kaputt, dann ist das ein Unfall, den man nicht direkt auf sich und auf seine gegenwärtige Situation bezieht. Der Schaden läßt sich meistens reparieren, so daß der Körper wieder leistungsfähig ist.

Eine derartig technische Einstellung zum eigenen Körper kann zu Unbehagen und Angst führen. Man kontrolliert unbewußt immer wieder, ob alles funktioniert, und fürchtet sich vor Leistungsunfähigkeit, Krankheit, Schwäche und Alter. So kommt der Körper fast nur dann ins Bewußtsein, wenn es Störungen gibt. Sind sie nicht allzu unangenehm, werden sie übersehen oder tapfer überwunden. Sind sie schlimm und hinderlich, versucht man, sie so schnell wie möglich wieder zu beseitigen.

Eine Krankheit oder eine Verletzung des Körpers ist natürlich unangenehm und manchmal unerträglich. Es ist selbstverständlich, sie loswerden zu wollen und dafür auch die Hilfe von Fachleuten zu benutzen. Die Medizin und sonstige Heilmethoden bieten viele Möglichkeiten. Die westliche Medizin - als Naturwissenschaft - sucht die Ursachen für körperliche Erkrankungen weitgehend in der physischen Welt. Da gibt es eine ganze Menge von Bakterien, Viren oder Schadstoffen, die eine Krankheit auslösen können. Die übliche Behandlung greift auf dieser Ebene ein und verändert oder bekämpft derartige Ursachen und deren Auswirkungen.

Damit wird jedoch nicht die Frage beantwortet, warum gerade dieser Mensch in seiner augenblicklichen Lebenssituation krank wird oder sich verletzt. Bei naßkaltem Wetter bekommen sicher nicht alle, die von Erregern erreicht werden, eine Erkältung. Und auch nicht alle starken Raucher erkranken an Lungenkrebs, obwohl sie sich dieselben Schadstoffe zuführen.

Eine Erkrankung oder Verletzung ist immer etwas ganz Persönliches, auch wenn es äußere, naturwissenschaftlich nachweisbare Ursachen dafür gibt. Wenn jemand zum Beispiel eine Infektionskrankheit bekommt, hat sein eigenes Immunsystem zugelassen, daß die Bakterien oder Viren sich soweit ausbreiten konnten, daß er krank wurde.

Es ist sicher einseitig zu glauben, daß eine Krankheit nur äußere Ursachen hat. Ich empfehle jedoch nicht, in das andere Extrem zu verfallen und alle naturwissenschaftlichen und medizinischen Erkenntnisse als falsch anzusehen. Es ist jedoch sehr interessant, eine Krankheit auch als eine Ausdrucksmöglichkeit der eigenen Seele anzusehen. Das macht es möglich, mit der Krankheit und dabei mit sich selbst bewußt in Kontakt zu kommen.

Eine Krankheit oder ein anderer unangenehmer Körperzustand kann genauso innerlich erfahren werden, wie ich es bisher für andere Zustände und Vorgänge geschildert habe.

Sich bewußt zu werden, daß die Krankheit da ist, ist sicher nicht schwer, da sie meistens deutlich und unangenehm spürbar ist. Für viele ist es jedoch ganz neu, sich der Krankheit direkt zuzuwenden und sie anzusprechen. Häufig fürchten sie, daß die Krankheit dann schlimmer werden und nie mehr aufhören könnte. Der Kranke sagt: »Krankheit, ich kann dich kaum ertragen, du machst mir Angst.« Ihm wird dabei bewußt, daß er sich selbst spürt und zu sich spricht. Er betritt jetzt »Neuland« und weiß nicht, wohin er kommen wird und was mit ihm geschehen wird. Ich ermutige ihn, alle seine Befürchtungen zuzulassen und wahrzunehmen. Er sagt: »Angst, begleite mich durch meine Erfahrung.« Er muß sie dann nicht mehr bekämpfen oder unterdrücken. Das erleichtert die nächsten Schritte.

Die bringen ihn meistens zu weiteren, bisher ungeliebten und abgewerteten Gefühlen wie Trauer, Hilflosigkeit, Machtlosigkeit und manchmal auch Wut und Verzweiflung. Dabei wird deutlich, wie sehr er sich bisher vor ihnen geschützt und gegen sie gekämpft hat. Jetzt ist er - nicht zuletzt durch seine Krankheit - in einem Zustand, in dem er seinen Widerstand aufgeben kann oder muß. Mit seiner Angst wendet er sich diesen bisher bedrohlichen Gefühlen zu und spricht sie einzeln an. Er erlebt zu seinem Erstaunen, daß er sie ertragen kann und daß sie ihn nicht schädigen. Er spürt eine große Erleichterung, auch wenn er zum Beispiel in seiner Trauer hemmungslos weinen muß, was er bisher nie zugelassen hat. Er erfährt die Wärme und Weichheit seiner Gefühle.

Danach fällt es ihm leichter, sich auch der Krankheit selbst zuzuwenden. Er sagt: »Krankheit, ich möchte dich kennenlernen. Ich komme zu dir.« Er macht sich - mit Angst und Zweifel - auf den Weg zu ihr. Er kann seine Krankheit im Körper sehen oder spüren, sie mit seinen inneren Händen berühren, zu ihr sprechen und hinhören. Oft erlebt er mit ihr schmerzhafte Erinnerungen und weitere bisher bekämpfte Gefühle.

Manchmal kommt ein Mensch so in nur einer Stunde zu unglaublich vielen inneren Vorgängen, die er bisher noch nicht kannte. Ihm wird bewußt, wie wenig er mit sich vertraut war und wie lieblos und gewaltsam er mit vielem umgegangen ist. Er spürt Schuldgefühle und glaubt, daß er durch seine Krankheit für sein bisheriges Verhalten bestraft wird.

Aber auch wenn jemand sehr schwer krank und seinem Tode nahe ist, erfährt er durch seinen Körper und seine Krankheit keine Vorwürfe. Er wird von innen sehr liebevoll aufgenommen. Alles in ihm ist gelassen und manchmal sogar fröhlich. Auch ein schwer geschädigtes Organ schimpft nicht auf ihn, sondern macht ihm deutlich, daß alles zu ihm gehört und einen Sinn hat. Der Kranke ist überrascht, beschämt und dann beglückt. Ihm wird deutlich, daß sein Inneres viel Vertrauen zu seinem Zustand hat. Er merkt, daß es ein Teil seines Leidens war, dieses große Vertrauen in sich nicht zu kennen. Er wußte nicht, daß er eine Seele ist, die alle Arten von Erfahrungen auf der Erde macht. Zu ihnen gehört auch das Leid.

Eine derartige Erfahrung verändert die innere Haltung des Menschen. Es ist möglich, daß die Krankheit erträglicher wird, weil er sie nicht mehr als so fremd und feindlich empfindet. Ich habe auch miterlebt, daß eine Krankheit ganz verschwand. Sie hatte ihre Aufgabe erfüllt.

Das kann man jedoch nicht erwarten und nicht erzwingen. Man sollte sich nicht scheuen, die Hilfe von Ärzten oder Heilpraktikern in Anspruch zu nehmen, sich behandeln zu lassen, Medikamente zu nehmen und sich auch operieren zu lassen, wenn es nötig ist. Ist man mit sich und seiner Krankheit in innerem Kontakt, kann man die notwendige Behandlung als eine weitere, sehr interessante innere Erfahrung erleben, in der man sich kennenlernen und Vertrauen zu sich gewinnen kann.

Ich habe mehrfach miterlebt, daß ein krankes Organ sagte: »Laß mich herausoperieren.« Der Mensch ging danach mit größerem Vertrauen ins Krankenhaus und erlebte alle Umstände bewußter als eigene Erfahrung. Oft war er überrascht, wie undramatisch der Eingriff und die Heilung verlief.

Ich habe auch einige Menschen begleitet, die erleben mußten, wie sich ihr Zustand verschlechterte. Auch nach Operationen und starken Medikamenten breitete sich die Krankheit weiter aus. Der Körper wurde schwächer, und der Tod näherte sich ihnen.

Dann ermutige ich den Menschen, sich seines Sterbens bewußt zu werden und alle aufkommenden Gefühle und Empfindungen wahrzunehmen. So kommt er zu Angst, Hilflosigkeit, Trauer, Verzweiflung und Schuldgefühlen, denen er sich zuwenden kann, um sie als Teile von sich kennenzulernen. Im Verlaufe solcher inneren Erfahrungen wird bei einem Schwerkranken fast immer eine tiefe Todessehnsucht, aber auch eine große Todesangst deutlich.

Diese Todessehnsucht hat der Mensch bisher fast immer sehr negativ bewertet und sie weitgehend verdrängt. Jetzt kann er sie sich zugestehen und ihr sagen:»Todessehnsucht, ich weiß, daß auch du zu mir gehörst.« Oft weint er vor Trauer und Erleichterung. Wenn es ihm möglich ist, kann er sagen:»Todessehnsucht, ich vertraue mich dir jetzt an. Führe mich zu meinem Tod.« Dann liegt er da und wartet - mit Angst - auf das, was mit ihm geschehen wird.

Er kommt immer in einen Zustand, den er sehr gut ertragen kann. Er wird vielleicht ganz weit und hell und spürt, wie sich der Frieden in ihm ausbreitet. Er wird still, gibt sich an diesen Zustand hin und genießt ihn. Und irgendwann merkt er mit Erstaunen, daß sein physischer Körper dabei ist und nicht gestorben ist. Er hat ihn auch nicht gehindert, den beglückenden»inneren Tod«, die Hingabe an seine Seele, zu leben.

Hat der Mensch so seine Weite, sein Licht und seinen Frieden kennengelernt, kann er besser auf der Erde leben, er kann aber auch sterben. Denn er weiß oder ahnt, daß er mehr ist als sein physischer Körper und daß nach seinem Tod etwas von ihm übrigbleiben wird. Oft findet er sein»Inneres Wesen«, das ihn auf seinen physischen Tod vorbereitet.

Wenn der Mensch mich darum bittet, begleite ich ihn auch durch die letzten Erfahrungen dieses irdischen Lebens. Ich ermutige ihn, alles, was mit ihm und seinem Körper im Sterben geschieht, wahrzunehmen und bewußt»hinüber«zugehen. Dazu schreibe ich mehr im Kapitel über den Tod.

In religiösen Kulturen lebt man meistens vertrauter mit Krankheit und Tod. Wenn sich ein Mensch zum Beispiel ganz in Gottes Hand weiß, dann vertraut er ihm in allem, was geschieht. Wenn es ihm gutgeht, weiß er, daß Gott ihm diesen Zustand schenkt. Und wenn es ihm schlechtgeht, weiß er, daß Gott sich nicht irrt und auch das Leiden einen Sinn hat. In religiösen Kulturen sind Arzt und Priester fast immer eins. Er hilft dem Kranken durch seine medizinische Kunst und durch sein Vertrauen in die Seele und in Gott. Er heilt den Kranken oder geleitet ihn in den Tod.

Es gibt unendlich viele Wege ins Vertrauen und in die Gewißheit einer größeren Wirklichkeit. Einer davon ist die Erfahrung des eigenen Wesens in allen seinen Aspekten, also auch im Leid.

Krebs

Ich habe schon viele Menschen mit einer Krebserkrankung durch ihre inneren Erfahrungen begleitet. Oft sind es Frauen, die einen Knoten in der Brust oder einen Tumor an einem weiblichen Organ des Beckenraums haben. Die Kranken sind fast immer in ärztlicher Behandlung. Einige haben schon eine Operation oder eine medikamentöse Behandlung hinter sich. Manchmal haben sich neue Tumore gebildet. Allein die medizinische Diagnose »Krebs« ist für die Betroffenen ein großer Schock und ein tiefer Einschnitt in ihr Leben. Es brechen sehr bedrohliche Ängste auf vor Hilflosigkeit, Verstümmelung und Tod.

Nach der herrschenden Vorstellung ist Krebs eine »Geißel der Menschheit«, die jemanden zufällig trifft und nur im Kampf überwunden und vernichtet werden kann. So empfindet sich der kranke Mensch selbst als das Opfer einer Krankheit, deren Ursachen außerhalb von ihm liegen und die nichts mit ihm zu tun hat.

Nahestehende reagieren oft mit Entsetzen, Angst, Hilflosigkeit und Abwehr. Die Kranken erleben, daß man sie jetzt zu schonen und zu trösten versucht oder sich von ihnen zurückzieht. Auch im Beruf und in den alltäglichen Dingen kann sich die Situation drastisch ändern. Sie sind jetzt schwerkrank, werden untersucht, behandelt, operiert und leben in der Unsicherheit, nicht zu wissen, wie es mit ihnen weitergehen wird. Zu alledem »zwingt« der Krebs die Betroffenen, die das kaum ertragen können. Sie versuchen, mit allen Mitteln gegen den Krebs und seine Folgen zu kämpfen, um wieder in die ihnen vertraute Lebenshaltung zu kommen.

Ich denke jetzt an eine Frau, bei der ein Knoten in der Brust festgestellt worden war. Sie kommt zu mir und ist noch ganz im Schock dieser Diagnose. Schon vor der inneren Erfahrung wird sie sehr traurig und weint zuerst still und dann hemmungslos. Sie ist danach erleichtert, daß sie jetzt weinen darf und nicht mehr »tapfer« sein muß, wie sie es ihren Angehörigen gegenüber war.

So beginnt die Erfahrung mit der Trauer. Der Frau wird dabei bewußt, daß sie die Trauer ihr Leben lang abgewehrt und unterdrückt hat. Sie hatte immer große Angst, von ihr überwältigt zu werden. Ihre Mutter und später ihr Ehemann konnten Trauer nicht ertragen. Die Frau glaubt, daß sie durch diese Einflüsse kein Vertrauen zu ihrer Trauer hatte.

Ich ermutige sie, jetzt ihre Trauer und auch ihre Angst zu spüren und sie, so weit wie möglich, zuzulassen. Sie kann zu ihrer Angst sagen:»Angst, begleite mich zu meiner Trauer« und dann:»Trauer, ich komme jetzt mit meiner Angst zu dir.«

Die Frau sieht eine dunkle, verhangene, weibliche Gestalt. Sie geht vorsichtig an sie heran und berührt sie zögernd mit ihren inneren Händen. Sie ist überrascht, daß die Gestalt weich und warm ist, denn sie hat etwas Unangenehmes erwartet. So kann sie auch die Dunkelheit, Wärme und Weichheit ansprechen. Es fällt ihr danach leicht zu sagen:»Trauer, ich kann dich gut so ertragen, wie du jetzt bist.« Die Trauer steht jetzt ohne ihren Schleier da. Sie hat ein schönes, liebevolles Gesicht.

Die Frau ist ruhiger und gelöster. Sie läßt sich innerlich von der Wärme und Liebe ihrer Trauer berühren. Sie erinnert sich an ihre Kindheit, in der sie sich häufig traurig und einsam gefühlt hat. Sie denkt daran, wie verschlossen und abweisend ihre Mutter manchmal war. Die Trauer bricht noch einmal auf, und die Frau weint gelöst.

Ich frage sie, wie ihre Mutter aussieht, wenn sie jetzt an sie denkt oder sich an sie erinnert. Sie sieht die Mutter kühl, verschlossen und distanziert. Und dann spürt die Frau, wie die Wut in ihr aufsteigt. Sie erinnert sich jetzt, daß sie schon als Kind manchmal eine ohnmächtige Wut gespürt hat. Sie kann sich diese Wut nicht zugestehen. Sie hat Angst davor und empfindet Schuldgefühle, weil sie ja ihrer Mutter gegenüber nicht aggressiv sein darf und will.

Ich ermutige die Frau, auch diese Gefühle anzusprechen. Sie sagt:»Wut, ich ahne, daß du auch zu mir gehörst« und:»Schuldgefühl, ich mag dich nicht.« Dabei wird ihr bewußt, daß sie sich diesen Gefühlen bisher verschlossen hat. Als sie ihre Verschlossenheit anspricht, wird ihr bewußt, daß das auch das Thema ihrer Mutter war, die vielen ihrer Gefühlen nicht vertrauen konnte.

Die Frau merkt, daß sich ihre Mutter nicht eigentlich gegen sie gewendet hat, sondern sich unbewußt vor dem verschlossen hat, was sie in sich selbst nicht ertragen konnte. Als Kind hat die Frau das Verhalten der Mutter auf sich bezogen und sich abgelehnt gefühlt. Jetzt spürt sie, wie ähnlich sie ihrer Mutter ist. Sie ist tief betroffen, wenn sie sich daran erinnert, wie verschlossen und lieblos sie bisher mit manchem in sich selbst, mit ihren eigenen Kindern und mit anderen Menschen umgegangen ist, obwohl sie es eigentlich nicht wollte. Sie hat sich immer bemüht, anders zu sein, als ihre Mutter es war.

Die Frau kann jetzt direkt zu der Mutter sprechen, die sie in sich sieht, und sagen:»Mutter, ich merke, wie ähnlich wir uns sind.« Das fällt ihr ziemlich schwer. Denn sie hat Angst, daß sie jetzt immer so sein muß, wie ihre Mutter war. Sie ist erstaunt, daß die Mutter auf diese Worte reagiert und etwas freundlicher wirkt. Das macht es der Frau möglich, zu ihr hinzugehen, sie zu berühren und sie in die Arme zu nehmen. Sie spürt, daß die Mutter weicher ist, als sie erwartet hat. Sie bemerkt mit Rührung, daß die Mutter sich freut, daß sie zu ihr gekommen ist.

Jetzt wird der Frau bewußt, daß sie die ganze Zeit in sich selbst ist. Sie hat ja die Augen geschlossen und schaut nach innen. Das kann also nicht die leibliche Mutter sein, die sie sieht, zu der sie gesprochen hat und die sie jetzt berührt. So fragt sie überrascht:»Mutter, bist du in mir? Bist du ein Teil von mir?« Sie bekommt ein freundliches, fröhliches Ja und weiß jetzt, daß sie sich selbst begegnet. Sie lernt einen Teil von sich kennen, nach dessen Offenheit und Zuwendung sie immer Sehnsucht gehabt hat, dem sie aber bisher nicht vertrauen konnte, weil sie ihn mit der leiblichen Mutter verwechselt hat. Sie begegnet ihrer»inneren Mutter«, die ein wunderbarer Ausdruck der Seele ist. Sie ist so ideal, wie man sich eine Mutter nur wünschen kann.

Die krebskranke Frau beginnt, mit ihrer inneren Mutter zu sprechen. Sie fragt ganz ungläubig:»Innere Mutter, warst du schon immer in mir, auch wenn ich dich nicht gespürt habe?« Als die innere Mutter ja sagt, ist die Frau betroffen und berührt. Sie fragt schüchtern weiter:»Innere Mutter, liebst du mich, so wie ich bin, auch mit meinem Mangel an Vertrauen und mit dem, was ich von mir selbst nicht kenne und nicht mag?« Sie spürt als Antwort Ruhe, Wärme und Geborgenheit. Sie ahnt, daß sie jetzt»nach Hause kommt«.

Die Frau bittet die innere Mutter, sie in ihren Erfahrungen zu begleiten und zu führen. Ich frage sie, ob sie mit ihrer inneren Mutter zum Krebs gehen will, um ihn kennenzulernen. Allein bei dem Gedanken an den Krebs spürt sie Angst und Abwehr, denn sie hat ihn bisher als schrecklich und bedrohlich erlebt. Sie will ihn überwinden und beseitigen, aber nicht mit ihm leben. Sie befürchtet, daß er schlimmer werden muß, wenn sie sich ihm zuwendet.

Begegnung mit dem Krebs

Ich bitte die Frau, diese Gedanken und Gefühle wahrzunehmen und anzusprechen. Sie sagt:»Angst, ich spüre dich ganz deutlich.« Ich mache sie darauf aufmerksam, daß sie sich zum Besuch des Krebses nicht zwingen muß, daß sie jedoch ihre innere Mutter fragen kann, ob es richtig ist, den Krebs kennenzulernen, und ob sie mit ihr dorthin gehen will. Nach der positiven Antwort der inneren Mutter ist die Frau erleichtert und zuversichtlich. Sie vertraut sich der inneren Mutter an, läßt sich von ihr an die Hand nehmen und macht sich auf den Weg zu ihrer Brust und dem Knoten. Sie spürt aber auch Angst und bittet:»Angst, komm auch mit zu meinem Krebs.« Sie merkt, daß sie jetzt nicht mehr gegen ihre Angst ankämpfen muß.

Die Frau nimmt den Knoten zuerst vorsichtig aus der Ferne wahr und sagt:»Krebs, ich sehe dich jetzt. Ich habe große Angst vor dir.« Sie atmet tief durch, denn sie ahnt, daß sie anders mit sich leben kann, als sie es bisher getan hat. Danach geht sie mit ihrer inneren Mutter und ihrem Mut dichter an den Krebs heran. Sie sieht ihn deutlich und kann ihn sogar anatomisch beschreiben. Sie berührt ihn vorsichtig mit ihren inneren Händen. Ihre innere Mutter steht ruhig und liebevoll neben ihr. Die Frau hat etwas sehr Unangenehmes und Zerstörerisches erwartet. Sie ist erstaunt, daß der Knoten sich weich und warm anfühlt. Sie sagt:»Krebs, ich weiß, daß du in diesem Augenblick ein Teil von mir bist.« Ein Augenblick der Ruhe und eine kleine Freude ist die Antwort des Knotens.

Die Frau sagt zu dem Knoten in der Brust:»Ich möchte dich kennenlernen. Zeige mir doch einmal, wie du wirklich bist.« Dabei empfindet sie Angst und erwartet etwas Schreckliches. Sie prüft, ob die innere Mutter immer noch bei ihr ist. Diese nickt ihr zu.

In ihrem Gesicht sehe ich, wie sie ganz still wird. Sie schweigt eine ganze Weile. Dann schildert sie ihren Zustand. Sie ist in einem sehr großen hellen Raum voller Licht, sie spürt ihren Körper nicht mehr und kann sich leicht und frei bewegen. Sie kann schweben, fliegen, sie kann sich ausbreiten, soweit sie will. Da ist immer wieder ein Hauch von Angst, weil sie fürchtet, verlorengehen zu können. Aber ihre innere Mutter ist mit ihr im inneren Raum und ermutigt sie, alles zuzulassen. Die Frau ist tief berührt und glücklich. Sie erinnert sich an ihre tiefe Sehnsucht nach dieser Freiheit. Sie glaubte immer, erst nach ihrem Tod dahin kommen zu können, und hat sich daher dieser Sehnsucht verschlossen. Und jetzt erfährt sie durch ihren Krebs, daß diese Freiheit ein Zustand ihrer eigenen Seele ist, den sie auch in ihrem physischen Körper erreichen kann, wenn sie es möchte. Denn der liegt die ganze Zeit ruhig da und freut sich, daß sie zu sich kommt.

Ich weiß, daß es vielen schwerfallen wird, diese inneren Erlebnisse eines Menschen zu glauben. Wir sind zu sehr daran gewöhnt, die physische Ebene als die einzige Realität anzusehen. In inneren Erfahrungen öffnet sich eine neue Welt, die sich in vielem von der äußeren stark unterscheidet. Eine Krankheit kann uns drastisch aus den bisherigen Vorstellungen reißen und uns geradezu dramatisch in das Reich führen, »das nicht von dieser Welt ist«.

In einigen Erfahrungen öffnet sich der Krebs und zeigt dem Menschen eine feurige, explosive Kraft, die sehr zerstörerisch wirkt. Das löst große Angst aus, weil es in der physischen Welt tödlich wäre, sich dem Feuer oder einer Explosion auszusetzen. Ich weiß, daß es in der inneren Wirklichkeit ganz anders ist und niemand verletzt oder zerstört wird, wenn er sich derartigen Energien innerlich ausliefert. Daher bitte ich den Menschen, so weit zu gehen, wie es ihm möglich ist. Ich frage ihn, ob er dieser bedrohlichen Kraft die Freiheit geben kann, um zu erleben, was geschieht. Er sagt dann:»Kraft, mach jetzt, was du willst. Ich lasse es geschehen.«

Manchmal passiert nichts von dem, was der Mensch befürchtet hat. Die Kraft fließt sanft in ihn und macht ihn lebendig und warm. Er wundert sich, daß er sich bisher vor dieser angenehmen Energie so stark geschützt hat.

Es ist jedoch auch möglich, daß es zu einer gewaltigen inneren Explosion kommt, die vieles zerreißt und verbrennt. Der Mensch glaubt, daß jetzt sein letztes Stündlein gekommen ist. Er verliert die Kontrolle über alles und kann sich dem, was da geschieht, nur noch ausliefern. Er spürt jedoch keine Schmerzen und kann ertragen, was in ihm deutlich wird.

Während oder nach dieser Erfahrung merkt er auch, daß er gleichzeitig ruhig in seinem physischen Körper daliegt, der die Erfahrung zuläßt und nicht geschädigt wird. Danach wird es still in ihm. Der Körper ist warm und lebendig und prickelt. Der Bauch- und Brustraum ist weit und kraftvoll. Manchmal geht im Inneren eine große Sonne auf. Der Mensch erfährt auf vielen Ebenen eine kraftvolle Lebendigkeit, vor der er sich bisher gefürchtet hat.

Begegnung mit dem Tod

In jeder Erfahrung mit Krebs oder einer anderen schweren Erkrankung werden Todessehnsucht und Todesangst berührt. Das ist ein wesentliches inneres Thema, das ich an vielen Stellen dieses Buches andeute oder beschreibe. Ich schildere es im folgenden auch im Zusammenhang mit Krebs.

Sterben und Tod berührt jeden, der die Diagnose Krebs hört. Denn viele Krebserkrankungen verlaufen tödlich. So kommt oft schon am Anfang einer inneren Erfahrungen die Angst vor dem Tod auf. Der Mensch kann sich zuerst seiner Angst zuwenden, sie ansprechen und spüren, daß sie in ihm ist und zu ihm gehört. Oft ist ihm ganz neu, daß er so mit ihr umgehen kann. Danach kann er seine Angst bitten, ihn zum Tod zu begleiten. Das fällt meistens sehr schwer, weil er nur den physischen Tod kennt und fürchtet, körperlich sterben zu müssen, wenn er sich seinem Tod öffnet.

Vielen fällt dann ein, daß sie schon lange Sehnsucht nach dem Tod hatten, und manche erinnern sich an Selbsttötungsversuche. Sie schämen sich, es sich selbst zuzugestehen und mir zuzumuten. Ich bitte sie, ihr Schuldgefühl mitzunehmen und auch die Todessehnsucht anzusprechen.

Oft werden dann sehr schmerzhafte Erinnerungen an andere Menschen deutlich. Die geliebte Mutter ist früh - durch Suizid - gestorben. Oder der Vater ist aus dem Hause gegangen und hat das Kind verlassen. In Beziehungen hat es Trennungen gegeben. Der Mensch erinnert sich an viele Tage voller Enttäuschungen, Verlassenheit,

Trauer und Hoffnungslosigkeit. Wie oft hat er sich bemüht, jemanden zu finden, von dem er angenommen und geliebt wird, so wie er ist.

Er erinnert sich auch daran, immer gewußt zu haben, daß es irgendwo die Liebe und den Frieden gibt, nach denen er sich eigentlich sehnt. Aber er vermutet sie außerhalb dieses irdischen Lebens mit seinem Leiden und seiner Mühsal. So hat er sich unbewußt gegen seinen physischen Körper gewendet, der ihn auf der Erde festhält und für dessen Erhaltung er arbeiten und sich anstrengen muß. Damit hat er sich ebenso auch unbewußt gegen Aufgaben und Pflichten auf der Erde gewendet. Er mußte erleben, daß er immer weniger Lust und Energie hat und daß sein Leben mühsamer, freudloser und schwieriger wird. Er hat keinen Sinn mehr in diesem Leben gesehen.

Die Sehnsucht, aus diesem Elend herauszukommen, hat er als Todessehnsucht empfunden. Gleichzeitig hatte er Angst vor dem Tode, den er als sinnlos und als das endgültige Ende ansah.

In der inneren Erfahrung kann der Mensch sich jetzt seinen Gefühlen wie Enttäuschung, Verzweiflung und Hoffnungslosigkeit zuwenden. Oft kommen Trauer und Wut dazu. Er kann auch seine Überforderung und seinen Frust wahrnehmen und seine Todessehnsucht und Todesangst ansprechen. Er ist überrascht, daß es so einfach und undramatisch ist, sich diese bisher schmerzhaften Gefühle und Zustände zuzugestehen.

Danach kann er sagen: »Tod, ich möchte dich kennenlernen, aber ich habe auch Angst vor dir.« Sehr oft wird der Tod innerlich als Gestalt sichtbar. Zum Beispiel dunkel in einen Umhang verhüllt oder als Sensenmann oder auch als ein lichtvolles Wesen. Der Mensch kann zu ihm hingehen und ihn berühren und sagen: »Tod, ich vertraue mich dir jetzt an. Mache mit mir, was du willst.«

Liefert er sich so dem Tod aus, fürchtet er, physisch sterben zu müssen. Ich sage ihm, daß er seine Angst dazunehmen solle und daß er die Erfahrung abbrechen kann, wenn sie ihm unerträglich wird. Ich sehe in seinem Gesicht, wie die Spannung abfließt und der Ausdruck ruhiger wird, wenn er den Tod zuläßt. Er liegt still da und fühlt sich wohl. Er muß nichts tun, nichts ändern und auch nichts verstehen. Er ist bei sich selbst und erlebt Weite, Leichtigkeit und inneren Frieden. Jetzt weiß er, wohin ihn seine Todessehnsucht immer schon bringen wollte. Er ist tief berührt, und ich lasse ihn diesen wunderbaren Zustand genießen. Irgendwann spürt er mit Verwunderung, daß er gleichzeitig in der Leichtigkeit und Weite seiner Seele und in der Schwere und Begrenztheit seines physischen Körpers ist. Beides widerspricht sich nicht.

Auch wenn eine solche Erfahrung nicht so tiefgreifend ist, gewinnt der Mensch in der Begegnung mit seinem inneren Tod eine große Freiheit. Er ahnt den unermeßlichen Umfang seiner Seele und das Abenteuer, sie bewußt zu erfahren. So kann er besser auf der Erde leben. Wenn es soweit ist, kann er auch besser sterben, weil er weiß, daß er mehr ist als der physische Körper.

Oft dankt der Mensch danach aus vollem Herzen seinem Körper, seinem Tod und auch seinem Krebs für diese Erfahrung. Er kann sagen: »Krebs, ich möchte gern weiterleben. Hilf mir dabei.« Manchmal bekommt der Mensch von innen den Ratschlag, sich operieren oder eine bestimmte Behandlung vornehmen zu lassen. Danach kann er die Operation oder die oft sehr unangenehme Chemotherapie besser ertragen, weil er sie bewußt als eigene Erfahrung erlebt.

Wenn die Krankheit schon weiter fortgeschritten ist, kann er auch sagen: »Krebs, hilf mir, in Ruhe zu sterben.« Er weiß dann, daß er sich seiner Seele anvertraut. Wenn er mich darum bittet, begleite ich ihn in den physischen Tod. Einige Menschen sterben versöhnt und still, andere erleben bewußt ihren Schmerz und ihre Hilflosigkeit, die sich erst kurz vor ihrem physischen Tod lösen.

Einen jungen Arzt lernte ich kennen, nachdem ein großer Gehirntumor diagnostiziert worden war. Er hatte sich als Wissenschaftler mit dem menschlichen Gehirn beschäftigt und insbesondere mit Gehirntumoren. Er war tief erschüttert, als der Tumor bei ihm entdeckt wurde. Ich begleitete ihn durch einige Erfahrungen, in denen es ihm nicht schwerfiel, nach innen zu gehen und sich wahrzunehmen. Er hatte sich mit Religion und Meditation schon vorher beschäftigt, jedoch keinen derartigen direkten inneren Kontakt mit sich gehabt.

Er kam zuerst zu seiner Trauer und Angst, die er zuließ, ansprach und mitnahm. Als er sich seinem Körper zuwandte, wurde ihm bewußt, daß er ihn schon jahrelang vergewaltigt hatte. Er hatte ihn nur benutzt, um im Studium und auch in der Freizeit viel Leistung zu bringen. Zuletzt hatte er immer »wahnsinnig viel« im Institut gearbeitet und sich ständig unter Druck empfunden. Er kam fast jeden Tag spät nachts nach Hause und ging am nächsten Morgen früh wieder ins Institut.

Dem jungen Arzt wurde bewußt, daß er seinen Körper nie wirklich akzeptiert, sondern auf diese Weise unbewußt gegen ihn gekämpft hatte. Er war tief erschüttert, als sein Körper und sein Tumor ihm das erzählten und ihn an viele solcher Situationen erinnerten. Er konnte seinen Tumor im Kopf besuchen. Er sah ihn deutlich in seiner ganzen Ausdehnung und war betroffen. Dann berührte er ihn innerlich und erfuhr seine tiefe Sehnsucht, in einer anderen Welt leben zu wollen als auf dieser Erde. Nun ahnte er, daß sich diese Sehnsucht im Tod erfüllen könnte. Er hatte ein sehr schlechtes Gewissen, aber er erlebte, wie liebevoll sein Körper mit ihm umging. Niemand in ihm war böse auf ihn oder wollte ihn strafen.

In den folgenden inneren Erfahrungen war der junge Mann sehr ruhig, weich und liebevoll. Er machte sich vertraut mit vielen Gefühlen und inneren Zuständen, die er bisher so nicht gekannt und gelebt hatte. Er lernte auch sein »Inneres Wesen« und seinen inneren Tod kennen. Er ließ alle notwendigen Behandlungen, auch eine Operation vornehmen. Von innen erfuhr er immer wieder, daß sein Leben auch im Leid sinnvoll war. Er zog sich zu seinen Eltern zurück, die ihn mit Trauer und Liebe begleiteten.

Aids

Eine neue Krankheit, die sehr viel Angst auslöst, ist Aids. Auf der physischen Ebene ist es eine Virusinfektion, die nach einigen Jahren das Immunsystem des Menschen angreift und weitgehend zerstört. Das Virus wird »von Blut zu Blut« übertragen, vor allem also im Geschlechtsverkehr.

Der Mensch wird von dieser Krankheit direkt in seinem Schutz-System betroffen, das den physischen Körper überlebensfähig macht. Denn in jedem Augenblick gibt es Zellen im Körper, die ihn krank machen oder zerstören, wenn das Immunsystem sie nicht bekämpft und gnadenlos vernichtet. Die lebensbedrohenden Zellen sind entweder von außen eingedrungen, wie zum Beispiel Bakterien und Viren, oder sie sind abgestorbene oder entartete Körperzellen.

Jeder Mensch regelt unbewußt und scheinbar automatisch den Zustand seines physischen Körpers, indem er die Immunabwehr aufrechterhält oder sie mehr oder weniger vermindert. Nur bei verringerter Abwehr können sich zum Beispiel Grippeviren ausbreiten und ihn krank machen. Somit ist es eine zwar unbewußte, aber trotzdem persönliche innere Entscheidung, eine bestimmte Krankheit zuzulassen oder abzuwehren.

Wenn jemand mit seiner inneren Welt nicht vertraut ist, dann glaubt er, daß so etwas zufällig geschieht und nicht viel mit ihm selbst und seiner Lebenssituation zu tun hat.

Eine Hinwendung zum Immunsystem kann den Menschen zu Themen bringen wie Kampf, Zerstörung und Tod, die innere, notwendige Vorgänge des Lebens sind. Viele kennen sie nur in der physischen Welt, wo sie meistens ganz unbewußt gelebt werden und üble Folgen haben können. Deswegen werden diese Vorgänge oft als negativ und schlecht bewertet und mit aller Macht zu vermeiden versucht.

Auch den Tod gibt es auf allen Ebenen. Viele glauben, daß es den Gegensatz zwischen Leben und Tod gibt, daß man also entweder lebt oder tot ist. Nicht nur das Immunsystem zeigt jedoch, daß wir durch den Tod (der Eindringlinge) physisch am Leben bleiben. Ebenso sterben in jedem Augenblick viele Zellen im Körper ab, um neuen Zellen Platz zu machen. Der physische Körper ist nichts Endgültiges, sondern existiert im Strom des Lebens wie alles in uns.

Da kommen und gehen Gefühle, Energien, Gedanken und Bewußtseinszustände, soweit der Mensch Vertrauen zu seiner Lebendigkeit hat und sie fließen läßt. Der (innere) Tod ist das Loslassen und die Hingabe ans Fließen und damit ein notwendiger Vorgang des Lebens.

Hat jemand wenig Vertrauen zu sich, versucht er, das Angenehme festzuhalten und das Unangenehme oder Bedrohliche nicht zuzulassen. Seine Lebendigkeit gerät ins Stocken, und das Leben wird eng und unangenehm. Der Mensch kann es trotz aller Bemühungen nicht ändern, solange er (sich) nicht zulassen kann. Da empfindet er die Verlockung des Todes mit der Verheißung von Freiheit und Frieden.

Weiß er nicht, wohin ihn dieser Tod führen will, spürt er Angst und Schuldgefühle. Er lebt in einer Mischung aus Todessehnsucht und Todesangst, die sein Leben noch schwieriger macht. Sieht er keinen Ausweg, sucht er, meistens unbewußt, den physischen Tod durch Selbsttötung, Drogen, Unfall oder eine schwere Krankheit.

Bei der Begleitung von aidsinfizierten Menschen war ich überrascht, wie ähnlich die inneren Themen bei Krebs und Aids sind. Da gibt es dieselben schmerzhaften Erinnerungen an die Kindheit, Sinnlosigkeit und Hoffnungslosigkeit in Beziehungen und im Beruf, und da ist die Sehnsucht nach Erlösung, die ich schon geschildert habe. Mehrfach kam eine junge Frau zu mir, die mit Aids infiziert war. Sie konnte sich ihrer Infektion zuwenden und sie ansprechen. Sie lernte dann ihren inneren Tod kennen und gab sich ihm hin. Dabei spürte sie, daß sie eigentlich nie wirklich hatte leben wollen. Die junge Frau hörte schon immer eine innere Stimme. Als sie dem aidsinfizierten Mann begegnete, sagte die immer wieder:»Schlaf nicht mit ihm.« Sie unterdrückte die Warnung und war dann nicht sehr überrascht zu erfahren, daß sie infiziert war. Sie hatte es geahnt.

Die inneren Erfahrungen dieser Frau sind fast identisch mit einer Frau im selben Alter, die schwer an Krebs erkrankt war und inzwischen gestorben ist. Beide waren sehr sensibel und zart, hatten ein kleines Kind und große Probleme mit ihrem Partner. Beide wurden sich in der ersten inneren Reise bewußt, daß sie ihr irdisches Leben nie wirklich akzeptiert hatten.

Die aidsinfizierte Frau lebt inzwischen mit einer anderen Haltung. Einige der äußeren Schwierigkeiten haben sich durch ihre Infektion einfach erledigt. Sie lebt ruhiger mit sich und genießt ihr Leben auch in seinen Einschränkungen. Sie empfindet diese neuen Erfahrungen mit Dankbarkeit und hat den Wunsch, länger zu leben, weil ihr Leben interessanter geworden ist. Ich sage ihr, daß sie nicht erwarten soll, an Aids zu sterben, daß sie aber auch nicht erwarten soll zu überleben. Sie weiß, daß es darum geht, in der Gegenwart zu leben und mit sich selbst und der äußeren Welt Erfahrungen zu machen, in denen sie mit ihrer Seele vertrauter wird.

Ich will meine Erfahrungen mit einigen aidsinfizierten Menschen im folgenden zusammenfassen. Dabei muß das, was ich schreibe, keineswegs allgemein gültig sein.

Auch hinter dieser (tödlichen) Krankheit liegt eine tiefe Sehnsucht und oft eine ebenso tiefe Hoffnungslosigkeit, weil der Mensch erlebt, daß sich seine Sehnsucht nicht erfüllt. Drogenabhängige, Homosexuelle und Prostituierte, bei denen sich die Krankheit zuerst ausgebreitet hat, machen ihre Sehnsüchte durch ihre Art zu leben besonders deutlich. Drogenbenutzer tauchen zum Beispiel mit ihren Drogenerfahrungen genau in die innere Welt ein, die ich in diesem Buch schildere. Ein Abhängiger weiß meistens nur nicht, daß er in sich selbst ist, und gewinnt mit seinen Drogenerlebnissen oft kein Vertrauen zu seiner

Seele und seinem irdischen Leben. Er wird sich auch nicht bewußt, daß die Tür zu solchen Erfahrungen auch ohne Hilfsmittel weit offensteht. So kann es geschehen, daß er immer wieder und immer zwanghafter in die Sucht flüchtet, bis er eventuell »bürgerlich« scheitert und sein Leben ganz unerträglich wird. Darüber schreibe ich im folgenden Abschnitt.

Die Sexualität, die bei Homosexualität und Prostitution oft im Vordergrund steht, drückt eine tiefe Sehnsucht nach Nähe, Geborgenheit und Liebe aus. Ließe sich der Mensch von der inneren Sexualität nach innen führen, würde sich dort seine Sehnsucht erfüllen. Da das bei uns fast unbekannt ist, irren Menschen voller Sehnsucht durch viele Beziehungen, um endlich Angenommensein, Liebe und Geborgenheit zu finden. Das ist auch für viele heterosexuelle Menschen sehr schmerzhaft und unangenehm. Bei Homosexuellen und Prostituierten kommt hinzu, daß ihre Art des Lebens als »nicht normal« angesehen und in der Öffentlichkeit diffamiert wird. Ein solcher Mensch erlebt oft, nicht dazuzugehören, was es ihm ganz unmöglich macht, sich angenommen zu fühlen. Dann berührt in wieder die Sehnsucht, in Freiheit leben zu können.

Eine Begleitung

Mich ruft ein junger Mann an, den ich schon einmal durch innere Erfahrungen begleitet habe. Er ist aidsinfiziert und hat an verschiedenen Stellen seines Körpers Krebs. Besonders ausgebreitet ist der Krebs im Darmbereich, wo er nicht mehr operiert werden kann. Der junge Mann hat gerade eine kaum zu ertragende Chemotherapie hinter sich. Ich fahre zu ihm hin.

Er ist in seiner kleinen Wohnung und wirkt sehr zart und krank. Er erzählt mir von seinem Leiden und seinen Versuchen, alles zu tun, was er kann, um am Leben zu bleiben. Er legt sich zur inneren Reise auf sein Bett. Sofort denkt er an seinen Freund Peter, zu dem er eine tiefe Beziehung hat, die jedoch seit längerer Zeit sehr problematisch ist. Es hat viel Streit gegeben, und Peter ist inzwischen weggezogen. Der Kranke spürt schmerzvoll Sehnsucht und Wut.

Ich frage ihn, wie Peter jetzt aussieht, wenn er an ihn denkt. Er sagt:»Peter lacht und freut sich.« Ich sage:»Wenn du Peter magst, sage es ihm doch einmal direkt, so wie er da jetzt ist.« Der junge Mann zögert ein wenig und sagt:»Peter, ich mag dich.« Ich ermutige ihn dann, zu Peter hinzugehen, ihn zu berühren und ihn in die Arme zu nehmen. Er spürt die Berührung und Wärme von Peter und fühlt sich sehr wohl

Er ist ganz verblüfft, als ich sage:»Frage deinen Peter doch einmal, ob er in dir ist, ob er ein Teil von dir ist.« Er wendet sich nach innen und bekommt sofort eine Antwort.»Er sagt ja.« Der Kranke fragt den inneren Peter, ob er schon immer in ihm lebt und ihn schon immer liebt. Auch da ist die Antwort eindeutig. Der junge Mann hat jetzt ein ganz weiches und gelöstes Gesicht. Ich bitte ihn, auch diesen angenehmen Zustand zu spüren, ihn anzusprechen und sich bewußt zu werden, daß er sich trotz seines Leidens auch wohl fühlen kann.

In seinen weiteren Erfahrungen nimmt er den inneren Peter mit. Er läßt sich von ihm an die Hand nehmen und besucht zuerst sein Herz, das er in einer wunderbaren Margeritenwiese findet. Es ist sehr groß, weich und liebevoll. Es ist nicht böse auf ihn wegen seines bisherigen Lebens. Ich frage den jungen Mann, ob er sich mit seinem inneren Peter oder seinem Herzen auch einmal auf den Weg zu seinem Tod machen will. Es fällt ihm nicht schwer. Unterwegs begegnet er einem Teufel, der nicht besonders bedrohlich ist und den er auch als Teil von sich ansprechen und zulassen kann. Und als er danach zu seinem Tod gesagt hat:»Tod, ich gebe mich an dich hin«, spürt er eine tiefe Ruhe und findet sich in den Margeriten wieder, die ihm schon sein Herz gezeigt hatte.

Nach diesen inneren Ermutigungen frage ich den jungen Mann, ob er zum Krebs im Bauch gehen will. Er bittet seinen Peter, ihn zu begleiten, und läßt sich von ihm an die Hand nehmen. So geht er zum Krebs. Er sieht ihn als dunkle, bogenförmige Masse am Darm. Er kann den Krebs ansprechen und ihn mit seinen inneren Händen berühren, wobei er sich ein bißchen klebrig anfühlt. Nachdem er sich damit vertrauter gemacht hat, kann er sagen:»Krebs, mache jetzt, was du willst. Ich gebe dir die Freiheit.« Er sieht mit Erstaunen, daß sich der Krebs zusammenklumpt, durch den Darm wandert und den Körper verläßt. Er liegt danach draußen als dunkler Klumpen. Ich bitte den jungen Mann, zu fragen, ob er erfahren kann, was in ihm ist. Der Klumpen bricht auseinander, und es werden lauter Würmer sichtbar, die großen Ekel auslösen. Er spricht auch seinen Ekel und die Würmer an und sagt ihnen, daß er sie sieht. Es wird jedoch nicht deutlich, was sie für ihn bedeuten. Der junge Mann kehrt dann mit seinem inneren Peter zu seinem Herzen zurück. Er fühlt sich sehr wohl und sehr ruhig. Ich frage ihn, ob er weiter auf der Erde leben möchte oder nicht. Er sagt, daß er sehr gern leben will. So ermutige ich ihn, zu seinem inneren Peter, seinem Herzen und seinem Körper zu sagen: »Ich möchte gern weiterleben.«

Nach der Reise fragt er mich, ob die Reinigung, die er eben erlebt hat, eine Wirkung haben wird. Ich sage ihm, daß auf einer inneren Ebene genau das geschehen ist, was er gesehen hat. Wie weit es sich auf den physischen Körper auswirken wird, ist nicht vorherzusehen. Er solle für seinen Körper alles Erforderliche tun. Für die Entscheidung, zu leben oder zu sterben, solle er sich seiner Seele anvertrauen, die er jetzt ein bißchen besser kennengelernt hat. Ich ermutige ihn, mit seinem inneren Peter, mit seinem Herzen, seiner Margeritenwiese und seinem Körper bewußt auch im Alltag und während der notwendigen Behandlungen zu leben.

Er berichtet mir von der sehr schwierigen Beziehung zu dem äußeren Peter, von gegenseitiger Abhängigkeit und von Auseinandersetzungen bis hin zur Gewalt. Das hatte er auch den Ärzten erzählt, die ihn alle drängten, diese Beziehung sofort und endgültig zu beenden. So sagte jemand: »Diese Beziehung tötet Sie in kurzer Zeit, wenn Sie sie nicht abbrechen.« Er hatte sich deswegen seit Wochen darum bemüht, Peter zu vergessen, was jedoch dazu führte, daß er Tag und Nacht an ihn denken mußte.

Nachdem er seinen liebevollen inneren Peter kennengelernt hat, ist er ganz erlöst. Denn ihm ist klar, daß er sich von diesem inneren Teil nicht trennen muß, sondern jederzeit mit ihm leben kann. Er ist zuversichtlich, daß er jetzt nicht mehr so abhängig vom äußeren Peter sein wird.

Dann erzählt er mir noch, was er während der letzten Operation erlebt hatte. Er war in Teilnarkose, während ein Lymphknoten operiert wurde. Er sah auf das blaue Tuch, das vor sein Gesicht gespannt war. Und dann erblickte er ein Kruzifix mit den Füßen von Jesus. Er berührte und umklammerte die warmen Füße und wurde nach oben gezogen in ein immer heller werdendes Licht und eine große Weite. Das dauerte sehr lange, und während dieser ganzen Zeit sang er innerlich mit großer Kraft einen Choral, der ihn völlig erfüllte.

Ich war davon sehr berührt und sagte ihm, daß er seine eigene Seele erlebt habe. Er könne jetzt mit Jesus, dem Himmel, seinem Vertrauen und seiner Kraft auch im Alltag auf der Erde leben. Und falls er sterben sollte, könne er sich Jesus so anvertrauen, wie er es während der Operation getan hatte.

Drogen

Bei Erfahrungen mit Drogen aller Art wird unter anderem das Thema »Sucht« und »Abhängigkeit« berührt, das weit über die Verwendung von Drogen hinausgeht und auch Menschen betrifft, die nichts mit Drogen zu tun haben.

Eine Droge verändert etwas im Menschen. Das wird am Anfang meistens als erwünscht und angenehm empfunden und daher wiederholt. Viele Drogen führen zur Abhängigkeit. Der Mensch muß sie dann immer wieder nehmen, auch wenn er es vom Verstand her nicht mehr möchte und wenn er merkt, daß er sich schädigt.

Zu solchen Drogen gehören (verbotene) Rauschgifte aller Art sowie Alkohol und Nikotin, Koffein und eine Vielzahl von Medikamenten, die man mißbrauchen kann. Auch einige Nahrungsmittel können dazu gerechnet werden, weil sie süchtig und damit abhängig machen. Manchmal werden auch Verhaltensweisen, die unbewußt und zwanghaft wiederholt werden müssen, als Drogen bezeichnet.

Wenn ich im folgenden innere Erfahrungen mit Drogen schildere, kann ich fast nur über andere Menschen berichten. Ich selbst habe keinerlei direkte Erfahrungen mit Drogen, außer mit Alkohol und Tee. Auch in meinem früheren, völlig unbewußten Lebensabschnitt habe ich nie Rauschgifte probiert, obwohl es viele Gelegenheiten gab. Bis auf einen Versuch in meiner Schulzeit habe ich nie geraucht. Es scheint mich nicht interessiert zu haben, ich hatte aber sicher auch eine ziemlich große (unbewußte) Angst davor. Andere Abhängigkeiten sind mir dagegen auch persönlich vertraut.

Inzwischen kenne ich einige Menschen, die Rauschgift benutzt haben oder noch benutzen. Ich habe sie durch ihre inneren Erfahrungen begleitet, auch vor oder nach einer Entziehung.

Hinter jeder Verwendung von Drogen liegt Sehnsucht. Das ist unabhängig davon, ob jemand süchtig wird oder nicht. So geben bestimmte Medikamente Schmerzfreiheit, Ruhe, Ausgeglichenheit, aber auch Lebendigkeit und Kraft.

Sehnsucht und Sucht

Viele Menschen werden von inneren Zuständen berührt, die große Sehnsucht auslösen. Sie ahnen oder spüren, daß es irgendwo Angenehmeres oder Besseres gibt, als sie bisher kennen. Aber kaum jemand weiß, wo derartige Zustände zu finden sind und wie sie erreicht und gelebt werden können. Oft glaubt man, daß man sich nur mit Hilfsmitteln wie Drogen einen Zugang zur ersehnten unbekannten Welt verschaffen kann. In Drogenkreisen wird dieser Glaube geschürt durch Berichte von Drogenerfahrungen, die in ungewöhnliche und manchmal sehr beglückende Zustände geführt haben, die sonst kaum jemand für möglich hält. Es tauchen dramatische oder begeisternde Erscheinungen auf, die den Menschen tief berühren und ihn neugierig machen.

In vielen religiösen Kulturen sind innere Wahrnehmungen wertvoll und werden zum Beispiel in der Meditation erfahren und geübt. Sie sind einem Teil der Bevölkerung vertraut und werden durch Priester dem suchenden Menschen nahegebracht.

Bei uns lösen derartige innere Bilder und Vorgänge bei den meisten Menschen Angst und Abwehr aus. Solche inneren Vorgänge gelten nicht als normal, sondern als krankhaft oder verrückt. Ein Drogenbenutzer macht daher seine Erfahrungen außerhalb der »normalen Welt« und fühlt sich nur in einschlägigen Kreisen angenommen und unterstützt. Denn fast alle anderen Menschen finden das, was der Drogenbenutzer macht, schrecklich und bedrohlich. So isoliert er sich von der normalen Umwelt und rutscht - manchmal unmerklich - in die Drogenabhängigkeit. Sein Problem ist, daß er meistens selbst nicht weiß, was er mit sich macht und wohin er mit den Drogen gelangt.

Jemand, der bisher Drogen benutzt hat, ist bei bewußten inneren Erfahrungen immer sehr überrascht, daß er zu ganz ähnlichen Eindrücken wie mit Drogen kommt. Er ist aber auch sehr betroffen, wie einfach der Zugang zu diesen Zuständen ist. Er kann ohne jedes Hilfsmittel in alle möglichen inneren Bereiche eintauchen. Er erlebt diese Zustände freiwillig und bewußt als Teile von sich selbst. Er lernt sich innerlich in angenehmen und unangenehmen oder bedrohlichen Zuständen kennen und erfährt dabei, daß er sich anvertrauen kann und nicht geschädigt oder zerstört wird. Er weiß danach, daß alles in ihm ist und auch dann nicht verlorengeht, wenn er es gerade nicht spürt. Er ahnt, wie sich seine Sehnsucht erfüllen kann. Ihm wird dabei sehr klar, daß er bisher mit einem Brecheisen durch eine offene Tür zu gehen versucht hat. Er gewinnt nach inneren Erfahrungen die Freiheit, nicht mehr so unbewußt und zwanghaft mit sich umgehen zu müssen. Er kann Drogen aufgeben.

In seinen Sehnsüchten unterscheidet sich ein Drogenbenutzer nicht von anderen Menschen. Das Problem in unserer Kultur ist, daß fast niemand weiß, wo sich Sehnsüchte wirklich erfüllen. So suchen die meisten Erfüllung nur auf der Ebene, die ihnen einigermaßen vertraut ist, nämlich in der physischen Welt. Etwas überspitzt gesagt: Spürt jemand Sehnsucht nach Nähe oder Geborgenheit, dann wendet er sich einem anderen Menschen zu. Wird jemand von seiner Sehnsucht nach Fülle und Zufriedenheit berührt, kauft er sich etwas oder beteiligt sich am Glücksspiel. Empfindet er Sehnsucht nach Freiheit und Weite, setzt er sich ins Auto oder fliegt mit dem Flugzeug irgendwo hin. Und wenn er Sehnsucht nach Kommunikation verspürt, dann hört er Radio oder sieht fern.

Auf dieser Ebene erfüllt sich jedoch nicht das, was er eigentlich ersehnt. Deswegen muß er es immer wieder versuchen. So macht er sich mehr oder weniger stark von anderen Menschen oder äußeren Dingen abhängig, ohne durch sie wirklich glücklich und zufrieden zu werden. Bei Drogenabhängigen wird das besonders deutlich und ist es besonders unangenehm.

Der unbewußte, suchende Mensch gerät in Wiederholungszwänge, die er eigentlich nicht will, von denen er sich jedoch nicht befreien kann. Das Leben wird schwieriger und erscheint sinnlos. Irgendwann spürt er die Sehnsucht, nicht mehr leiden zu müssen. Auch da glaubt er, daß sie sich im physischen Tod erfüllt. Diese Sehnsucht empfindet er als unmoralisch und falsch. Er versucht, sie so lange wie möglich zu unterdrücken.

Der Überdruß an der Mühsal und der Sinnlosigkeit des irdischen Lebens ist ein wesentliches Thema bei uns. Nach meinen Erfahrungen sind viele Menschen davon betroffen. Die meistens unbewußt gelebte

Todessehnsucht liegt hinter allen schweren Erkrankungen, hinter schweren oder tödlichen Unfällen und natürlich hinter der Selbsttötung. Sie berührt ganz stark auch den Drogenabhängigen, der sich mit zunehmender Sucht immer mehr isoliert fühlt und sich selbst nicht mehr mag. Dann zieht er sich von Menschen zurück und zerstört schleichend oder schnell seinen Körper.

Krankheiten und Unfälle werden als fremd und zufällig angesehen, und man glaubt, der betroffene Mensch könne nichts dafür. Bei Drogenabhängigen erwartet man dagegen, daß sie sich zusammenreißen und ihr »unverantwortliches Verhalten« beenden. Es wird nicht erkannt, daß alle diese Vorgänge Symptome einer tiefen Sehnsucht und eines tiefen Mangels an Vertrauen zum eigenen Leben sind.

Erfahrungen mit Abhängigkeit und Sucht

In einer inneren Erfahrung ermutige ich den Menschen, sich seiner Sucht und Abhängigkeit direkt zuzuwenden, um sie als Teil von sich kennenzulernen. Er sagt dann zum Beispiel: »Sucht, ich spüre, daß du zur Zeit auch zu mir gehörst.«

Das mag unverantwortlich scheinen. Aber die Sucht oder Abhängigkeit ist ja in diesem Augenblick wirklich ein Teil des Menschen. Der lebt schon länger mit Vorwürfen von außen und von innen sowie mit starken Schuldgefühlen. Er hat alles mögliche versucht, die Sucht zu bekämpfen und zu überwinden. Fast sein ganzes Leben dreht sich inzwischen um dieses Thema. Es wird deutlich, daß er in seiner Abwehr gerade das festhält und vertieft, was er loszuwerden versucht.

Spricht er jetzt zum ersten Mal seine Sucht an, ist er ganz erleichtert, denn er ahnt, daß er anders mit ihr umgehen kann. In der Hinwendung zur Sucht brechen meistens sehr schmerzhafte Erinnerungen auf. Wie lange hat er versucht, von Mutter oder Vater oder einem anderen Menschen wahrgenommen, gehört und angenommen zu werden. Wie oft hat er sich bemüht, es dem anderen recht zu machen, um anerkannt und geliebt zu werden. Mit Erschrecken werden ihm jetzt seine Abhängigkeit von anderen und seine vielen Erwartungen und seine Enttäuschungen bewußt. Er spricht die Abhängigkeit und die Enttäuschung an. Er empfindet Trauer, Wut und Hilflosigkeit, die er sich so bisher noch nicht zugestanden hat. Es fällt ihm auch jetzt sehr schwer, sich seiner Trauer und seiner Hilflosigkeit zu öffnen und sie als Teile von sich wahrzunehmen. Ihm wird dabei bewußt, wieviel von sich selbst er bisher nicht mochte und unbewußt abgewehrt und bekämpft hat. Ihm wird schmerzhaft klar, daß er von anderen das erwartet hat, was er sich selbst in manchem nicht geben konnte: Zuwendung und Liebe. Jetzt beginnt er, sich den bisher abgewehrten eigenen Gefühlen zuzuwenden. Er wird traurig und weint und sagt: »Trauer, ich lasse dich zu.« Er spürt, daß er weicher und ruhiger wird. Er gesteht sich seine eigenen Erwartungen und Enttäuschungen zu und spricht sie an. Er gibt sich sogar seiner Hilflosigkeit hin und erlebt, daß sie ihn nicht zerstört, sondern ihm Frieden schenkt. In allen diesen inneren Berührungen spürt er die Liebe, die er bisher außen gesucht und nicht gefunden hat.

Ich erinnere ihn nun daran, daß er sich zuerst seiner Sucht und Abhängigkeit zugewendet hat. Er hat sie nicht mehr bekämpft, sondern ihnen zugehört und dabei viel über sich erfahren. Er ist ein bißchen beschämt und dankt ihnen dann. Ich ermutige ihn noch, sich - wenn er möchte - in eine Entziehung zu begeben und sich dabei von Fachleuten helfen zu lassen.

Manchmal höre ich danach, daß es dem Abhängigen möglich war, in einer solchen Behandlung die schwierigen und schmerzhaften Vorgänge und Zustände bewußt zu erleben und als eigene Erfahrungen zuzulassen. Er ist mit sich vertrauter geworden und kann besser mit sich und den äußeren Bedingungen leben.

Alkohol

Ein Mensch, der sich wenig kennt, bewertet eine Reihe von Gefühlen und inneren Zuständen als negativ oder empfindet sie als bedrohlich. Er versucht dann, sie mit eisernem Griff unter Kontrolle zu halten. Dafür setzt er seinen Verstand ein, der immer gut aufpassen und oft die Notbremse ziehen muß. Das habe ich unter anderem bei der Wahrnehmung des Kopfes beschrieben.

Auf der anderen Seite spürt derselbe Mensch Sehnsucht nach seiner Lebendigkeit, die ihm jedoch Angst macht, wenn sie in Form der ungeliebten und gefürchteten Gefühle deutlich wird. So wird er zwischen Angst und Sehnsucht hin- und hergerissen.

Dieses Dilemma scheint der Alkohol zu beenden. Zuerst lösen sich Hemmungen, und der Mensch fühlt sich offener und lockerer. Bei einer größeren Menge Alkohol wird das noch deutlicher. Die Gefühle fließen spürbar. Er ist ausgelassener, manchmal auch traurig oder aggressiv. Ist er wieder nüchtern, schämt er sich oft dieser Zustände und macht sich Vorwürfe. Er ist mit diesen Gefühlen eben nicht vertraut und lernt sie mit Alkohol auch nicht wirklich kennen. Er geht danach eher noch vorsichtiger mit ihnen um. Das nächste Mal braucht er mehr Alkohol, um sich zu enthemmen. Mit sehr viel Alkohol verliert er alle Hemmungen und jede Kontrolle. Sein Denken, Sprechen und seine Körperbewegungen sind unkoordiniert. Damit ist er in einem Zustand, den er und andere nicht ertragen können. Seine Sehnsucht nach dem freien, unkontrollierten Fließen seiner Lebendigkeit erfüllt sich nicht.

Ein ständiger übermäßiger Alkoholkonsum führt zur Zerrüttung von Beziehungen und zum Ausstieg aus dem normalen Leben. Bei uns glaubt man, daß die Alkoholsucht die Ursache für alle unangenehmen persönlichen und sozialen Folgen ist. Von innen gesehen kehrt sich die Betrachtung um: Die Alkoholsucht ist das Symptom eines unbewußten tiefen Mangels an Vertrauen zu sich selbst. Alle Folgen des zwanghaften, übermäßigen Alkoholkonsums sind ebenso Symptome, an denen äußerlich sichtbar wird, was den Kranken innerlich berührt.

Bricht er zum Beispiel die Beziehungen zu Angehörigen ab, macht er deutlich, daß er die Beziehung zu sich verliert und sich von sich selbst zurückzuziehen versucht, weil er sich nicht mehr ertragen kann. Seine Sehnsucht nach Liebe und Angenommensein wird nicht geringer. Er muß jedoch erleben, daß andere ihn auch nicht ertragen können und ihn immer wieder auffordern, sich endlich zu ändern. Damit ist er wieder schmerzhaft im Nicht-angenommen-Sein und hat zusätzlich Schuldgefühle, weil er sich nicht ändern kann.

So ermutige ich auch den Alkoholabhängigen, sich in allem wahrzunehmen, was er spürt und erlebt, mag es noch so unangenehm oder bedrohlich sein. Er kommt zu dem, was er bisher abgelehnt, gefürchtet und mit viel Gewalt unter Kontrolle zu halten versucht hat.

Im Laufe der Erfahrungen erlebt er immer, daß er von innen nicht bewertet und beschuldigt wird. Es ist auch da, was ihn von innen zerstört oder lebensunfähig macht, wenn er mit sich lebt. Lernt er sich so besser kennen, findet er die Liebe und den Frieden, nach denen er sich so gesehnt hat, in sich selbst.

Harte Drogen

Im folgenden gebe ich einen Teil der Erfahrung eines Menschen (M) wieder, den ich (I) begleite. Er ist abhängig von Drogen.

I: Wie fühlst du dich, wenn du jetzt an deine Sucht denkst?

M: Na ja, da sind viele Erinnerungen. Schöne Bilder und auch ein großer Schrecken.

I: Was geschieht denn da?

M: Ich sehe ein großes Chaos, viele Farben sind durcheinander im Wirbel. Manche sehen wie Fratzen aus. Ich kriege wieder Angst.

I: Was könnte mit dir geschehen?

M: Vielleicht werde ich verrückt. Vielleicht greift mich was an.

I: Kannst du es noch ertragen, auch wenn es unangenehm ist?

M: Es ist ziemlich heavy. Ich muß mich zusammenreißen.

I: Sprich deine Angst direkt an und bitte sie mitzukommen.

M: Ja, Angst, ich spüre dich. Komm mit.

I: Wie fühlst du dich jetzt?

M: Es geht, mein Hals ist ziemlich dicht und mein Herz tut weh.

I: Willst du auch das Chaos ansprechen, das du da siehst?

M: Chaos, ich sehe dich. Ich habe Angst vor dir.

I: Was könnte mit dir geschehen, wenn du das Chaos zuläßt?

M: Ich weiß nicht, ich glaube, daß es mich fertig macht.

I: Willst du ausprobieren, was wirklich mit dir geschieht, wenn du dich dem Chaos auslieferst? Wenn es dir zuviel wird, brich die Erfahrung ab.Wenn du möchtest, sag dem Chaos und den Fratzen, daß du dich ihnen anvertraust.

M: Kann das gutgehen?

I: Du bist bei dir. Du vertraust dich nichts Fremdem an, sondern einem Zustand deiner Seele, den du noch nicht kennst. Wenn du möchtest, probiere es aus.

M: Gut, Chaos und Fratzen, jetzt vertrau ich mich euch an. Ihr könnt mit mir machen, was ihr wollt.

I: (etwas später) Was geschieht mit dir? Kannst du es ertragen?

M: Ich werde rumgewirbelt, durchgedreht. Ganz schnell. Und jetzt falle ich.

I: Wenn möglich, lasse es zu. Wenn du Angst hast, nimm sie bewußt mit.

M: Ich falle immer noch. Es ist ganz dunkel.

I: Sprich auch deine Dunkelheit und dein Fallen an und sage ihnen, daß du dich ihnen anvertraust.

M: Dunkelheit und Fallen, ich vertraue mich euch an.

I: Was könnte mit dir geschehen?

M: Ein großer Knall, und dann bin ich tot.

I: Wie fühlst du dich, wenn du daran denkst?

M: Gar nicht so schlecht wie ich gedacht habe.

I: Kannst du auch deinem Tod sagen, daß du dich ihm auslieferst.

M: Tod, mache mit mir, was du willst.

I: Was geschieht mit dir?

M: Ich falle immer noch. Aber langsamer. Es ist auch ein bißchen heller um mich herum. Irgendwie bin ich ruhig. Ich kann alles zulassen. Es ist eigentlich ganz angenehm.

I: Kannst du das deinem Chaos und deinem Tod sagen?

M: Chaos und Tod, so kann ich euch ertragen.

I: Du brauchst nichts mehr zu tun. Du mußt nicht verstehen, was mit dir geschieht, du mußt es nicht ändern. Du bist bei dir und lernst dich kennen.

M: (nach einer Pause) Ich schwebe. Es ist ganz still. Es ist ganz groß um mich. Ich habe Angst, daß ich verlorengehe.

I: Sprich deine Angst an und nimm sie mit und lasse geschehen, was geschieht. Du bist in dir.

M: Angst, komm mit.

I: (nach einer Pause) Was geschieht mit dir?

M: Ich weiß nicht, wo ich bin. Ich bin ganz leicht. Ich habe keinen Körper. Ich bin in einem riesigen Raum. Der wird heller.

I: Kannst du das ertragen?

M: Doch, es ist ganz angenehm. So was kenne ich auch von Trips. Aber da hatte ich immer Angst.

I: Spüre, daß du in dir bist. Wenn du willst, sprich deine Weite und Leichtigkeit an und genieße sie. Es ist ein Zustand deiner Seele.

M: Weite und Leichtigkeit, ich mag euch. Irgendwie ist es ganz toll, einfach so zu schweben. Diese Stille. Bin ich das alles?

I: Du bist die ganze Zeit in dir selbst. Du lernst dich kennen in einem Zustand, nach dem du Sehnsucht hattest, dem du bisher aber nicht vertrauen konntest.

M: (nach einer Pause) Es wird immer heller. Am Rande geht jetzt die Sonne auf. Sie ist noch rot, wird aber immer heller. Gott, ist das schön.

I: Genieße es. Du bist auch die Sonne und das Licht. Wenn du willst, sprich sie an, damit dir bewußt wird, daß sie in dir sind.

M: Sonne und Licht, ich hatte soviel Sehnsucht nach euch. (sehr berührt und weich) Und jetzt seid ihr da.

I: So ist es. (nach einiger Zeit) Spüre, daß alles zu dir gehört. Du bist die Leichtigkeit, die Weite und das Licht deiner Sonne. Und du bist gleichzeitig auch die Schwere, die Begrenztheit und die Dunkelheit deines physischen Körpers, in dem du hier liegst. Er hindert dich nicht, solche Erfahrungen zu machen. Und du mußt dich nicht zwischen diesen beiden Seiten entscheiden, denn sie gehören zusammen. Du mußt nicht deinen Körper loswerden, um in diesen Zustand zu kommen. Spüre auch, daß du Bedrohliches zugelassen hast und daß es dich nicht zerstört hat. Du hast dich deinem Chaos und deinem Tod anvertraut und bist jetzt in diesem schönen Zustand.

Und spüre auch, daß der Zugang zu deiner Seele ganz offen ist. Du mußt keine Hilfsmittel benutzen, um dahin zu kommen. Es ist so einfach, wie du es jetzt erlebst.

Bei harten (und illegalen) Drogen steht die bewußtseinserweiternde Wirkung im Vordergrund, so wie es in der Erfahrung deutlich wird. Kaum jemand bei uns weiß, daß die innere Welt für alle Arten von Erfahrungen offensteht, daß innere Erfahrungen völlig ungefährlich sind und den Menschen nicht von seinem irdischen Leben entfremden. Daher glauben vor allem sensible Menschen, daß sie nur auf exotischen Wegen oder eben mit Drogen in die Welt ihrer Sehnsüchte eindringen können.

Drogenbenutzer kommen anfangs manchmal in sehr beglückende Zustände, die sie jedoch oft nicht als eigene Teile erkennen. In späteren Phasen der Drogenabhängigkeit werden häufiger schreckliche und bedrohliche Vorgänge deutlich, die der Betroffene jedoch nicht abbrechen kann, da er unter dem Einfluß der Drogen steht. Ebensowenig kann er sich ihnen zuwenden und erfahren, was sie wirklich für ihn bedeuten. Sie glauben oft, daß sie von etwas Unfaßbarem verfolgt, bedroht oder bestraft werden. Damit wird das Vertrauen zum eigenen Wesen immer geringer.

Dieser Mangel an Vertrauen wird im äußeren Verhalten deutlich. Die Abhängigen erleben die Drogenerfahrungen im Widerspruch zum normalen, bürgerlichen Leben. Sie brechen daher häufig die Beziehungen zu anderen Menschen ab. Das entspricht ihrer größer werdenden inneren Entfremdung. Die Trennungen können weitergehen und den Abhängigen berufsunfähig und arbeitsunwillig machen. Das entspricht dem Mangel an Vertrauen zu den eigenen Lebensenergien.

Da die Beschaffung und Verwendung harter Drogen von der Gesellschaft verfolgt und bestraft wird, gerät der Abhängige sehr häufig in die Kriminalität. Bei starker Abhängigkeit begeht er Diebstähle und Raubüberfälle, um sich die nötigen Mittel zu verschaffen. Da er nicht weiß, daß ihm seine Seele alles zum Leben Nötige schenkt, wenn er ihr vertraut, wendet er Gewalt an, um es zu bekommen.

Ein Mensch in diesem Stadium ist voller Hilflosigkeit und Schuldgefühle, die er zum Teil durch Aggressivität zu vermeiden sucht. Er fühlt sich unverstanden, von allen im Stich gelassen, von der Polizei verfolgt, und er wendet seine Aggression eventuell nach außen gegen die Gesellschaft und gegen andere. Aber in Wirklichkeit findet er sich selbst unerträglich und hoffnungslos und sehnt sich danach, mit diesem schrecklichen Leben endlich Schluß zu machen.

Ruft er nach Hilfe, erfährt er häufig Vorwürfe und massiven Druck, sich ändern zu müssen. Aber gerade in diesem Streß lebt er ja schon lange, weil er sich selbst nicht ertragen kann und nicht so sein möchte, wie er ist.

Stirbt er an einer Überdosis oder an seinem völlig zerrütteten Körper, erfüllt sich seine tiefe Sehnsucht nach einem Leben in einer »anderen Welt« und nach dem Frieden.

Erfahrungen mit Gefühlen

Gefühle liegen gleich »hinter« dem dichten, schweren, scheinbar undurchdringlichen physischen Körper. Sie sind eine noch ziemlich »dichte«, gut spürbare Energie und werden daher in einigen esoterischen Lehren als Astralkörper bezeichnet.

In den vorher beschriebenen Erfahrungen mit dem Körper und mit Krankheiten wurden immer wieder auch Gefühle, Gedanken und Erinnerungen wahrgenommen. Alle Ebenen des menschlichen Wesens sind unlösbar miteinander verwoben. Daher werden in den folgenden Erfahrungen mit Gefühlen auch die anderen inneren Ebenen immer wieder berührt.

Anders als der Körper, der eine größere Dauerhaftigkeit hat, fließen Gefühle. Sie kommen und gehen, soweit der Mensch es zuläßt. Kennt und vertraut er sich wenig, wird das auch im Umgang mit den Gefühlen deutlich.

Ziemlich oft wird jemand schon traurig, während er mit mir vor der inneren Erfahrung über seine Schwierigkeiten spricht. Deute ich dann an, daß er seine Trauer besser kennenlernen kann, ist er geradezu empört und sagt:»Ich kenne meine Trauer nur zu gut. Ich weine viel zu oft. Jetzt will ich endlich wieder fröhlich werden.« Kommt er in der inneren Reise zu seiner Trauer, wird ihm jedoch bewußt, daß er sie bis jetzt nicht wirklich kannte. Was er bisher gelebt hat, war eine unangenehme Mischung aus Trauer und Abneigung und Abwehr gegen die Trauer.

Gefühle sind angenehm oder unangenehm oder sogar bedrohlich. Leiden entsteht, wenn man ihnen einen Stempel aufdrückt mit den Worten »gut« und »positiv« oder »schlecht« und »negativ«. Dann wird unbewußt versucht, gute Gefühle zu erreichen und sie festzuhalten. Und schlechte Gefühle werden ebenso unbewußt und automatisch bekämpft oder unterdrückt. Es entsteht eine schmerzhafte innere Trennung.

Derartige Bewertungen sind bei uns völlig üblich und selbstverständlich. Deswegen mag einiges, was ich im folgenden schildere, zuerst eigenartig und vielleicht sogar falsch erscheinen und Angst und Abwehr auslösen.

Angenehme Gefühle

Es gibt viele Gefühle (und innere Zustände), die fast jeder Mensch als angenehm empfindet, wie zum Beispiel Freude, Glück, Wärme, Ruhe, Geborgenheit, Zufriedenheit, Angenommensein, Gelassenheit, Liebe und Frieden. Wenn jemand von einem solchen Gefühl berührt oder ausgefüllt wird, ist er vielleicht gerade in einer schönen äußeren Situation oder bei einem liebevollen Menschen. Fast immer glaubt er dann, daß die Situation oder der andere Mensch die Ursache für seinen angenehmen Zustand ist. Häufig versucht er, die äußeren Bedingungen aufrechtzuerhalten oder zu wiederholen.

Jeder muß jedoch erleben, daß das angenehme Gefühl endet, vielleicht sogar durch die Angst, daß es bald zu Ende sein wird, oder durch die Bemühung, es nicht zu verlieren. Dann entstehen andere Gefühle, die nicht angenehm sind, wie Enttäuschung oder Trauer.

Bei der Begleitung anderer erlebe ich immer wieder einmal, daß jemand seinen angenehmen Gefühlen nicht vertrauen kann, nach denen er sich eigentlich sehnt. Er verbietet sich zum Beispiel die Freude und sagt:»Wie kann ich in dieser Welt mit all ihrem Elend überhaupt noch fröhlich sein?« Er verhält sich so, als schade er mit seiner Freude anderen Menschen, denen es nicht gutgeht.

Unangenehme Gefühle

Viele Gefühle fühlen sich nicht besonders angenehm an, wie zum Beispiel Trauer, Hilflosigkeit, Angst, Neid, Eifersucht, Enttäuschung, Frust, Streß, Unzufriedenheit, Verlassenheit und Einsamkeit.

Da die meisten Menschen diese Gefühle als negativ oder schlecht bewerten, lassen sie sie nur soweit zu, wie es nicht zu vermeiden ist. Fast alle haben ein ausgeklügeltes, unbewußtes System der automatischen Kontrolle und Abwehr, so daß viele Gefühle das Bewußtsein gar nicht mehr erreichen. Der Mensch fühlt sich dann unwohl, er merkt aber nicht, was ihn eigentlich berührt. Die unangenehmen Zustände können deutlicher werden und der Kontrolle zu entgleiten drohen. Dann spürt er Angst und verstärkt den inneren Schutz.

Fast alle versuchen, äußere Situationen zu vermeiden oder zu beseitigen, in denen sie unangenehme Gefühle erleben. Wenn jemand zum Beispiel seine eigene Trauer nicht mag, geht er entsprechend mit einem traurigen Menschen um. Er versucht ihn aufzuheitern oder setzt ihn unter Druck, nicht mehr traurig sein zu dürfen.

Bedrohliche Gefühle

Einige der negativen Gefühle werden als besonders schlecht und sogar als »böse« angesehen. Der Mensch fühlt sich bedroht, wenn er zum Beispiel Aggression, Wut und Haß, aber auch Angst und Depression in sich spürt.

Im Zusammenleben gelten Aggression, Wut und Haß als unerwünscht und unerträglich. Sie werden durchweg moralisch verworfen. Es ist selbstverständlich, diesen Gefühlen nicht zu trauen. Fast jeder kämpft gegen sie, um sie endlich zu überwinden oder sie zu »transformieren«. In einigen religiösen Kreisen gelten sie geradezu als das Werk des Teufels, der durch sie den Menschen hindert, friedlich und liebevoll zu sein. In solchen Bewertungen wird die Entfremdung des Menschen von einigen seiner Gefühle deutlich. Das macht es sehr schwer, sich ihnen zuzuwenden und zu öffnen.

Der innere Zugang zu Gefühlen ist so einfach, wie ich es in den vorhergehenden Kapiteln über den Körper geschildert habe. Es gibt sehr viele Möglichkeiten, im Alltag oder in inneren Experimenten bewußt mit Gefühlen in Kontakt zu kommen.

Da der physische Körper so deutlich wahrgenommen werden kann, ist er eine große Hilfe bei inneren Erfahrungen auf allen Ebenen. So können zum Beispiel hinter der Blockade im Hals- und Brustbereich Angst, Trauer, Wut, Hilflosigkeit und andere unangenehme Gefühle liegen. Körperliche Unruhe und Nervosität sind oft ein Ausdruck ungelebter kraftvoller Gefühle. Wenn zum Beispiel der Bauch unruhig ist, rumort vielleicht in ihm die gefürchtete und blockierte Wut und Aggression. Körperliche Spannungen schützen häufig die eigene Weichheit, Zartheit und Verletzlichkeit. Und Härte und Kälte des Körpers können zur Angst führen und zu dem, wovor man in sich Angst hat. Durch eine Krankheit können Angst, Trauer oder Hilflosigkeit ins Bewußtsein kommen.

Genauso kann der Körper angenehme Gefühle ausdrücken. Freude und Wohlbehagen können in der Wärme der Sonne, in Sport und

Bewegung oder in der Berührung eines anderen Menschen deutlich werden. Man ist aber auch mit einem Gefühl im Kontakt, wenn man nur daran denkt. Manche Menschen haben Angst davor, an etwas Unangenehmes oder Bedrohliches zu denken, weil sie fürchten, sich selbst oder anderen damit zu schaden. Sie glauben, daß sich jeder Gedanke in der physischen Welt verwirklichen müßte. Ein Gedanke ist jedoch innere Wirklichkeit. Es ist nicht erforderlich, daß er sich auf der physischen Ebene »materialisieren« muß. Es ist sehr hilfreich, an ein angenehmes oder unangenehmes Gefühl zu denken, auch wenn es nicht zu spüren ist, und es anzusprechen. Dabei entsteht Vertrauen.

Auch die äußere Welt bietet eine Fülle von Berührungen der eigenen Gefühle. Man kann sich bewußt an einer schönen Landschaft und am Himmel erfreuen. Man kann bewußt seine eigene Angst und Hilflosigkeit spüren, wenn man Nachrichten zu Umweltproblemen hört oder liest. Und man kann einem angsterfüllten oder traurigen Menschen auf der Straße begegnen und seine eigene Angst und Trauer innerlich ansprechen.

In den folgenden Abschnitten schildere ich Erfahrungen, die ich mit anderen und in mir selbst gemacht habe. Ich beginne mit Trauer, Angst, Hilflosigkeit, Enttäuschung, Schuldgefühlen, Wut, Haß und Aggression. Das sind bei uns ziemlich schlecht beleumdete Gefühle, die die meisten ablehnen und bekämpfen. Oft befürchten Menschen, daß »aus der Tiefe ihres Unbewußten« irgend etwas unkontrolliert hervorbrechen könnte, was sie selbst und andere Menschen nicht ertragen oder was sie oder andere schädigen oder zerstören könnte.

Als ich mich selbst noch nicht so gut kannte, habe ich manchmal mit meiner Angst neben einem Menschen gesessen und mir überlegt, wie weit ich ihn ermutigen durfte, innere Vorgänge wahrzunehmen und zuzulassen. Ich habe jedoch noch nie erlebt, daß irgendein Gefühl bösartig oder unerträglich war, wenn der Mensch sich ihm zugewendet und sich ihm geöffnet hat. Jeder hat erfahren, daß er auch sehr bedrohliche Gefühle gut ertragen konnte.

Gefühle sind ein bunter, lebendiger Teil von uns. Sie berühren und verlocken uns immer wieder, mit ihnen zu leben. Sie sind Geschenke der Seele, auch wenn sie zuerst unangenehm oder bedrohlich erscheinen. Ich kann ohne jeden Vorbehalt dazu ermutigen, alles in sich zu finden und kennenzulernen.

Trauer

Viele Menschen kommen mit Problemen zu mir. So beginnt die erste innere Erfahrung oft mit der Trauer. Dazu schildere ich einen Teil einer Begleitung. Der Mensch (M) liegt da, und ich (I) sitze neben ihm. Er hat seine Augen geschlossen und nimmt sich innerlich wahr. Wir sprechen miteinander, was seine inneren Eindrücke nicht stört, sondern bewußter macht.

I: Wie fühlst du dich jetzt?

M: Ich bin traurig.

I: Kannst du deine Trauer zulassen?

M: Ich habe Angst vor ihr. Sie ist so groß.

I: Wo spürst du deine Angst?

M: Mein Hals ist eng. Ich kann schlecht schlucken.

I: Sprich deine Angst doch an, wenn du kannst. Sage ihr laut und direkt: Angst, ich spüre dich jetzt.

M: Angst, ich spüre dich. Du bist mir unangenehm.

I: Hat dich deine Angst gehört?

M: Ich glaube ja. Ich weiß es aber nicht sicher.

I: Kannst du deine Angst so ertragen?

M: Na ja, es geht.

I: Bitte deine Angst, mit dir zur Trauer zu kommen.

M: Angst, begleite mich zur Trauer.

I: Und dann machst du dich auf den Weg zu deiner Trauer. (nach einer Pause) Wie fühlst du dich, wenn du bewußt deine Angst mitnimmst?

M: Ich kann es gut ertragen.

I: Willst du das deiner Angst einmal sagen.

M: Angst, ich kann dich so gut ertragen.

I: Wie sieht deine Trauer aus oder wie empfindest du sie, wenn du mit deiner Angst zu ihr kommst?

M: Sie wirkt sehr dunkel.

I: Dann sprich auch deine Dunkelheit an und sage ihr, daß du sie spürst.

M: Dunkelheit, ich sehe dich, ich habe Angst vor dir.

I: Was könnte mit dir in der Dunkelheit geschehen?

M: Ich kann nichts sehen. Ich weiß nicht, was da ist.

I: Könntest du dich deiner Dunkelheit - mit Angst - anvertrauen und ihr das sagen?

M: Ich will es mal probieren. Dunkelheit, ich· vertraue mich dir jetzt an.

I: Und jetzt läßt du geschehen, was geschieht. (nach einer Pause) Kannst du das ertragen?

M: Es geschieht nichts Besonderes. Ich bin ziemlich ruhig.

I: Willst du auch deiner Dunkelheit sagen, daß du sie ertragen kannst?

M: Dunkelheit, du bist mir ganz angenehm.

I: Frage deine Trauer, ob sie zu dir kommen will.

M: Trauer, komm doch einmal zu mir. Ich möchte dich kennenlernen.

I: Wie fühlt sie sich an oder wie sieht sie aus?

M: Ich sehe eine dunkle Gestalt. Sie ist verschleiert.

I: Wie fühlst du dich, wenn du sie siehst?

M: Mir ist schon ein bißchen unheimlich.

I: Kannst du ihr sagen, daß du sie siehst?

M: Trauer, ich sehe dich jetzt.

I: Hat sie dich gehört? Wie verhält sie sich?

M: Sie sieht mich an.

I: Wie wirkt sie auf dich? Ist sie freundlich oder distanziert?

M: Es ist eine Frau. Sie lächelt.

I: Wenn du willst, gehe zu ihr hin. Geht das?

M: Ja. Sie wird ein bißchen deutlicher und heller.

I: Wenn es möglich ist, dann berühre sie mit deinen inneren Händen oder nimm sie in deine inneren Arme. Geht das?

M: Ja, sie ist sehr freundlich. Sie fühlt sich weich und warm an.

I: Wenn du die Wärme und Weichheit magst, sage es ihnen.

M: Wärme und Weichheit, ich finde euch schön.

I: Spüre, daß deine Trauer sie dir bringt.
Wie sieht deine Trauer jetzt aus? Freut sie sich, daß du sie in dir gefunden hast? Möchte sie dir etwas sagen?

M: Ja, sie freut sich. Sie nimmt mich in ihre Arme. Ich bin ganz ruhig und warm.

I: Du bist bei dir selbst. Das ist deine Trauer, vor der du so viel Angst hattest. So fühlt es sich an, wenn du mit ihr lebst.

M: Sie freut sich, sie ist heller, und ihr Gesicht ist offen.

I: Wenn du sie so magst, sage es ihr, damit sie es hört und du es auch weißt.

M: Trauer, ich mag dich, wie du bist. Ich fühle mich bei dir geborgen.

I: Sprich deine Geborgenheit an. Sie ist auch ein Teil von dir.

M: Geborgenheit, ich freue mich über dich. Ich hatte Sehnsucht nach dir.

I: Kannst du deiner Trauer danken, daß sie dich zu dir führt?

M: Liebe Trauer, ich danke dir.

I: Jetzt kannst du besser mit dir und ihr leben. Sie wird dich immer wieder einmal berühren. Du wirst manchmal vergessen, daß du sie schon kennst. Aber du wirst vertrauter mit ihr werden. Wenn du willst, frage deine Trauer, ob sie dich führt oder begleitet zu einem Teil von dir, der bisher hinter ihr lag. Laß dich von ihr an die Hand nehmen und mache dich mit ihr auf die Reise zu dir selbst.

Die Trauer ist wohl neben der Angst das häufigste Gefühl am Anfang innerer Erfahrungen. Fast alle kennen und mögen ihre Trauer zuerst nicht. Sie schämen sich, wenn sie traurig werden, und versuchen, mir ihre Trauer zu ersparen. Sie halten sie im Hals fest oder schlucken sie hinunter. Oft haben sie Angst, von der Trauer überwältigt zu werden. Und da sie ihre Angst erst recht nicht mögen, wird ihr Zustand immer unangenehmer. Da schmerzt dann auch noch ihr Herz, der Kopf macht Druck und der Körper verspannt sich.

In diesem Augenblick ist es für den Menschen eine große Erleichterung, wenn ich ihn ermutige, diese Gefühle oder Zustände anzusprechen. Selbst wenn er sagt:»Trauer, ich spüre dich. Ich kann dich aber kaum ertragen«, atmet er tief durch und wird entspannter und ruhiger. Ihm wird bewußt, daß er nicht mehr so sehr kämpfen muß, sondern zulassen darf.

Damit ist der Weg zur Trauer offen. Einige sehen sie als dunkle Gestalt, andere spüren sie als Wärme oder Fließen. Alle erleben mit Erstaunen, daß sie gut zu ertragen ist. Sie lernen ein dunkles, weiches, mütterliches Gefühl kennen, das sehr liebevoll mit ihnen umgeht. Auch wenn jemand bisher gewaltsam gegen seine Trauer gekämpft hat, hört er keine Vorwürfe. Die Trauer freut sich, daß er bewußter mit ihr zu leben beginnt.

Danach fällt es nicht mehr so schwer, auch die Angst, den Schmerz oder den Druck im Kopf anzusprechen und zu sagen: »Ich spüre dich jetzt.« Meistens merkt der Mensch gar nicht, daß ihn seine Trauer gerade zu sich selbst führt.

Die Trauer ist auch ein Ausdruck innerer Trennungen. Wenn sich der Mensch seiner Trauer öffnet und sich zum Beispiel in einer inneren Erfahrung von ihr an die Hand nehmen läßt, findet er alles das, was er nicht kannte, nicht mochte oder wogegen er oft unbewußt gekämpft hat, weil er es für böse oder bedrohlich gehalten hat, wie zum Beispiel: Angst, Hilflosigkeit, Depression, Schuldgefühle, Ablehnung, Verschlossenheit, Kälte, Härte, Verletzlichkeit, Häßlichkeit, Eifersucht, Neid, Gier, Verlogenheit, Einsamkeit, Verbitterung, Streß, Frust, Enttäuschung, Unzufriedenheit, Wut, Aggression, Ärger, Haß, Schmerz und Krankheit. Das alles sind Gefühle und Zustände, die unangenehm und schmerzhaft sein können und die fast jeder zu vermeiden sucht.

Für mich war es am Anfang der Begleitung von Menschen sehr überraschend mitzuerleben, daß sie oft auch Gefühlen und inneren Zuständen nicht vertrauen konnten, nach denen sie eigentlich Sehnsucht haben, wie zum Beispiel: Lebenskraft, Lebendigkeit, Weichheit, Zartheit, Sensibilität, Weiblichkeit, Mütterlichkeit, Kindlichkeit, Hingabe und Vertrauen.

Die Trauer berührt den Menschen so oft, weil er sich innerlich wenig kennt und vertraut und so viel von sich vergessen hat. Sie ist eine Verheißung der Seele. Der übliche Kampf gegen die Trauer ist so unangenehm, weil es weh tut, die zarte, mütterliche Trauer mit so viel Abwehr und Gewalt zu unterdrücken. Denn fast alle sehnen sich nach mütterlicher Liebe und Geborgenheit und wissen nicht, daß die Trauer ihre Sehnsucht erfüllen kann.

Wer unbewußt und hart gegen seine Trauer kämpft, kommt im Laufe der Zeit in immer größere Schwierigkeiten. Hat er am Anfang noch die Hoffnung, die Trauer bald überwinden zu können, merkt er irgendwann, daß sie nicht weniger, sondern eher mehr wird. Er muß seine Abwehr verstärken. Er beschäftigt sich immer mehr mit seiner Trauer, die dadurch einen immer größeren Platz in seinem Denken und Handeln einnimmt. Nach einiger Zeit ist er fast nur noch diese Trauer, die sich im Gesicht und in der Körperhaltung ausdrückt. Er sieht überall in der Welt Leid und Elend, die nicht überwunden werden können. So wird die Erde zum »Jammertal«. Er merkt nicht, daß diese Weltanschauung ein Ausdruck seiner inneren Einstellung ist. Manchmal kommt jemand in einem solchen Zustand zu mir. Er hat alles versucht, sie endlich loszuwerden, und ist jetzt hoffnungslos und resigniert. Es geht ihm sehr schlecht. Er kann nichts mehr tun, er erwartet nichts mehr und hat keine Lust mehr zu leben.

Ich helfe ihm, zuerst einmal seine Resignation bewußt wahrzunehmen und sie anzusprechen. So sagt er:»Resignation, ich kann nicht mehr. Ich habe gekämpft, und jetzt bin ich müde.« Wenn es möglich ist, kann er sich an sie hingeben und sagen:»Resignation, mache mit mir, was du willst.« Er fürchtet, jetzt sterben zu müssen. Es ist möglich, daß er in eine dunkle Tiefe fällt und sich nicht mehr wehren kann. Er weint haltlos.

Damit ist er bei seiner Trauer. Ich lasse ihn in diesem Zustand und ermutige ihn, seine Trauer und seine Tränen frei fließen zu lassen. Wenn es ihm möglich ist, bitte ich ihn, die Trauer anzusprechen. So sagt er dann:»Trauer, ich spüre dich.« Er spricht zum ersten Mal in seinem Leben zu ihr. Er weint vor Trauer, Rührung und Erleichterung. Er wird stiller und bemerkt mit Erstaunen, daß nichts von dem geschieht, was er befürchtet hat.

Seine Trauer ist warm und weich. Er kann sie sehr gut ertragen. Er spürt, wie verständig und liebevoll die Trauer mit ihm umgeht. Jetzt kann er sich ihr ganz anvertrauen. Sein Gesicht löst sich, und seine Atmung wird weiter. Ich sitze neben ihm und lasse mich von dem berühren, was er erlebt.

Es mag schwerfallen zu glauben, daß es so einfach sein soll. Denn bei uns gibt es viele Vorstellungen, was man alles tun muß, um sein Leiden endlich loszuwerden. Zum Beispiel wieviel und wie lange man »Trauerarbeit« zu leisten hat.

Das eigentliche Problem liegt in der bei uns üblichen Erwartung, Trauer oder andere negative Gefühle ein für allemal erledigen zu können, um davon befreit zu sein. Aber Trauer und alle anderen Gefühle oder Zustände sind Bestandteile des menschlichen Wesens. Niemand kann sie beseitigen oder verlieren.

Lernt man sie kennen, weiß man, daß man nicht an den unangenehmen Gefühlen selbst gelitten hat, sondern am Mangel an Vertrauen zu diesen Gefühlen und am hoffnungslosen Kampf gegen etwas, was man überhaupt nicht kannte.

Angst

Obwohl alle Menschen Angst haben, glauben die meisten nicht, daß sie zu ihnen gehört. Sie sehen die Ursachen für ihre Angst in der äußeren Welt und meinen, daß sie sich vor anderen Menschen oder äußeren Situationen fürchten. Damit wird die Angst als etwas Fremdes, Negatives und vielleicht sogar Böses angesehen, was man überwinden muß.

In der äußeren Welt gibt es wirklich vieles, vor dem man sich fürchten kann und sollte. Da sind die individuellen Bedrohungen im Alltag, zum Beispiel durch Elektrizität oder Straßenverkehr. Es gibt aber auch globale Bedrohungen durch die hochentwickelte Kriegstechnik oder die Zerstörung der Umwelt.

Viele glauben, daß man solche Ursachen nur beseitigen müßte, um die Angst zu erledigen, und bemühen sich, äußere Dinge so zu verändern, daß sie keine Angst mehr vor ihnen haben müssen. Sie erleben jedoch auch dann, daß ihre Angst nicht weniger wird.

Der folgende Dialog ist ein Ausschnitt aus einer längeren inneren Reise, in der ich (I) den Menschen (M) begleite.

I: Wie fühlst du dich?
M: Es geht mir nicht gut. Ich fühle mich schlecht.
I: Was für ein Gefühl ist denn das?
M: Mein Hals ist ganz eng. Ich kriege keine Luft.
I: Kannst du es zulassen, auch wenn es unangenehm ist?
M: Es geht. Aber ich habe Angst.
I: Kannst du die Enge ansprechen und ihr sagen, daß du sie spürst?
M: Enge ich spüre dich, ich habe Angst.
I: Dann sprich auch deine Angst an.
M: Angst, ich spüre dich. Ich kann dich kaum ertragen.
I: Was spürst du jetzt oder woran denkst du?
M: O Gott, ich sehe meinen Vater. Ich habe Angst.
I: Wie sieht dein Vater aus, wie verhält er sich?
M: Er ist böse. Er ist wütend auf mich. Ich glaube, er will mich wieder schlagen.
I: Wie fühlst du dich, wenn du ihn so siehst?
M: Ich habe große Angst.

I: Sprich deinen Vater an. Wenn es möglich ist, sage ihm, daß du vor ihm Angst hast.

M: Das kann ich nicht. Er wird dann noch wütender.

I: Spüre doch, warum dein Vater sich so verhält. Kennt er sich, ist er mit sich selbst vertraut?

M: Nein, ich glaube, er hat auch Angst.

I: Wie fühlst du dich, wenn du das merkst?

M: Ich dachte immer, er wäre stark. Aber jetzt spüre ich, daß er vor irgend etwas Angst hat. Deswegen ist er so böse.

I: Wie wirkt er jetzt auf dich?

M: Irgendwie habe ich Mitleid mit ihm.

I: Kannst du ihm das sagen?

M: Papi, du tust mir leid, wenn ich dich so sehe.

I: Wie fühlst du dich, wenn du so zu ihm sprichst?

M: Ich werde ein bißchen traurig.

I: Hat dein Vater dich gehört? Wie verhält er sich?

M: Er ist etwas überrascht.

I: Kennst du das auch von dir selbst, daß du Angst hast und dich durch Wut oder Abwehr schützt?

M: (zögernd) Ja, das mache ich öfters. Aber ich finde es nicht in Ordnung. Ich will es nicht.

I: Kannst du es dir trotzdem zugestehen? Denn du verhältst dich ja so. Willst du deinen Schutz ansprechen und ihm sagen, daß er auch zu dir gehört?

M: Ja. Schutz und Wut, ihr gehört auch zu mir.

I: Kannst du spüren, daß du da deinem Vater ähnlich bist?

M: Ich wollte nie so sein wie er. Aber ich merke, daß ich mich oft genauso verhalte. Ich ärgere mich jedesmal darüber. Ich bin sogar schon einmal auf jemand losgegangen und habe ihn geschlagen.

I: Wie fühlst du dich jetzt, wenn du daran denkst?

M: Ich schäme mich und habe Schuldgefühle.

I: Dann sprich auch deine Schuldgefühle an.

M: Schuldgefühle, ich weiß, daß ihr auch zu mir gehört.

I: Kannst du deinem Vater sagen, daß du ihm ähnlich bist in deiner Angst und deinem Schutz durch Wut und Aggression?

M: Es fällt mir sehr schwer. Aber ich merke, daß es wohl so ist. Papi, ich glaube, daß ich dir ähnlich bin.

I: Wie verhält sich dein Vater? Hört er dich?

M: Er wundert sich und sieht nicht mehr so böse aus.

I: Willst du zu ihm hingehen und ihn berühren oder ihn in die Arme nehmen, so wie er da jetzt ist?

M: Das fällt mir schwer. Ich probiere es.

I: Wie fühlt er sich an, wenn du ihn berührst?

M: Irgendwie gar nicht so unangenehm. Er ist warm und gar nicht so hart, wie ich dachte.

I: Könntest du dich ihm jetzt anvertrauen und es ihm sagen? Auch wenn es dann unangenehm für dich wird?

M: Das fällt mir auch schwer. Ich habe Angst davor. Aber ich will es versuchen.
   Papi, ich vertraue mich dir an. Mache, was du willst.

I: Und jetzt läßt du es geschehen.
   Was macht dein Vater mit dir?

M: Er nimmt mich in seine Arme. Er drückt mich an sich.

I: Wie fühlst du dich?

M: (gerührt) Er sieht ganz anders aus. Er freut sich. Er ist ganz weich. Ich muß weinen.

I: Laß es zu. Vertraue dich ihm an. Du mußt nichts mehr tun. Frage ihn, ob er in dir ist. Ob er ein Teil von dir ist.

M: (ungläubig) Papi, bist du in mir?
   (zögernd) Er nickt mit dem Kopf. Er freut sich.

I: Du hast die Augen geschlossen und siehst nach innen. Das ist nicht dein leiblicher Vater. Es ist ein Teil von dir, den du bisher nicht kanntest und vor dem du Angst hattest. Jetzt kannst du beginnen, mit ihm zu leben und ihn kennenzulernen, wie er wirklich ist.
   Möchtest du ihm etwas sagen?

M: Wie soll ich ihn nennen? Was soll ich ihm sagen?

I: Wenn du willst, nenne ihn inneren Vater.
   Und sage ihm doch, wie du dich mit ihm fühlst.

M: (zögernd) Innerer Vater, ich bin glücklich. (weint)

I: Frage ihn doch, ob er schon immer in dir ist und ob er immer in dir sein wird.

M: Innerer Vater, bist du schon immer in mir?
   Er sagt ja. Er sieht sehr weich und lieb aus.

I: Frage ihn doch jetzt, ob er dich so liebt, wie du bist. Auch mit deinen Grenzen und deiner Unbewußtheit.

139

M: Innerer Vater, liebst du mich, wie ich bin?
   Er sagt ja und lacht und freut sich.
I: Wie fühlst du dich?
M: Ich bin ganz ruhig und glücklich.
I: Kannst du deiner Angst danken, daß sie dich zu deinem inneren Vater geführt hat? Ich glaube, daß wollte sie schon lange.
M: Angst, ich danke dir, daß du mich zu meinem inneren Vater gebracht hast.
   Jetzt freut sie sich auch. Und ich mich auch.

Wer solche Erfahrungen noch nicht gemacht oder miterlebt hat, dem wird es schwerfallen zu glauben, daß der Weg nach innen so einfach ist. Aber unsere Gewißheit entsteht nicht durch Glauben, sondern nur durch Erfahrungen. Dazu ermutige ich in diesem Buch.

Über innere Gestalten wie den inneren Vater, die innere Mutter und das Innere Wesen schreibe ich später noch mehr.

Innere Bedrohungen

Bei der Erfahrung der Angst erleben viele Menschen starke innere Bedrohungen wie zum Beispiel:
- In einen tiefen, dunklen Abgrund fallen (häufiger Alptraum).
- Vom Hochhaus fallen.
- In einen feurigen Vulkan stürzen.
- Im Meer oder im Sumpf versinken.
- Von Lokomotive oder Auto überfahren werden.
- Im Kriegsgetümmel oder einem Bombenangriff sein.
- Dem Tod begegnen.
- Ein Teufel oder ein schreckliches Wesen droht.
- Ein wildes Tier stürzt heran.
- Eine große Schlange nähert sich.
- Ein Schwert oder Messer bedroht das Herz.
- Eine Lanze oder eine Schußwaffe ist auf die Brust gerichtet.
- Der Kopf zerplatzt oder geht verloren.
- Die körperliche Form geht verloren. Man löst sich auf.
In der physischen Welt sollte man sich in vielen solchen Situation unbedingt schützen oder in Sicherheit bringen. In Träumen oder in-

neren Erfahrungen ist es ganz anders. Da sind wir in unserer eigenen inneren Welt. Die bedrohlichen Vorgänge und Zustände sind Ausdruck der eigenen Seele, die uns nicht schädigt oder zerstört. Sie versucht, uns - manchmal auch auf drastische Weise - mit etwas Innerem vertraut zu machen, das wir bisher nicht kannten und vor dem wir uns stark geschützt haben.

Bei der Begleitung anderer habe ich derartige Bedrohungen sehr oft miterlebt. Am Anfang saß ich manchmal mit meiner Angst neben jemandem und überlegte, wann ich das innere Experiment abbrechen müßte, um ihn zu schützen. Auch heute biete ich immer an, die Erfahrung zu beenden, wenn es jemandem zu viel wird. Inzwischen weiß ich jedoch mit Sicherheit, daß ihm nichts geschehen wird, wenn er die Bedrohung zuläßt. Ich kann jeden so weit begleiten, wie er gehen kann und will.

So kann ich zum Beispiel ohne Bedenken ermutigen, den drohenden Abgrund anzusprechen und in ihn zu fallen oder zu schweben. Das ist das Sich-seiner-Seele-Anvertrauen, also die Hingabe an sich selbst. Dabei werden wunderbare Zustände deutlich, nach denen jeder Sehnsucht hat. Ich mache auch in meinen Seminaren Gruppenreisen in den Abgrund oder andere bedrohliche Zustände, von denen alle Teilnehmer wohlbehalten und oft sehr beglückt wieder in die physische Welt zurückkehren.

Auch wenn eine Waffe auf das Herz gerichtet wird oder eine heranrasende Lokomotive oder ein wildes Tier drohen, kann man sich dem - mit Angst - ausliefern. Wird man dann innerlich durchbohrt, zerteilt oder zerrissen, tut es nicht weh, sondern ist gut zu ertragen. Es entsteht immer eine innere Öffnung, in der sich bisherige Blockaden oder hemmende Vorstellungen auflösen. Danach weiß man, daß man sich nach innen nicht mehr so unbewußt schützen muß. Gefühle und Energien, denen man bisher nicht vertrauen konnte, können freier fließen.

Das scheinbar bedrohte Herz ist bei derartigen inneren Erfahrungen meistens ganz ruhig und zeigt sein Vertrauen zu dem, was innerlich geschieht. Anschließend ist es größer, farbiger, lebendiger und fühlt sich weicher und wärmer an. Es macht die Lebendigkeit, Offenheit, Weichheit und Zartheit deutlich, vor denen der Mensch bisher Angst hatte und vor denen er sich durch Verschlossenheit zu schützen versucht hat.

Vor scheinbaren inneren Bedrohungen schützen wir uns auch durch Aggression, Wut und Haß. Ein aggressiver Mensch fühlt sich keineswegs stark, wie er glauben machen will, sondern er hat Angst und empfindet Hilflosigkeit und Schwäche. Durch seine - manchmal übermäßige - Abwehr versucht er, seinen wirklichen inneren Zustand vor anderen zu verbergen. Auch Lähmung, Starre und Blockade können als unbewußter Schutz benutzt werden. So werden zum Beispiel im Hals Angst und andere bedrohliche Gefühle festgehalten. Wird das chronisch, kann es zu entsprechenden Krankheiten mit Lähmungen oder Unbeweglichkeiten führen.

Themen der Angst

Die Angst kann in vielen individuellen und kollektiven Verhaltensweisen deutlich werden, die zwanghaft und automatisch geworden sind, weil sich der Mensch seiner inneren Motive nicht bewußt ist.

Viele leiden an Unruhe und Hektik, sehnen sich nach Ruhe und sind doch ständig in Bewegung und Aktivität. Selbst im Urlaub gibt es alle möglichen Beschäftigungen und Veranstaltungen, so daß niemand sich langweilen muß. Mit Verkehrsmitteln wie Auto und Flugzeug kann man sich viel und weit bewegen. Manche Menschen fahren irgendwo hin, einfach nur um zu fahren. Da sich Angst als Starre und Bewegungslosigkeit auswirken kann, versuchen viele Menschen unbewußt, immer in Bewegung zu bleiben. Das gilt auch für alte Menschen und für Behinderte.

Viele Menschen arbeiten unermüdlich weiter, obwohl sie mehr als ausreichend zum Leben haben. Sie sind ständig in Betrieb und sammeln Geld und Gut. Sie können die Kräfte ihrer Seele nicht einfach fließen lassen, weil sie vor manchem in sich Angst haben. Sie spüren dieses Defizit und fürchten, nicht genug zu haben. Trennen sie sich wegen der vielen Arbeit vom Ehepartner und von Kindern, machen sie deutlich, daß sie sich innerlich von ihrer Weiblichkeit und Kindlichkeit zurückziehen.

Häufig werden Weichheit, Sensibilität, Verletzlichkeit oder Hilflosigkeit durch Arroganz, Zynismus und intellektuelle Argumente abgewehrt. Der Mensch versucht zu verhindern, daß er innerlich berührt wird und andere es erkennen.

142

Auch im Verhalten gegenüber Fremden und Feinden werden innere Motive ganz deutlich. Kennt und vertraut sich jemand innerlich nur wenig, gibt es manches in ihm, was ihm fremd oder feindlich erscheint. Eigentlich ist es fast selbstverständlich, daß jemand einen dunkelhäutigen Menschen mit Mißtrauen betrachtet, wenn er seine eigene innere Dunkelheit nicht kennt und sie fürchtet. Oder daß er einen zum Feind erkärten Menschen gnadenlos behandelt, wenn er mit seinen inneren Feinden genauso umgeht.

Am Anfang meiner Begleitungen hat mich erschreckt, mitzuerleben, wie gewaltsam eine zarte Frau ihre verhaßte Trauer niederknüppelt oder wie brutal ein Mann seine bedrohliche Weichheit hinter einem dicken Panzer einsperrt, bis sein Herz kaum noch schlagen kann.

Besonders bei Menschen mit starken religiösen Idealen werden auch die dahinter liegenden Sehnsüchte deutlich. Sie suchen Vollkommenheit oder Erlösung und glauben oft, die »Verwirklichung« nur erreichen zu können, nachdem sie alles Hinderliche und Negative beseitigt haben. Gott wird von ihnen als reine Liebe, Harmonie und Frieden angesehen, aber nicht auch als Angst, Haß, Gewalt oder Krankheit. Werden die »bösen« Zustände personifiziert, gibt es den Teufel oder den Feind, der in Gottes Namen besiegt werden muß.

Mit der Angst leben

Wenn wir uns auf einen inneren Weg begeben, um uns kennenzulernen, werden wir nicht lange auf unsere Angst warten müssen. Denn oft ist ungewiß, wohin wir kommen werden, was mit uns geschehen wird und ob wir es ertragen können.

Es ist sehr hilfreich, dann seine gut eingeübte, unbewußte Abwehr wahrzunehmen und den eigenen Schutz anzusprechen. Danach fällt es leichter, sich der Angst zuzuwenden und sie mit in die Erfahrung zu nehmen. Sie ist ein liebevoller Begleiter und Führer, wenn man mit ihr und nicht mehr gegen sie lebt. Und das nicht nur bei inneren Erfahrungen, sondern ebenso im alltäglichen Leben.

Die Angst hat viele Ausdrucksmöglichkeiten. Sie kann zum Beispiel im Körper deutlich werden. Der fühlt sich an einigen Stellen fest und starr an. Häufig gibt es Druck und Enge im Brustraum und im Hals. Das kann so intensiv werden, daß man befürchtet, ersticken zu müssen. Sich davon befreien zu wollen ist eine natürliche Reaktion. Ich ermutige jedoch dazu, auch einen solchen bedrohlichen Zustand soweit wie möglich zuzulassen, wobei man auch sagen kann: »Angst, gehe doch sanft mit mir um, damit ich dich kennenlernen kann.« Es ist aber auch möglich, das innere Experiment abzubrechen, wenn es ganz unerträglich wird. Man kann sagen: »Angst, ich kann nicht mehr, ich höre auf« und sich aus dem Zustand herauszuziehen. Auch das ist eine wertvolle Erfahrung.

Die Angst kann sich in einer inneren Gestalt, einem Bild oder einer Farbe zeigen. Manchmal ist sie sehr dunkel. Oder sie ist ein wildes Tier oder eine bedrohliche menschliche Gestalt. Man kann zu ihr hingehen, sie ansprechen und sie mit inneren Händen berühren. Wenn es möglich ist, kann man sich ihr ausliefern und sagen: »Angst, ich vertraue mich dir jetzt an. Mache mit mir, was du willst.« Damit gibt man sich etwas Innerem hin und nicht etwas Äußerem.

Man kann die Angst bitten, einen zu führen oder zu begleiten. Sie nimmt einen an die Hand und bringt einen dahin, wo man in sich selbst noch nicht war. Das sind zum Beispiel:

körperliche oder seelische Verletzungen
körperliche Krankheit
Tod
Krieg, Kampf, Gewalt, Zerstörung
Macht, Machtlosigkeit
übermächtige Menschen (Eltern)
Hilflosigkeit
Aggression, Wut, Haß
Trauer, Depression
Bedrohung
Verlust der Kontrolle
Sinnlosigkeit
Langeweile
Unbeweglichkeit, Starrheit
verrückt werden
Kleinheit
Unfähigkeit, Versagen
Einsamkeit, Verlassenheit, Zurückweisung
ausgelacht werden, nicht ernst genommen werden

nicht angenommen werden
nicht gehört werden
Nicht verstanden werden
innerer Abgrund, Tiefe, Höhe
inneres Feuer, Wasser, Erde
innere Angriffe von Menschen oder Tieren
Dunkelheit
Weichheit, Zartheit, Sensibilität
Körperlosigkeit
Grenzenlosigkeit, Weite.

Die Angst ist also ein umfangreiches Thema. Sie verschwindet durch innere Erfahrungen nicht. Sie fühlt sich jedoch ganz anders an, wenn man mit ihr lebt. Und wenn man sie nicht immer wieder unbewußt bekämpft, spart man viel Energie, die einem fürs Leben zur Verfügung steht.

Oft wird einem die Angst von außen nahegebracht wie zum Beispiel in einer Nachrichtensendung oder einem Gruselfilm. Auch das ist eine gute Gelegenheit, sich der eigenen Angst zuzuwenden und sie anzusprechen.

Erwartungen und Enttäuschungen

In einer inneren Erfahrung erinnert sich jemand daran, daß andere mit ihm nicht zufrieden waren, Erwartungen an ihn hatten und enttäuscht waren, weil er sie nicht erfüllen konnte. Er spürt, daß er traurig wird und auch wütend, weil er das nicht mehr ertragen kann. Er wendet sich seiner Trauer und Wut zu und merkt, daß er sie mag.

Ihm wird bewußt, wie oft er mit sich nicht zufrieden ist und was er alles ändern will. Auch Trauer und Wut hat er immer loszuwerden versucht, um endlich fröhlich und selbstbewußt zu sein. Es ist ihm jedoch nicht gelungen, was ihn jetzt noch wütender macht.

Er weiß eigentlich gar nicht mehr, warum er diese Erfahrung machen soll. Er weint vor Wut und Enttäuschung. Er ist auch auf mich sauer, daß ich einfach daneben sitze und ihn sogar noch bitte, seine Erwartungen und Enttäuschungen und seine Wut als eigene innere Vorgänge anzusprechen.

Nachdem er widerwillig gesagt hat: »Enttäuschung, ich spüre dich«, merkt er, daß er ein bißchen ruhiger wird. Er grollt noch mit seinen Eltern, die schuld daran sind, daß er immer so unzufrieden ist, aber er probiert dann doch aus, seine eigene Unzufriedenheit anzusprechen.

Da kommt einiges an die Oberfläche, was er bisher nicht mochte. Wie oft hatte er Sehnsucht nach einer richtigen Beziehung mit Liebe und Angenommensein. Aber er hatte immer dieselben Probleme mit dem Partner. Immer wieder gab es Erwartungen und Enttäuschungen. Er konnte es dem anderen nie recht machen, obwohl er sich so bemühte.

Er fühlt sich erschöpft und spricht seine Anstrengung und Erschöpfung an. Er merkt, wie oft er in letzter Zeit müde war. Er denkt auch daran, wie sehr er sich angestrengt hat, alles richtig zu machen. Jetzt kann er nicht mehr. Er spürt eine tiefe Resignation, die er sich bisher nie zugestehen konnte.

Ich bitte ihn, seine Resignation anzusprechen. Er sagt: »Resignation, ich kann nicht mehr und will nicht mehr.« Er weint, und ich frage ihn, ob er sich seiner Resignation ausliefern kann. Er sagt zu ihr: »Resignation, ich liefere mich dir aus. Du kannst machen, was du willst.« Er wird ganz still. Als ich ihn frage, sagt er, daß er seinen Zustand gut ertragen kann, daß er sogar angenehm ist. Er spürt eine wohlige Ruhe und Leichtigkeit.

Er sagt seiner Resignation, daß sie ihm angenehm ist, und spricht auch seinen Frieden an. Ihm wird bewußt, daß er sich nicht angestrengt hat, in diesen angenehmen Zustand zu kommen. Er hat alle möglichen unangenehmen Gefühle zugelassen und angesprochen und so mit sich Frieden gemacht.

Danach wird er sich auch seiner Beziehung zu anderen bewußt. Er erkennt, daß er und der andere sich sehr ähnlich sind. Jeder hat Erwartungen an sich selbst, kann sich jedoch nicht annehmen und ist mit sich unzufrieden. Gleichzeitig lebt jeder in der Sehnsucht, vom anderen so geliebt und angenommen zu werden, wie er ist. Jeder glaubt, daß der andere die Ursache für seine Enttäuschungen ist. Das ist ein Knäuel aus unbewußten Vorstellungen und Mangel an Vertrauen, an dem viele Beziehungen scheitern.

Schuldgefühle

Zu den enttäuschten Erwartungen kommen häufig Schuldgefühle. Auch sie werden zuerst außen gesehen, weil man vor allem Schuldgefühle empfindet, wenn man andere enttäuscht.

Bei inneren Erfahrungen kommen häufig Schuldgefühle auf, wenn jemand an seine Eltern oder an seine eigenen Kinder denkt. Er nimmt die Schuldgefühle wahr und spricht sie zum ersten Mal in seinem Leben an:»Schuldgefühle, es fällt mir schwer, euch anzunehmen.« Denkt er an seine Eltern, die er nicht lieben konnte, wird er traurig. Es fällt ihm sehr schwer, seine Trauer zuzulassen. Spricht er sie an, drückt oder schmerzt sein Herz. Das empfindet er als sehr unangenehm und bedrohlich. Ich ermutige ihn, auch den Druck und den Schmerz anzusprechen und sich dem Herzen zuzuwenden. Wenn er zu seinem Herzen sagt:»Herz, ich spüre dich jetzt«, wird er noch trauriger. Er merkt, daß er sein Herz nicht kennt und bisher nicht bewußt mit ihm gelebt hat. Ich mache ihn darauf aufmerksam, daß ihn seine Schuldgefühle durch diese Erfahrung führten. Ihm wird bewußt, wie lieblos er bisher mit sich umgegangen ist. Wie oft hat er seine Trauer abgewürgt und seinen Schmerz unterdrückt, und wie selten hat er den Ruf seines Herzens gehört. Er merkt, daß er sich selbst gegenüber ein ganz schlechtes Gewissen hat.

Wenn er dann zu seinem Herzen kommt, erlebt er, daß es ihm keine Vorwürfe macht. Es berührt mich immer wieder mitzuerleben, wie liebevoll Herz, Körper, Gefühle und auch eine Krankheit sind, wenn der Mensch zu ihnen kommt. Auch wenn er bisher lieblos und sogar gewaltsam mit sich umgegangen ist, weiß sein Inneres, daß sein Leid kein Fehler war, sondern einen Sinn hat. Vielleicht findet man gerade durch seine Schuldgefühle dieses große Vertrauen in sich.

Hilflosigkeit

Wir leben weitgehend unsere aktive Seite, die sich im Handeln, Eingreifen, Verändern, Kämpfen, Entscheiden, aber auch in der Analyse,

147

der Bewertung und im intellektuellen Verstehen ausdrückt. Viele glauben, daß man individuell und auch in der Gesellschaft alles verstehen und alles handhaben und unter Kontrolle halten kann.

Die andere, passive Seite wird bei uns wenig geschätzt und oft unterdrückt, obwohl viele Menschen Sehnsucht nach dem Nichts-mehr-tun-Müssen haben. Diese Seite wird dann häufig sehr unangenehm als Nichts-mehr-tun-Können, als Hilflosigkeit, Machtlosigkeit oder Ohnmacht erlebt. Nach meinen Erfahrungen berührt die Hilflosigkeit sehr viele Menschen. Sie ist nur versteckter als Trauer und Angst.

Im folgenden gebe ich einen Teil einer inneren Reise wieder, in dem einige Gcfühle deutlich werden. Eine Frau (F) macht ihre inneren Erfahrungen, ich (I) begleite und ermutige sie.

I: Wie fühlen Sie sich, wenn Sie an Ihren Mann denken?
F: Ich bin ganz unruhig, eigentlich bin ich auch frustriert.
I: Wie sieht Ihr Mann aus, wenn Sie jetzt an ihn denken?
F: Er sieht mich gar nicht. Er wendet sich von mir ab. Er ist völlig verschlossen und reagiert auf nichts.
I: Wie fühlen Sie sich, wenn Sie ihn so sehen?
F: Ich merke, daß ich wütend werde.
I: Können Sie das zulassen?
F: Nein, ich will nicht wütend sein. Ich habe die Nase voll von all dem Ärger.
I: Was für ein Ärger ist denn das?
F: Ich kann machen, was ich will. Wie oft habe ich mit ihm zu sprechen versucht. Wie oft habe ich ihn gebeten, doch mal ein bißchen menschlicher zu reagieren. Er tut immer so überlegen und ist eiskalt und macht zynische Bemerkungen.
I: Was möchten Sie ihm sagen, wenn Sie ihn so wahrnehmen?
F: Er soll sich zum Teufel scheren.
I: Sagen Sie es ihm direkt. Sprechen Sie ihn selbst an.
F: (laut) Scher dich zum Teufel.
   (weinend) Ich will nichts mehr von dir wissen.
I: Wie fühlen Sie sich?
F: O Gott, ich bin so wütend. Ich möchte ihn verprügeln.
I: Sprechen Sie Ihre Wut direkt an. Sagen Sie ihr, daß Sie sie jetzt zulassen. Und dann tun Sie das, was Sie wollen.

F: (zögernd) Wut, ich spüre dich. Ich habe Angst vor dir. Aber ich lasse dich jetzt zu.

I: Was machen Sie mit Ihrem Mann?

F: Ich schlage ihm einfach ins Gesicht.

I: Können Sie sich das zugestehen?

F: Ja, das wollte ich schon immer einmal. Jetzt schlage ich noch einmal richtig zu.

I: Wie fühlen Sie sich?

F: Ich bin richtig erleichtert.

I: Wie verhält sich Ihr Mann? Wundert er sich, daß Sie so mit ihm umgehen?

F: Er sieht ganz verblüfft aus. Er ist irgendwie ganz eigenartig. Ich glaube, er hat Angst. Er ist richtig hilflos.

I: Wie fühlen Sie sich, wenn Sie ihn so sehen?

F: Irgendwie tut er mir leid.

I: Kennen Sie das auch von sich selbst, daß Sie sich nach außen verschließen und nichts an sich herankommen lassen, wenn Sie Angst haben?

F: Doch, aber ich habe nie geglaubt, daß mein Mann etwas nicht ertragen kann. Er wirkt immer so überlegen, so stark. Und jetzt ist er ganz hilflos.

I: Wie fühlen Sie sich, wenn Sie ihn so sehen?

F: Ich weiß gar nicht, was ich jetzt machen soll. Ich bin ziemlich hilflos.

I: Können Sie zulassen, daß auch Sie hilflos sind?

F: Es macht mir schon Angst.

I: Sprechen Sie doch die Angst an und sagen Sie ihr, daß Sie sie spüren.

F: Angst ich spüre dich.

I: Können Sie sie so ertragen?

F: Es geht.

I: Fragen Sie Ihre Angst, ob sie mit zu Ihrer Hilflosigkeit geht.

F: Angst, komm mit zu meiner Hilflosigkeit.

I: Wie fühlen Sie sich?

F: Ich habe immer noch Angst.

I: Nehmen Sie sie bewußt mit. Denn Sie wissen ja nicht, was mit Ihnen geschehen wird, wenn Sie Ihrer Hilflosigkeit begegnen. Was erwarten oder befürchten Sie?

F: (lange zögernd) Nichts Gutes. Ich glaube, ich kann es nicht zulassen.

I: Wollen Sie ausprobieren, wie weit Sie gehen können? Wenn es Ihnen zu viel wird, brechen Sie ab.

F: Na gut, ich versuche es.

I: Dann sagen Sie Ihrer Hilflosigkeit, daß Sie jetzt zu ihr kommen, um sie kennenzulernen. Und nehmen Sie ihre Angst mit. Die gehört dazu.

F: Hilflosigkeit, ich habe Angst vor dir. Ich komme jetzt trotzdem zu dir.

I: Wie fühlen Sie sich, wenn Sie so zu Ihrer Hilflosigkeit sprechen?

F: Es geht. Noch kann ich es ertragen.

I: Wie empfinden Sie Ihre Hilflosigkeit oder wie sieht sie aus, wenn Sie zu ihr kommen?

F: Ich habe Angst, nichts mehr tun zu können. Irgend etwas Schreckliches könnte mit mir geschehen.

I: Woran denken Sie dabei?

F: Ich weiß nicht, es ist einfach nur schrecklich.

I: Können Sie es im Augenblick ertragen, auch wenn es bedrohlich ist?

F: Ja, noch geht es.

I: Wollen Sie das Ihrer Hilflosigkeit einmal sagen?

F: (zögernd) Hilflosigkeit, ich kann dich noch ertragen.

I: Wollen Sie ausprobieren, was geschieht, wenn Sie sich Ihrer Hilflosigkeit anvertrauen? Sie müssen es aber nicht.

F: (zögernd) Gut ich will es versuchen. Hilflosigkeit, ich vertraue mich dir jetzt mit Angst an. Mache mit mir, was du willst.

I: (nach einer Pause) Wie fühlen Sie sich jetzt? Können Sie diesen Zustand ertragen?

F: Eigentlich geschieht gar nichts. Ich bin ziemlich ruhig.

I: Sie haben sich Ihrer Hilflosigkeit ausgeliefert. Sie hätte alles mit Ihnen machen können. Sie lernen sie jetzt kennen, wie sie wirklich ist.

F: Das kann doch nicht sein.

I: Sie sind bei sich selbst. Vor dieser Hilflosigkeit haben Sie so viel Angst gehabt.

F: (lacht) Ich kann es gar nicht glauben. Ich freue mich, ich bin ganz erleichtert.

I: Sprechen Sie Ihre Hilflosigkeit noch einmal an und sagen Sie ihr das.

F: Ja, meine liebe Hilflosigkeit, wenn du so bist, dann kann ich mit dir leben.

I: Hat Ihre Hilflosigkeit Sie gehört?

F: Ja, wirklich. Sie freut sich. Und ich freue mich auch.

I: Dann sprechen Sie doch auch Ihre Freude an.

F: Freude, dich mag ich sehr.

I: Wie sieht denn jetzt Ihr Mann aus, wenn Sie mit Ihrer Hilflosigkeit an ihn denken?

F: Er sieht nicht mehr so verschlossen aus. Er freut sich auch.

I: Gehen Sie doch zu ihm hin und berühren Sie ihn.

F: Er fühlt sich ganz warm an. Er mag meine Berührung.

I: Fragen Sie ihn doch, ober er in Ihnen ist.

F: (zögernd) Bist du in mir?
(erstaunt) Er sagt ja.

I: Sie lernen jetzt einen Teil von sich kennen, der Sie hilflos gemacht hat und dem Sie sich bisher verschlossen hatten. Ihre Wut, Ihre Hilflosigkeit haben Sie zu Ihrem inneren Mann geführt. Jetzt können Sie bewußter und offener mit sich leben. Sie werden bald wissen, daß Ihr innerer Mann anders ist als der äußere, der sich - wie Sie selbst - seiner Hilflosigkeit verschlossen hat und den Sie daher nicht erreichen konnten.

Themen der Hilflosigkeit

Wenn man innen oder außen etwas nicht verstehen, nicht ertragen und nicht zulassen kann, bemüht man sich, es zu ändern oder zu überwinden. Gelingt das nicht, erlebt man das unangenehme und häufig unerträgliche Nichts-mehr-tun-Können als Hilflosigkeit oder Machtlosigkeit.

In inneren Erfahrungen kommt man durch seine Hilflosigkeit zum Nichts-mehr-tun-Müssen, nach dem fast alle Menschen eine tiefe Sehnsucht haben. Es ist ein beglückender Zustand der Hingabe an die eigene Seele.

Hingabe lebt man in der Religion, wenn man sich zum Beispiel als Kind Gottes empfindet oder sich der Führung Jesu anvertraut. Man weiß sich in einem größeren Zusammenhang und lebt mit mehr Vertrauen auch zu den schwierigen Aspekten des eigenen Lebens.

Bei uns wird Hingabe häufig sehr negativ bewertet und mit Unterwürfigkeit oder Dämlichkeit gleichgesetzt. Sie wird oft als Auslieferung an jemand anderen oder an eine äußere Situation angesehen. Kommt der Mensch in einen solchen Umstand, empfindet er eine Hilflosigkeit, die er häufig durch Aktivität, Kampf oder Aggression zu überwinden versucht, wenn er nicht resigniert.

So sind für viele Menschen technische, wirtschaftliche, politische und soziale Vorgänge und Zusammenhänge völlig undurchsichtig und unverständlich geworden. Der Mensch fühlt sich in fremden, manchmal bedrohlichen Vorgängen hilflos einigen Fachleuten und ihren Entscheidungen ausgeliefert. Hilflosigkeit wird besonders deutlich in einigen existentiellen Vorgängen auf der Erde, die sich scheinbar oder wirklich nicht ändern lassen. Es gibt Hochrüstung und diktatorische Systeme. Es gibt größer werdende Drogenprobleme und Kriminalität. Da sind bedrohliche Massenkrankheiten wie Krebs und Aids. Und da sind die Umweltprobleme, die erst langsam in ihren verheerenden Ausmaßen deutlich werden. Viele Menschen fühlen sich diesen Bedrohungen schutzlos ausgeliefert.

Hilflosigkeit wird besonders schmerzhaft bei Krankheiten und den notwendigen Behandlungen spürbar. Der Kranke ist hilflos in seinem Zustand, den er nicht ertragen kann. Ärzte und Therapeuten sprechen ihre eigene Sprache, benutzen eine unverständliche Technik und schließen nur selten den Kranken in ihre Überlegungen und Entscheidungen ein. So kann er sich meistens nur noch hilflos an das ausliefern, was mit ihm gemacht wird. Dabei erkennt der Kranke nicht, daß Hilflosigkeit auch ein Thema für viele Ärzte und Therapeuten ist. Das Krankenhaus kann geradezu als »Hort der Hilflosigkeit« angesehen werden: Die Patienten mögen ihre Krankheit nicht, sie haben Angst und wissen nicht, was mit ihnen gemacht wird und was dabei herauskommt. Ihr »Retter« ist der Arzt, der diese hohen Erwartungen ständig spürt und weiß, daß er sie nur zum Teil oder überhaupt nicht erfüllen kann. Und die Schwestern und Pfleger leben mit Erwartungen von Patienten und Ärzten, denen sie mit dem besten Willen nicht entsprechen können. So begegnen sich viele Menschen im Krankenhaus in ihrer Hilflosigkeit, die jedoch kaum jemand bewußt wahrnimmt, sondern alle zu vermeiden versuchen.

Wenn ich zu jemandem ins Krankenhaus gehe, dann ermutige ich ihn, alles wahrzunehmen, was innen und außen mit ihm geschieht. Er kann sich mit Krankheit, Schmerz, Leid und Angst vertrauter machen und die Hilflosigkeit des Nichts-tun-Könnens bewußt bei sich ankommen lassen. Er empfindet die Umstände der Krankheit und der Behandlung danach als mehr zu sich gehörig. Zusammen mit seiner Hilflosigkeit kann er sich an seine Krankheit und an die notwendige Behandlung ohne großen Widerstand hingeben.

Mit der Hilflosigkeit leben

Wenn man vertrauter damit ist, daß die Hilflosigkeit zu einem gehört, kann man sich nur wundern, wie oft sie deutlich wird. Sie liegt hinter Wut und Verzweiflung, hinter Aggression und Wichtigtuerei, hinter Resignation und Depression und hinter Krankheit und Leiden. Sie war schon immer da, wurde jedoch nicht bemerkt, weil die unbewußte, automatische Abwehr so gut funktionierte. Es ist sehr erleichternd, die Hilflosigkeit wahrzunehmen und mit ihr zu leben.

Mit ihr erfährt man innere Zustände, in denen einem die Seele nahelegt, sich selbst zuzulassen und sich anzuvertrauen. Man kann sich von der Hilflosigkeit an die Hand nehmen lassen und sich mit ihr und der Angst dem nähern, was innerlich deutlich wird. Auch wenn das sehr bedrohliche Gefühle oder Zustände sind, kann man sich ihnen ausliefern. Dabei wird man nicht geschädigt, zerstört oder lebensunfähig.

Das in sich selbst zu erfahren schafft großes Vertrauen zur eigenen Seele. Danach ist es leichter und selbstverständlicher, sich ab und zu innerlich anzuvertrauen und hinzugeben. Es ist dann auch einfacher, einen anderen Menschen und eine äußere Situation so zu akzeptieren, wie sie sind.

Viele Menschen haben große Angst, daß sie im Zustand der Hingabe nichts mehr tun oder ändern können. Die Hingabe ist jedoch nur die eine Seite des Menschen. Die andere Seite ist die Handlungsfähigkeit, die damit keineswegs geringer wird. Sind wir mit beiden Seiten vertrauter, gewinnen wir die Freiheit, nicht immer zwanghaft handeln zu müssen, sondern es sein lassen zu können, wenn wir es wollen.

Depression

Depressionen reichen von einem Gefühl der Niedergeschlagenheit bis zur extremen Erkrankung, in der sich der Mensch völlig lebensunfähig empfindet, keinen Sinn mehr in seinem Leben sieht und ernsthaft daran denkt, es zu beenden.

Nach meinen Erfahrungen sind Depressionen sehr weit verbreitet. Viele Menschen schämen sich dessen und haben Schuldgefühle. Sie glauben, mit Anstrengung und gutem Willen ihr »Durchhängen« überwinden zu können, und versuchen, ihren Zustand so lange wie möglich zu verbergen. Sie wollen nicht als depressiv oder leistungsunfähig gelten und strengen sich um so mehr an, normal zu arbeiten und zu leben. Sie überfordern sich immer mehr und rutschen tiefer in die Depression, bis sie sie nicht mehr unterdrücken und verstecken können.

Eine starke Depression können weder der Betroffene selbst noch die Menschen in seiner Umgebung ertragen. Die Angehörigen versuchen oft, dem Kranken zu helfen, indem sie ihn von allen Belastungen freihalten. Manchmal kommt ein depressiver Mensch zu mir, der von jemandem begleitet wird, der ihm alles abnimmt. Wenn ich den Kranken frage, wie es ihm geht, antwortet der andere und erzählt alle Einzelheiten der Krankheit und der bisherigen Bemühungen, die nichts gefruchtet haben. Der Depressive sitzt bedrückt und »zerknittert« daneben und wagt nicht, irgend etwas zu sagen oder zu tun. Er hat offensichtlich jedes Vertrauen zu sich verloren. Damit wird der innere Kern der Depression deutlich.

In der inneren Erfahrung ermutige ich den depressiven Menschen, seinen beklagenswerten Zustand zuerst einmal soweit wie möglich wahrzunehmen. Oft kommen Trauer, Angst, Schuldgefühle, Hilflosigkeit und Hoffnungslosigkeit auf. Ein stark depressiver Mensch ist meistens völlig erschöpft und hat keine Kraft mehr, gegen die unangenehmen Gefühle anzukämpfen. Er wehrt sich dann auch nicht mehr dagegen, die Gefühle wahrzunehmen und zum Beispiel zu sagen: »Hilflosigkeit, ich spüre dich.«

Dabei hat er große Angst, daß etwas Schreckliches mit ihm geschehen könnte. Er ist überrascht und erleichtert, daß ihn die angesprochene Hilflosigkeit nicht überwältigt, sondern daß er sie ganz gut ertragen kann. Er sagt:»Erleichterung, ich mag dich.« Danach bricht eine Flut von Tränen auf, von denen er nicht weiß, ob sie Trauer oder Rührung sind. Er ahnt, daß er sich innerlich dem zuwenden darf, wovor er bisher Angst hatte, und daß er dann nicht geschädigt oder zerstört wird. Damit öffnet sich auch der Zugang zu seiner Depression. Nachdem er eine Weile seine fließenden Gefühle zugelassen hat, frage ich ihn, ob er jetzt direkt zu seiner Depression sprechen will. Ich merke, wie der Schutz wieder »hochgezogen« wird. Gesicht und Brustkorb werden fester. Er sagt, daß er davor große Angst hat. Ich ermutige ihn, die Angst anzusprechen und sie zu bitten, mitzukommen. Ich mache ihm auch klar, daß er sich zu dieser Erfahrung nicht zwingen muß. Er kann sie abbrechen oder sich etwas anderem zuwenden, wenn er möchte. Es ist ihm dann möglich, zusammen mit seiner Angst die Depression anzusprechen, und er sagt:»Depression, ich habe viel Angst vor dir. Aber ich ahne, daß du zu mir gehörst.« Da ist wieder Erleichterung. Er atmet tief durch.

Wenn er merkt, daß sich keine seiner Befürchtungen erfüllt hat, frage ich ihn, ob er zu seiner Depression hingehen will. Er bittet wieder seine Angst, ihn zu begleiten.

Die Depression ist vor allem dunkel. Manche Menschen sehen eine unbekannte, bedrohliche Gestalt, andere eine dunkle Höhle, viele jedoch einen Abgrund, einen Schacht oder einen Brunnen, der in eine unvorstellbare, dunkle Tiefe führt. Bei diesem Anblick entsteht Panik, die es dem Menschen sehr schwer macht, weiterzugehen. Ich bitte ihn, seine Panik als inneren Vorgang wahrzunehmen und zu sagen:»Panik, ich spüre dich.« Er kann dann auch seine Depression ansprechen und sagen:»Depression, ich sehe dich und habe viel Angst vor dir.«

Auch wenn der Mensch danach nicht weitergehen kann, ist er mit sich und der inneren Bedrohung wesentlich vertrauter geworden. Fast alle, die ich begleitet habe, sind jedoch schließlich bereit zu sagen: »Depression, ich vertraue mich dir an. Mache mit mir, was du willst.«

Danach wird der Mensch ganz still. Er hat große Angst und erwartet etwas Schlimmes. Er liefert sich an etwas aus, das er bisher immer bekämpft hat, um es zu überwinden. Wenn er am Rande der dunklen Tiefe steht, ermutige ich ihn, der Tiefe und der Dunkelheit zu sagen: »Ich lasse mich jetzt in dich hineinfallen.«

Zusammen mit seiner Angst gibt er sich dem Fallen hin. Wenn es nötig ist, unterstütze ich ihn, indem ich darauf hinweise, daß er nur innerlich fällt und daß sein physischer Körper sicher auf der Unterlage ruht.

Manchmal dauert die Reise in die Tiefe und Dunkelheit sehr lange, manchmal ist sie gleich beendet. Es können sehr unterschiedliche Zustände deutlich werden.

Einige Menschen beginnen das Fallen zu genießen. Sie spüren Schweben und Leichtigkeit und fühlen sich in der Dunkelheit sehr geborgen. Aus diesem Zustand fliegen einige direkt in die Helligkeit, Weite und Unbegrenztheit eines Himmels, den sie dann als Teil von sich selbst erfahren.

Manche kommen nach dem Fallen oder Schweben in ihrer Tiefe in eine wunderbare, üppige Landschaft voller Farben und Sonne, mit einem großen, weiten Himmel darüber. Sie sind verblüfft, wenn sie merken, daß diese kraftvolle Lebendigkeit in ihnen selbst ist.

Wieder andere fallen in ein ruhiges oder fließendes Wasser, dem sie sich ohne Angst anvertrauen können. Sie bleiben auf der Oberfläche oder versinken in ihm und finden eine weiche, warme Berührung und Geborgenheit. Manchmal gibt es in der Tiefe des Wasser auch eine vielfältige und bunte Lebendigkeit.

Einige werden in der Tiefe von einer liebevollen Gestalt erwartet, zum Beispiel von ihrem spirituellen Meister oder von Jesus.

Was auch immer geschieht, der Mensch ist überrascht und beglückt. Was er gefunden hat, war ihm bisher nicht vertraut. Er merkt aber auch, daß er Sehnsucht danach gehabt hat. Ich bitte ihn, alles als eigene innere Zustände oder Vorgänge anzusprechen, um sich damit vertrauter zu machen. Er hat sich seiner Seele ausgeliefert, die ihm jetzt zeigt, wie er wirklich ist.

Niemand hat bei der inneren Erfahrung seiner Depression physischen oder seelischen Schaden erlitten. Jeder ist mit großer Erleichterung und Freude zu sich gekommen. Viele konnten anschließend aus vollem Herzen sagen: »Depression, ich danke dir, daß du mich zu mir gebracht hast.«

Ich weiß, daß viele Menschen nicht glauben werden, daß man derart mit der gefürchteten Depression umgehen kann und darf. Wer sich so nicht auf sie einlassen kann, macht keinen Fehler. Es gibt viele hilfreiche Therapien, denen er sich anvertrauen kann.

Mit der Depression leben

Nach vielen solchen Erfahrungen ist die Depression für mich vor allem die Verlockung der »inneren Tiefe«, die im inneren Fallen oder Loslassen erreicht wird. Weiß jemand jedoch nicht, daß es nach innen geht, dann versucht er, sich mit allen Mitteln vor dem Absturz zu bewahren. Er fürchtet, völlig lebensunfähig zu werden oder gar zu sterben. Diese Verlockung der Tiefe berührt jeden Menschen immer wieder einmal. Das geschieht im Traum vom tiefen, dunklen Abgrund und in anderen Flug- und Fallträumen. Sie wird auch in der Angst vor bedrohlichen Lebensenergien in der Tiefe des Beckenraums deutlich. Da können ein Vulkan sein, ein Drache oder andere gefährliche Tiere und Ungeheuer oder die dunkle Tiefe des Wassers, die einen zu verschlingen drohen.

Um mit der eigenen Depression in Kontakt zu kommen, kann man sich an depressive Zustände erinnern oder an sie denken. Oder man läßt sich vom Anblick eines depressiven Menschen innerlich berühren. Auch wenn die Depression nicht besonders deutlich ist, kann man sie ansprechen und die Gefühle, Gedanken oder Erinnerungen wahrnehmen, die dann aufkommen. Sie werden sehr häufig mit Loslassen, Aufgeben oder Tod zu tun haben.

Eine Depression geht oft mit starker Todessehnsucht und Suizidgedanken einher. Diese Sehnsucht ist jedoch keine Aufforderung, sich physisch zu töten, wie die meisten Menschen glauben, sondern ebenfalls eine innere Verlockung, sich loszulassen, um in die Arme der eigenen Seele zu fallen. Das beschreibe ich an mehreren Stellen dieses Buches.

Ist man innerlich mit diesen Themen vertrauter geworden, kann man offener mit anderen Menschen leben. Man kann dann auch jemanden ertragen, der an Depressionen leidet, weil man weiß, was ihn innerlich berührt. Auch wenn man ihm nicht direkt helfen kann, fühlt er sich erleichtert, wenn er spürt, daß jemand Vertrauen zu ihm in seiner schwierigen Situation hat. Denn wie jeder Mensch hat er eine tiefe Sehnsucht danach, so angenommen und geliebt zu werden, wie er ist. Viele Menschen in seiner Nähe können ihn in seinem Zustand nicht ertragen und versuchen, ihn - mit besten Absichten - zu verändern.

Wut, Haß, Aggression, Gewalt

Diese Gefühle und die Gewalt, die sich aus ihnen ergeben kann, werden wohl von allen Menschen als gefährlich und unerträglich angesehen. Es ist sicher, daß sie im Zusammenleben von Menschen sehr unangenehme Folgen haben können. Aber es ist ebenso sicher, daß kaum jemand diese Gefühle innerlich kennt.

Im folgenden gebe ich einen Ausschnitt aus der längeren inneren Reise einer Frau (F) wieder, die ich (I) durch ihre Erfahrungen begleite:

I: Wie fühlst du dich jetzt?

F: Ich bin traurig.

I: Kannst du deine Trauer ansprechen und ihr sagen, daß du sie spürst?

F: Trauer, ich spüre dich.

I: Woran denkst du, wenn du jetzt so traurig bist?

F: Ich bin einsam. Ich fühle mich verlassen.

I: Kannst du auch deine Einsamkeit ansprechen?

F: Einsamkeit, ich mag dich nicht. Du machst mich traurig.

I: Kennst du deine Einsamkeit auch schon von früher, vielleicht aus deiner Kindheit?

F: (weint) Ich bin so oft einsam gewesen. Ich mag nicht mehr daran denken.

I: An wen erinnerst du dich jetzt?

F: Ich sehe meine Mutter.

I: Wie sieht sie aus?

F: Sie sieht mich nicht, sie hat zu tun.

I: Wie fühlst du dich, wenn du sie so siehst?

F: Ich bin einsam und traurig.

I: Kannst du das deiner Mutter sagen? Kannst du dich ihr zumuten?

F: Sie würde mich doch nicht hören.
Ich merke jetzt, daß ich ganz unruhig werde.

I: Wo spürst du deine Unruhe?

F: Sie ist im Körper, im Bauch.

I: Kennst du das? Kannst du es zulassen?

F: Ich habe Angst davor. Mein Bauch ist unangenehm. Und mein Hals ist ganz eng.

(nach einer Pause) Mein Gott, ich merke, was für einen Haß ich jetzt spüre.

I: Kannst du das zulassen und deinen Haß ansprechen?

F: Das macht mir aber Angst.

I: Warum?

F: Ich darf doch meine Mutter nicht hassen.

I: Lerne doch auch deinen Haß kennen.
Sage ihm, daß du ihn jetzt spürst.

F: Haß, ich spüre dich. Ich habe große Angst vor dir.

I: Was möchtest du deiner Mutter sagen oder mit ihr machen, wenn du deinen Haß spürst?

F: Ich möchte sie schütteln.

I: Dann tue es. Du kannst alles machen, was du willst.
Was machst du jetzt mit ihr?

F: Ich fasse sie bei den Schultern und schüttele sie. Und jetzt habe ich sie am Hals und drücke zu.

I: Kannst du dir das zugestehen? Dann sage deinem Haß, daß du ihn jetzt zuläßt. Und dann tue, was du willst.

F: Haß, ich lasse dich jetzt zu.
(erschrocken) Ich bringe sie um.
(laut) Ich hasse dich. Ich hasse dich.

I: Was geschieht mit dir und deiner Mutter?
Wundert sie sich, daß du so mit ihr umgehst?

F: Ich glaube, sie ist tot. Sie liegt ganz schlapp da.

I: Wie fühlst du dich? Kannst du das ertragen?

F: Irgendwie bin ich ganz ruhig. Ich glaube, es war nötig.

I: Kannst du zu deiner Mutter hingehen, so wie sie da liegt?
Berühre sie, wenn es möglich ist. Geht das?

F: Ja, sie fühlt sich ganz weich und warm an.

I: Wie fühlst du dich, wenn du das spürst?

F: Ich bin überrascht. Ich freue mich auch.

I: Und wie verhält sich deine Mutter? Ist sie böse auf dich?

F: Nein, sie lacht und ist sehr freundlich.

I: Wie fühlst du dich da?

F: Ich freue mich. Ich nehme sie in die Arme.

I: Frage sie doch, ob sie in dir ist.

F: Mutter, bist du in mir?
Sie lacht und sagt ja.

I: Du lernst jetzt deine innere Mutter kennen, die du bisher nicht erreichen konntest, weil du sie immer mit deiner leiblichen Mutter verwechselt hast. Dein Haß hat diese Grenze durchbrochen. Jetzt bist du bei dir. Frage sie doch, ob sie schon immer in dir lebt, auch wenn du sie bisher nicht gespürt hast.

F: Innere Mutter, warst du schon immer in mir? Sie freut sich und sagt ja.

I: Dann frage sie auch, ob sie dich immer gehört und verstanden hat. Und frage, ob sie dich so liebt, wie du bist, auch mit deinen Grenzen.

F: Innere Mutter, hast du mich immer gehört? Und liebst du mich, so wie ich bin? (ganz weich) Sie sagt immer ja. Sie nimmt mich in ihre Arme. Ich bin glücklich.

I: Spüre, daß du bei dir selbst bist. Das ist kein äußerer Mensch, das bist du selbst. Es ist deine Mütterlichkeit, deine Geborgenheit, dein Glück. Deine Seele schenkt es dir, nachdem du dich - etwas dramatisch - ihr geöffnet hast. Kannst du deinem Haß danken, daß er dich zu dir geführt hat?

F: Ja. Haß, ich danke dir, daß du mich zu meiner inneren Mutter geführt hast. Jetzt freut er sich auch.

I: Du kannst auch mit deinem Haß leben und dich durch ihn kennenlernen. Und du wirst sehen, daß er dich nicht dazu bringen wird, in der äußeren Welt Schaden anzurichten.

Wut, Haß und Aggression außen und innen

Ich habe mir überlegt, ob ich eine solche Erfahrung in einem Buch veröffentlichen soll, das auch von Menschen gelesen wird, die sich mit inneren Vorgängen nicht auskennen. Es ist sicher leichter zu akzeptieren, daß die Hilflosigkeit nicht gefährlich ist, als daß Haß, Wut oder Aggression innerlich ohne jede Gefahr zugelassen werden können. Und dann noch ein Mord an der Mutter.

Es gibt viele Vorstellungen darüber, wie gefährlich innere Vorgänge sein können. Ein »böser« Gedanke soll anderen Menschen schaden. Da Aggression und Haß in der äußeren Welt gefährlich und zerstörerisch sein können, glaubt man, nicht einmal an sie denken zu dürfen, sondern sie sofort unterdrücken zu müssen. Solche Vorstellungen machen deutlich, daß man sich innerlich nicht kennt und vertraut, sondern große Angst vor sich selbst hat. Haß, Aggression und Wut sind nach meinen Erfahrungen kraftvolle und liebevolle Gefühle, die niemanden schädigen, zerstören oder in Ungelegenheiten mit anderen bringen, wenn man bewußter mit ihnen und nicht nur gegen sie lebt.

Was im allgemeinen als Aggression, Wut oder Haß gilt, ist meistens eine brisante Mischung aus dem Gefühl, der großen Angst davor und der starken Abwehr dagegen. Greift jemand in seiner Wut einen anderen physisch an und verletzt oder tötet ihn, ist er ganz sicher nicht mit seiner Wut vertraut. Er hat Angst vor ihr und unterdrückt sie so lange, bis sie unkontrolliert explodiert und Schaden anrichtet.

In der äußeren Welt muß es daher Regeln für das Zusammenleben geben. Dazu gehört auch, daß man einige Gefühle außen unter Kontrolle hält. Das fällt leicht, wenn man sie innerlich kennt. So ermutige ich dazu, diese Gefühle in sich selbst kennenzulernen und sie zuerst innerlich zu leben.

Ist man mit ihnen vertrauter, kann es manchmal ganz erfrischend sein, Wut oder Aggression auch nach außen zu bringen und sie jemanden zuzumuten. Steht man hinter seiner Wut, braucht man keine Gewalt, um das durchzusetzen oder zu vermeiden, wozu man sich bewußt entschlossen hat.

Innere Erfahrungen mit Wut, Haß und Aggression

In der Begleitung von Menschen und auch in Gruppenreisen erlebe ich immer wieder, daß jemand zu einem dieser Gefühle kommt. Am Anfang fällt es ihm sehr schwer, es überhaupt wahrzunehmen und es sich zuzugestehen. Er fürchtet, daß er außer Kontrolle geraten könnte, wenn er seine Wut zuläßt, weil sich so viel in ihm angesammelt hat, was jetzt explodieren könnte.

Oft erinnert sich jemand an die ständigen Erwartungen und Belehrungen durch die Eltern, die ganz unerträglich waren. Sie wiederholten sich auch später in Beziehungen. Oder jemand denkt an die Ungerechtigkeiten in der Schule oder im Beruf. Andere spüren, daß sie nicht ernst genommen und anerkannt wurden oder daß sie nie gehört wurden, auch wenn sie sich noch so sehr darum bemühten. Viele erinnern sich an die ewigen Wiederholungen von Streitigkeiten in einer Beziehung, die auch durch klärende Gespräche nicht beendet werden konnten und in einer fürchterlichen Auseinandersetzung endeten. Manchmal verbirgt sich die aufkommende Wut noch hinter Trauer und Hilflosigkeit. Einige Menschen versuchen, sie bis zur letzten Minute zu unterdrücken. Ich ermutige alle, ihre Wut (den Haß oder die Aggression) wahrzunehmen und sie als Teil von sich selbst anzusprechen. Manchmal brechen dann die Dämme, und der Mensch gerät in eine so starke Wut, daß er auch körperlich um sich tritt oder schlägt. (Dabei habe ich nie etwas abbekommen.)

Manchmal muß ich noch ein bißchen nachhelfen, indem ich ermutige, innerlich alles zu sagen oder zu machen, was er in seiner Wut will oder schon immer wollte.

Einige schreien innerlich, manchmal auch laut und sagen einem Menschen zum erstenmal das, was sie so lange in sich hineingefressen haben. Oft ist es ein Schrei nach Liebe. Andere gehen zuerst mit Schuldgefühlen und Angst auf den anderen Menschen los, treten und schlagen, stechen oder würgen. Sie spüren, daß es in ihnen geschieht und innen bleibt, und scheuen sich nicht, jemanden umzubringen oder etwas zu vernichten. Ich sitze daneben, höre, was da geschieht, und freue mich, daß der Mensch sich kennenlernt.

Am Anfang meiner Erfahrungen war ich manchmal erschüttert, welche Wut in einem ruhig wirkenden Menschen explodierte. Ich erinnere mich an einen zarten, jungen Mann, der zuerst viele Leute tötete, dann alles verbrannte und zuletzt eine Atombombe zündete. Und eine junge Frau fuhr in ihrer Wut mit einem Auto in eine Menschenmenge. Auch dazu kann ich ermutigen, weil ich weiß, daß der Mensch sich davon befreit, zwanghaft und unbewußt etwas derartiges in der physischen Welt tun zu müssen.

Nach einer solchen Erfahrung ist der Mensch innerlich ganz ruhig. Er spürt eine fließende, warme Kraft im Körper, die oft vom bisher blockierten Bauch ausgeht. Manchmal ist er ein bißchen erschöpft und möchte gern schlafen.

Ich bitte ihn, sich dem zuzuwenden, an dem er seine Wut ausgelassen hat. Er kann etwas Zerstörtes oder einen Getöteten mit seinen inneren Händen berühren und fragen: »Bist du ein Teil von mir?« Er bekommt immer eine klare Antwort. Er erfährt, daß er durch seine Wut zu sich selbst gekommen ist. Meistens erlebt er dann Gefühle oder Zustände, die er bisher als bedrohlich empfand und die er vergeblich zu überwinden versucht hatte. Oft wird jedoch etwas in ihm deutlich, nach dem er Sehnsucht hatte, das er bisher aber nicht hatte erreichen können. Die Wut hat die innere Barriere durchbrochen und ihn mit sich in Kontakt gebracht.

So erlebe ich oft, daß jemand in der inneren Erfahrung zunächst nicht in der Lage ist, die eigene Mutter zu berühren oder in die Arme zu nehmen. Er wird hilflos und wütend, schlägt oder würgt die Mutter und spürt plötzlich, daß sie ganz weich und warm ist. Er hält erstaunt inne und erlebt, daß er in sich selbst ist und jetzt mit seiner inneren Mutter in Kontakt gekommen ist.

Nach solchen Erlebnissen mit der Wut lasse ich den Menschen immer nach innen fragen, ob er etwas beschädigt oder zerstört hat und ob innen jemand sauer auf ihn ist. Auch die eben getötete Gestalt erklärt ihm fröhlich, daß es schon lange fällig war, sich endlich durch die Wut kennenzulernen, um bisher blockierte Gefühle, Zustände oder Energien wiederzufinden.

Manche Menschen erzählen mir später, daß sie nach dem inneren Zulassen der Wut gegenüber ihrer Mutter besser mit ihrer leiblichen Mutter leben können. Ihnen ist bewußt geworden, daß die Wut immer zwischen ihnen gestanden hat, auch wenn sie nicht spürbar war. Sie merken, daß auch ihre Mutter ihre Wut unterdrückt, weil sie sich zum Beispiel ihre Hilflosigkeit nicht zugestehen kann. Sie wissen dann, wie ähnlich sie ihrer Mutter sind, und können sie ein bißchen mehr annehmen. Und nachdem sie durch die Wut zu ihrer inneren Mutter gekommen sind und ihre innere Liebe und Geborgenheit gefunden haben, müssen sie nicht mehr so viele Erwartungen an ihre leibliche Mutter richten. Sie geben ihr damit ein bißchen mehr Freiheit.

Gewalt

Erfahrungen mit Wut, Haß und Aggression zeigen, daß auch Gewalt ein inneres Thema ist. Das ist für viele fast unerträglich. Sie kennen Gewalt nur in der äußeren Welt und sehen sie als unmoralisch und unerträglich an.

Inzwischen habe ich viele Erfahrungen innerer Gewalt miterlebt. Am Anfang war ich oft betroffen und erschüttert. Inzwischen bin ich sehr vertraut damit geworden, welche starken Energien wir benutzen, um uns innerlich zu schützen oder um etwas zu erreichen. Ich kann jeden ermutigen, sich seiner Gewalt zuzuwenden und sie innerlich zu leben, so weit er will oder kann. Denn ich weiß, daß er dadurch keinen Schaden erleidet und auch niemand anderem schadet.

Außen gibt es Täter und Opfer. Innen ist der Mensch beides. Als innerer Gewalttäter schützt er sich vor dem, was er nicht ertragen kann oder was er für bedrohlich hält. Oder er versucht, gewaltsam zu etwas zu kommen, was ihm wertvoll ist. Wie viele Menschen knüppeln unbewußt ihre Angst, Trauer, Hilflosigkeit oder Zartheit nieder. Und wie viele versuchen unbewußt, mit Gewalt ihre Freiheit zu erreichen, indem sie sich gegen ihren Körper und ihr irdisches Leben wenden.

Auf der anderen Seite fühlen sich viele Menschen von innen außerordentlich bedroht. In Träumen, Gedanken oder inneren Wahrnehmungen werden gefährliche Situationen, gewalttätige Gestalten oder böse Tiere deutlich, die den Menschen zu verletzen oder zu zerstören drohen. Dabei empfindet er sich häufig als Opfer fremder, böser Mächte, die er nur durch starke Abwehr unter Kontrolle halten kann.

Kommt jemand zu entsprechenden inneren Erfahrungen, kann er sich zuerst damit vertraut machen, daß er in sich selbst ist und sich kennenlernt. Auch jemand, der sich als Opfer innerer Gewalt empfindet, kann sich darin kennenlernen. Droht eine schreckliche Gestalt, ein wildes Tier oder eine Waffe, kann er es - mit Angst oder Panik - wahrnehmen und ansprechen.

Manchmal geschieht nicht, was er befürchtet hat. Die Bedrohung löst sich auf. In anderen Erfahrungen wird der Mensch angegriffen und erdrosselt, zerrissen, durchbohrt oder erschossen. Er ist erstaunt, daß sein Körper ruhig daliegt und daß er die schrecklichen Vorgänge ohne Schmerzen gut ertragen kann. Oft spürt er sein Herz, das friedlich schlägt und ihm Vertrauen schenkt, die Erfahrung zuzulassen. Auch nach solchen dramatischen Vorgängen ist er sehr ruhig. Er kann alles, was ihn angegriffen und scheinbar zerstört hat, als Teile von sich selbst wahrnehmen und mit ihnen zu leben beginnen. Oft gibt es deutliche Reaktionen im physischen Körper. Der bisher unruhige und bedrohliche Bauch ist still. Oder die Festigkeit der Bauchdecke, des

Brustraumes oder die Enge im Hals sind weniger geworden oder verschwunden. Im Körper fließen warme, kraftvolle Energien.

Nachdem ich viele derartige Erfahrungen miterlebt habe, sehe ich manches in unserer Welt anders. Ein unbewußter Mensch zerlegt sich in das, was er mag und schätzt, und in das, was er nicht kennt und ablehnt oder fürchtet. Das sind für ihn innere Freunde, die er sucht, und innere Feinde, die er bekämpft.

Da er nicht weiß, daß diese Trennung in ihm selbst ist, lebt er sie unbewußt in der äußeren Welt und findet dort Freund und Feind. Ist seine Angst oder Abwehr nach innen sehr groß, ist er auch bereit, außen Feinde zu bekämpfen, um sie unter Kontrolle zu bringen oder zu vernichten. In diesem inneren Zustand sind Menschen, die Macht suchen. Sie fühlen sich nicht stark, wie sie glauben machen wollen, sondern spüren viel Angst und Hilflosigkeit, die sie mit aller Gewalt zu überwinden versuchen. Gibt man ihnen äußere Macht und vielleicht eine Uniform und erklärt bestimmte Menschen zu Feinden, führen sie entsprechende Befehle aus.

Angenehme Gefühle

Liebe, Geborgenheit, Angenommensein, Freude, Frieden

Es mag so aussehen, als käme man auf diesem inneren Weg nur zu seinen unangenehmen Zuständen und Gefühlen. Das ist jedoch nur eine Seite unseres Wesens. In uns gibt es sehr viel, mit dem wir gerne leben und dem wir vertrauen. Aber auch das ist meistens unbewußt, so daß wir selbst die angenehmen und geschätzten Eigenschaften und Gefühle innerlich nicht wirklich kennen.

Für sie gilt dasselbe wie für die nicht angenehmen. Wir können uns ihnen bewußt zuwenden, sie wahrnehmen, sie ansprechen und sie innerlich berühren. Wir können zu ihnen hinhören und sie bewußt mit in unser alltägliches Leben nehmen, einfach auch, um uns manchmal daran zu erinnern, daß sie zu uns gehören.

In inneren Erfahrungen gibt es immer wieder Erinnerungen an einen geliebten und vertrauten Menschen. Da ist oft die geliebte

Großmutter oder der Großvater, oder ein liebevoller Elternteil, der manchmal früh gestorben ist. Der Mensch sieht das Gesicht oder die Gestalt und spürt Freude und Wärme. Manchmal kommt die Trauer hinzu, wenn der vertraute Mensch nicht mehr lebt.

Ich bitte dann, die Freude, Wärme und Trauer wahrzunehmen und anzusprechen. So sagt der Mensch: »Freude, ich mag dich gern.« Wenn er sich dem geliebten Menschen zuwendet, erlebt er zu seiner Überraschung, daß er mit ihm sprechen, ihn berühren und ihn hören kann. Ihm wird bewußt, daß er nicht in der äußeren Welt ist, sondern etwas in sich erlebt, das im Augenblick so aussieht wie der vertraute Mensch. Er hört, daß diese angenehme Gestalt schon immer in ihm ist und immer in ihm sein wird und daß sie ihn so liebt, wie er ist.

So findet der Mensch seine innere Großmutter oder seinen inneren Großvater oder Elternteil, die er verloren geglaubt hat, weil die äußeren Menschen gestorben sind. Er begreift, daß er selbst die Liebe, die Geborgenheit und das Vertrauen ist, die er im Kontakt mit dem äußeren Menschen gespürt hat. Er freut sich darüber und spricht diese angenehmen Gefühle an.

Leiden entsteht, wenn jemand allein äußere Umstände oder andere Menschen als Ursache für seine angenehmen Zustände ansieht. Er muß dann solche Umstände oder die Nähe der anderen suchen, um sich wohlzufühlen. Diese Abhängigkeit macht Beziehungen sehr schwierig. Beide Partner stehen sich mit der Erwartung gegenüber, vom anderen geliebt und glücklich gemacht zu werden. Auch bei einem liebevollen Menschen wird jemand die ersehnte Geborgenheit nicht empfinden, wenn er sie in sich selbst nicht kennt.

Alle angenehmen Gefühle wie Liebe, Geborgenheit, Angenommensein und Zufriedenheit sind in uns. Sie werden dann deutlich, wenn wir uns vertrauen können.

Ich erlebe immer wieder mit, wie jemand zu einem sehr unangenehmen oder bedrohlichen inneren Zustand kommt, sich ihm mit Angst zuwendet und ihn anspricht. Ganz unversehens sind dann auch die Ruhe und Geborgenheit da, die er zuerst oft übersieht. Ich bitte ihn, auch die angenehmen Zustände anzusprechen und vielleicht zu sagen: »Geborgenheit, ich freue mich über dich.«

Kennen und vertrauen wir uns ein bißchen mehr, machen wir Frieden mit uns selbst. Wir wissen dann, daß alle Zustände und Gefühle zu uns gehören, und müssen uns zum Beispiel nicht entscheiden, ob wir die Trauer sind oder die Freude. Manchmal ist das eine Gefühl spürbar, manchmal das andere. Kennen wir beide, brauchen wir das eine nicht zu unterdrücken und das andere nicht festzuhalten. Wir sind im Strom unserer vielfältigen Lebendigkeit.

Mut

Auch der Mut wird bei uns fast ausschließlich auf äußere Vorgänge oder Zustände bezogen. Jemand ist mutig, der gefahrvolle Situationen meistert, die er sich manchmal selbst als »Herausforderung« geschaffen oder gesucht hat. So gibt es immer neue Mutproben beim Bergsteigen, beim Autorennen oder in anderen extremen Situationen. Ebenso ist es mutig, gegenüber anderen seinen Standpunkt zu vertreten, durchzusetzen und etwas zu tun, was andere nicht wagen.

Nach vielen inneren Erfahrungen, die ich miterlebt und selber gemacht habe, weiß ich, daß es den größten Mut erfordert, zu sich selbst zu kommen. Denn es gibt viele Vorurteile und sehr große Angst vor dem Unbewußten. Wie oft wird man gewarnt, leichtfertig in innere Bereiche einzutauchen. Man könne geschädigt, zerstört, verrückt und lebensunfähig werden. Als mir das jemand am Anfang meiner eigenen Erfahrungen sagte, hat es mir viel Angst gemacht. Inzwischen weiß ich, daß derjenige, der mich damals in besten Absichten warnte, mit sich selbst nicht allzu gut vertraut ist und vor sich große Angst hat.

In unseren Wissenschaften erforschen wir alle Bereiche der äußeren Welt. Wir haben scharfe Bilder vom Planeten Neptun und fangen Signale aus fernen Galaxien auf. Aber die schon seit Jahrtausenden überlieferten Möglichkeiten innerer Erfahrungen und innerer Gewißheit werden als nicht real abgetan und verworfen. Das kann nur so sein, weil der Mensch ganz unbewußt eine große Angst vor der mit physischen Sinnesorganen und technischen Instrumenten nicht erfaßbaren »anderen Welt« hat.

In anderen Kulturen und Religionen ist die innere Schau, die Mystik, zwar nicht allen vertraut, aber zumindest für einen gewissen, religiös lebenden Teil der Bevölkerung selbstverständlich. Diese Art von religiöser Praxis ist bei uns weitgehend unverständlich und unheimlich.

Ich bin immer noch beim Mut. Bei uns ist er nötig, um trotz der Fülle von unbewiesenen und unbegründeten Vorstellungen über die innere Wirklichkeit zu sich zu kommen. Viele glauben nicht nur, daß das gefährlich ist, sondern auch, daß es einen Widerspruch zwischen dem inneren und dem äußeren Leben gibt. Sie fürchten, daß sie unsozial werden und sich von anderen abwenden könnten, wenn sie sich auch mit sich selbst beschäftigen. So leben gerade sensible Menschen, die immer wieder deutlich von innen berührt und verlockt werden, mit der ständigen Angst, verrückt oder lebensunfähig zu werden, wenn sie den inneren Eindrücken nachgeben.

Der ganze Mut besteht darin, mit sich selbst Experimente zu machen, um zu erleben, wie die eigene innere Welt ist. Diese Abenteuerreisen sind ganz ungefährlich, weil sie nicht zu etwas Fremdem oder Feindlichem führen, sondern zu unserer eigenen Seele. Dabei erfahren wir auch, ob die Verheißungen der religiösen Meister gelten, daß hinter allem Sichtbaren eine große, wunderbare Wirklichkeit ist.

Erfahrungen
mit Gedanken und Erinnerungen

Der physische Körper ist die dichteste Erscheinungsform unseres Wesens, die wir dank unserer Sinnesorgane deutlich wahrnehmen können. Auch die Gefühle sind noch recht dichte Energien und oft gut zu spüren. Feinere innere Vorgänge sind Gedanken, Vorstellungen, Einbildungen und Erinnerungen, die manchmal auch als Geistkörper bezeichnet werden. Zu dieser Ebene gehören auch innere Bilder, Gestalten und Symbole, wie sie zum Beispiel aus religiösen Überlieferungen und aus Märchen und Mythen bekannt sind. Die geistige Ebene zeichnet sich durch ihre große Flüchtigkeit, Beweglichkeit und Veränderlichkeit aus. Gedanken, Vorstellungen und Erinnerungen fließen in einem ewigen Strom. Meistens laufen sie unbemerkt nebenbei ab. Das hat wohl dazu geführt, sie als nicht real anzusehen.

In diesem Kapitel schildere ich Erfahrungen in der geistigen Ebene, die eine vielfältige, bunte Wirklichkeit offenbaren, die scheinbar hinter der dichteren Welt liegt, aber in Wahrheit untrennbar mit ihr verwoben ist.

In einer inneren Erfahrung ist jemand gerade bei einem Gefühl, das ihm nicht geheuer ist. Er will sich ihm zuwenden. Plötzlich sagt er:»Jetzt kommt mein Kopf dazwischen. Ich denke an etwas ganz anderes. Die Gedanken hindern mich, mit dem Gefühl in Kontakt zu kommen. Das finde ich ärgerlich.«

Ich weise ihn darauf hin, daß er auch jetzt bei sich ist. Denn die Gedanken spielen sich ja in ihm selbst ab. So bitte ich ihn, die Gedanken anzusprechen und sie aufzufordern, mit in die Erfahrung zu kommen. Das ist für ihn sehr verblüffend. Er ist so vertraut damit, daß er störende Gedanken hat, die ihn hindern, bei sich zu sein. Nun wird ihm bewußt, daß auch die»falschen«Gedanken zu ihm gehören.

Ein solches Erlebnis löst häufig eine ganze Kette von Erfahrungen aus, die dem Menschen seinen bisherigen Umgang mit seinem Kopf und seinen Gedanken und Vorstellungen deutlich macht. Er merkt, wie unbewußt er mit ihnen gelebt hat. Wie oft hat er die Fähigkeiten seines Verstandes benutzt, um sich selbst zu bewerten und zu kontrollieren. Wie oft mußte der Kopf eingreifen, um Gefühle herunterzuhalten, denen er nicht vertrauen konnte. Und wie oft glaubte er, mit seinen Gedanken aus der Wirklichkeit zu flüchten.

Er hatte bisher immer angenommen, daß sein Kopf das alles von sich aus mache. Deswegen hatte er ihn oft nicht ertragen können und versucht, ihn endlich zur Ruhe zu bringen.

Wenn dem Menschen das jetzt bewußt wird, ist er erschüttert und traurig. Er merkt, daß er selbst der Kopf ist und daß er die Fähigkeiten seines Verstandes unbewußt benutzt hat. Er sagt dann mit Trauer: »Kopf, du gehörst auch zu mir. Nun weiß ich, daß du immer in meinem Auftrag gehandelt hast.«

Das macht es ihm möglich, sich zum ersten Mal seinem Verstand bewußt zuzuwenden, um ihn kennenzulernen, wie er wirklich ist. Dabei werden ihm auch die vielen Fähigkeiten seines Verstandes bewußt, die er in seinem irdischen Leben, zum Beispiel im Beruf, ständig benutzt. So dankt er seinem Verstand für alles, was er für ihn tut.

In einer solchen Erfahrung lösen sich häufig Spannungen oder Schmerzen im Kopf. Der Kopf wirkt leichter und heller und freut sich, daß er wahrgenommen und angenommen wird.

Das folgende kleine Beispiel aus einer Begleitung, die ich (I) mit einem Menschen (M) machte, zeigt den Umgang mit Gedanken.

I: Wie fühlst du dich jetzt?

M: Ich fühle nichts, ich denke nur an etwas. Aber das ist ja nicht so wichtig.

I: Und woran denkst du?

M: Ich denke an meine Wohnung.

I: Was empfindest du, wenn du an sie denkst?

M: Ich fühle mich sehr wohl in meiner Wohnung, sie ist gemütlich und ruhig. Sie ist meine Zuflucht.

I: Kannst du das deiner Wohnung jetzt sagen?

M: (erstaunt) Aber ich bin doch gar nicht in ihr. Ich denke doch nur an sie.

I: Wenn du möchtest, sprich sie an. Spüre, was dann geschieht.

M: (zögernd) Wohnung, ich fühle mich in dir wohl.
(lacht verlegen)

I: Wie fühlst du dich jetzt?

M: Es ist eigenartig, ich bin irgendwie berührt.

I: Hat dich deine Wohnung gehört?

M: Also wirklich. Ich habe den Eindruck, daß sie mich gehört hat.

I: Frage sie doch einmal, ob sie in dir ist.

M: (zögernd) Wohnung, bist du in mir?
(nach einer Pause) Sie sagt ja. Ich kann es kaum glauben, aber ich spüre es ganz deutlich.

I: Du bist in dir selbst. Das kann nicht deine äußere Wohnung sein. Dein Gedanke findet in dir statt und macht dir etwas Inneres deutlich. Vielleicht ist das dein inneres Zuhause.

M: Bist du mein inneres Zuhause?
(nach einer Pause) Die Wohnung sagt wieder ja. Also, ich bin wirklich überrascht.

I: Dein inneres Zuhause sieht im Augenblick aus wie deine äußere Wohnung. Dein inneres Zuhause ist immer in dir. Deine äußere Wohnung berührt dich in diesem Teil von dir und auch in deiner Kuscheligkeit und Ruhe.

M: Ja, innere Wohnung, ich mag dich und freue mich über dich.

Diese innere Reise macht deutlich, daß man mit Gedanken ganz anders umgehen kann, als wir es bei uns gewöhnt sind. Wir glauben, daß der Gedanke an die eigene Wohnung sich allein auf etwas Äußeres bezieht. Wenn wir einen Gedanken haben, ist er jedoch der Ausdruck von etwas Innerem, das wir in diesem Augenblick in uns wahrnehmen. Ein Gedanke ist genauso innere Wirklichkeit wie ein Körperorgan oder ein Gefühl. Nehmen wir den Gedanken wahr, sprechen wir ihn an oder hören ihm zu, werden wir mit uns selbst vertrauter.

Ich vermute, daß ein solcher Umgang mit Gedanken zuerst Zweifel und Ablehnung auslösen wird. Niemand muß mir glauben. Es ist jedoch sehr einfach, es in sich auszuprobieren, um danach zu wissen, wie es ist.

Wie in der oben zitierten inneren Reise erlebe ich häufig mit, daß jemand sein inneres Zuhause oder seine innere Heimat kennenlernt und dann weiß, daß er überall in der äußeren Welt in sich selbst zuhause sein kann, auch wenn er sich in einem Land oder in einem Ort befindet, in dem er sich nicht wohl fühlt.

Der Gedanke an einen blauen offenen Himmel mit einer strahlenden Sonne ist auch nicht die äußere Wirklichkeit, sondern der eigene innere Himmel und die dazugehörige Sonne, mit denen man in Kontakt kommen kann. Viele Menschen haben große Sehnsucht nach dem Himmel und merken gar nicht, daß sie ihn erleben, wenn sie an ihn denken. Man kann dann sagen:»Himmel und Sonne, ich freue mich über euch.«

Gedanken und Erinnerungen sind eine Ebene, auf der man viele interessante innere Experimente mit sich machen kann und mit sich vertrauter wird.

Verstehen

Zur geistigen Ebene gehört auch das Verstehen, durch das man versucht,»hinter die Dinge« zu kommen, also Ursachen zu finden oder einen Sinn zu entdecken. Das Verstehen spielt bei uns eine sehr große Rolle. In Wissenschaft und Technik gelten Zustände und Vorgänge nur dann als gültig, wenn sie verstanden werden können. Viele Menschen versuchen daher, auch alles zu verstehen, was sie selbst betrifft.

In inneren Erfahrungen fragen manche immer wieder:»Was bedeutet das?« oder:»Was willst du mir sagen oder deutlich machen?« oder:»Warum geschieht das jetzt?« Meistens sind sie mit ihrer Erfahrung nicht zufrieden, wenn sie auf solche Fragen keine schlüssige Antwort bekommen. Ich weise dann darauf hin, daß es durchaus hilfreich sein kann, etwas zu verstehen, aber daß das nicht erforderlich ist. Eine innere Erfahrung wird gemacht und ist gültig, auch wenn sie nicht verstanden wird. Für die meisten ist das ungewohnt. Sie glauben, daß sich nur etwas ändern kann, wenn sie es verstanden haben.

Viele, die sich mit inneren Dingen beschäftigen, versuchen zum Beispiel ihre Krankheit zu verstehen. Sie machen sich Gedanken darüber, welche Ursachen die Krankheit hat oder was sie falsch gemacht haben. Sie bemühen sich angestrengt und ausdauernd, endlich dahinterzukommen, und sind sehr enttäuscht, wenn es ihnen nicht gelingt.

In inneren Erfahrungen geht es jedoch nur darum, wahrzunehmen, was im Augenblick da ist. Wenn zum Beispiel der Kloß den Hals eng macht, ist der Kloß und die Enge die ganze Erfahrung. Sagt man dann:»Kloß und Enge, ich spüre euch«, ist man bei sich. Es ist ganz egal, ob man weiß, warum der Hals eng ist oder nicht.

Wendet man sich seiner Enge zu, kann danach etwas anderes deutlich werden. Vielleicht spürt man Angst. Es ist möglich, daß sie die

Ursache für die Enge ist. Aber das muß man nicht überlegen und untersuchen. Auch die Angst braucht man wieder nur wahrzunehmen und vielleicht anzusprechen. Man muß auch nicht wissen, wovor man Angst hat. Sie ist da und gehört zu einem. Das ist alles. Vielleicht wird danach wieder etwas Neues spürbar. So geht die Reise weiter. Die meisten können nicht glauben, daß es so einfach sein soll. Nachdem sie eigene innere Erfahrungen gemacht haben, wissen sie es jedoch und sind erleichtert, daß sie sich nicht mehr um das Verstehen bemühen müssen.

Hält jemand daran fest, alles verstehen zu müssen, so hindert er sich, das wirklich wahrzunehmen, was ihn gerade berührt. Glaubt er zum Beispiel, daß er seine Angst nur dann »überwinden« kann, wenn er sie verstanden hat, dann schützt er sich davor, mit der Angst in direkten Kontakt zu kommen. So kann das Verstehen-Müssen eine unbewußte Schutzhaltung sein.

Vorstellungen und Einbildungen

Zur geistige Ebene gehören auch Vorstellungen, Einbildungen, Phantasien, Tagträume, innere Bilder und innere Worte.

Als Beispiel nehme ich jetzt die Vorstellungen. Sie gelten bei vielen Menschen, die sich mit sich selbst beschäftigen, als hinderlich und überflüssig. Sie glauben, daß sie ihre Vorstellungen loslassen oder überwinden müßten, um zu »wirklichen« Erfahrungen zu kommen. Sie merken nicht, daß sie auch in einer Vorstellung bei sich selbst sind.

An seinen Vorstellungen leidet man, wenn man unbewußt mit ihnen umgeht und sie nicht benutzt, um durch sie mit sich vertrauter zu werden. Kennt zum Beispiel jemand seine Aggression nicht, hat er die übliche Vorstellung, daß sie gefährlich oder böse ist. Hält er an dieser Vorstellung fest, verharrt er in Angst und Abwehr gegenüber seiner Aggression. Er kommt ihr nicht näher und lernt sie nicht wirklich kennen.

Wird er sich seiner Vorstellung bewußt, kann er sich ihr zuwenden und sie ansprechen. Danach ist es möglich, die Angst und Abwehr wahrzunehmen und sich dann mit seiner Aggression vertrauter zu machen. In diesem Vorgang hat er seine Vorstellung nicht bekämpft

174

und überwunden, sondern er hat sie sich zugestanden und sie benutzt, um sich selbst kennenzulernen.

Wenn man das weiß, kann man sich jede Art von Vorstellung machen, um zu sich zu kommen. Begleite ich zum Beispiel jemanden zu seinem Herzen, frage ich ihn:»Wie stellst du dir dein Herz vor?« Der Mensch sagt vielleicht:»Ich stelle es mir wie in einem Anatomiebuch vor. Aber das ist ja gar keine richtige Erfahrung, das ist ja nur meine Vorstellung.« Ich ermutige ihn, zu dieser Vorstellung seines Herzens zu sprechen und das Herz zu berühren, wie er es wahrnimmt. Er ist danach überrascht, daß er sein Herz spüren kann und daß es antwortet. Seine Vorstellung hat ihn zu seinem Herzen gebracht.

Man muß bei inneren Erfahrungen nicht darauf warten, daß etwas innerlich aufsteigt oder von sich aus deutlich wird. Es ist möglich, an etwas zu denken, sich etwas vorzustellen, sich etwas einzubilden oder etwas zu phantasieren. Alles ist die augenblickliche innere Wirklichkeit, mit der man in Kontakt kommt. Es ist durchaus möglich, daß sich der Eindruck danach verändert oder verselbständigt. So kann das Herz, das sich der Mensch eben noch anatomisch vorgestellt hat, ein warmer, goldener Ball werden. Er nimmt es dann in diesem Zustand wahr, spricht es an und lernt es in seiner Vielfalt kennen.

Erinnerungen

Wir gehen in Gedanken oft »in der Zeit zurück«. Wir erinnern uns gern an angenehme Situationen und genießen die Gefühle, die sie auslösen. Oder wir beschäftigen uns mit unangenehmen vergangenen Ereignissen, an denen wir gelitten haben. Dabei entstehen Gefühle, die nicht angenehm sind. So ist es jedem ganz selbstverständlich, mit seinen vielen Erinnerungen zu leben. Sie können sehr hilfreich sein, sich selbst kennenzulernen. Das wird in der Psychotherapie benutzt, wo vor allem mit Erinnerungen an die eigene Kindheit »gearbeitet« wird.

Bei den bisherigen Betrachtungen der geistigen Ebene habe ich geschildert, daß jeder Gedanke oder jede Vorstellung ein gegenwärtiger innerer Vorgang oder Zustand ist. Das gilt genauso für jede Erinnerung. Sie bezieht sich zwar auf einen vergangenen Zustand oder Vorgang in der physischen Welt, findet jedoch in der Gegenwart in der inneren Wirklichkeit des Menschen statt. In ihr wird etwas deutlich, das, wie alles Innere, direkt erfahren werden kann.

Eine junge Frau (F), die ich (I) durch ihre inneren Erfahrungen begleite, hat gerade erlebt, wie sich ein Mann, den sie liebt, von ihr getrennt hat. So kommt sie zuerst zu ihrer Verlassenheit, die sie zusammen mit ihrer Trauer ansprechen kann. Die Frau erinnert sich daran, daß sie oft von jemandem verlassen worden ist. Sie spürt neben Trauer auch Hilflosigkeit und Wut. Dabei denkt sie an ihren Vater, der in ihrer Kindheit gestorben ist.

I: Wie sieht Ihr Vater aus, wenn Sie ihn jetzt erinnern?
F: Er ist groß. Er ist sehr liebevoll. Ich sitze auf seinem Schoß, und er hat seine Hände um mich gelegt.
I: Wie fühlen Sie sich?
F: Ich bin glücklich. Aber ich bin auch ganz traurig. Und ich bin wütend.
   (laut) Vater, warum bist du weggegangen? Warum hast du mich verlassen?
   (Sie weint und trommelt mit den Fäusten.)
I: Können Sie sich so Ihrem Vater zumuten?
F: (weinend) Ich finde das so ungerecht. Ich kann es kaum ertragen. Ich bin völlig verzweifelt.
I: Was wollen Sie Ihrem Vater sagen?
F: Papa, ich habe mich mein ganzes Leben nach dir gesehnt. (weint) Warum hast du mich allein gelassen?
I: Wie verhält sich Ihr Vater jetzt? Hat er Sie gehört?
F: Er ist ruhig und freundlich. Er streichelt mich. Er lächelt.
I: Wie fühlen Sie sich?
F: Ich finde es schön. Ich bin fast glücklich. Wenn ich nicht wüßte, daß er weg ist und nie wiederkommt. Wie schön hätte das Leben mit ihm sein können.
I: Wollen Sie Ihren Vater fragen, ob er in Ihnen ist? So wie Sie ihn da jetzt sehen und spüren.
F: (sehr erstaunt) Das ist mein Vater, wie ich ihn erinnere. Er lebt nicht mehr.

I: Fragen Sie diesen Vater doch, ob er in Ihnen ist.
F: (zweifelnd) Papa, bist du in mir?
I: Was sagt er da oder was spüren Sie?
F: Er lacht und nickt mit dem Kopf.
I: Wie fühlen Sie sich, wenn Sie das sehen?
F: Ist das die Seele meines Vaters?
I: Fragen Sie ihn einmal direkt.
F: Papa, bist du seine Seele?
   (zögernd) Er lacht und schüttelt den Kopf.
I: Dann fragen Sie ihn, ob er ein Teil von Ihnen ist und ob er schon immer in Ihnen ist.
F: Papa, bist du ein Teil von mir? Lebst du schon immer in mir?
   (nach einer Pause) Er sagt: Das weißt du doch.
   Aber ich habe es nicht gewußt.
   Ich habe ihn doch immer vermißt.
   Was mache ich denn jetzt?
I: Fangen Sie an, mit ihm, also mit sich selbst, zu leben.
F: Und wie soll ich das machen?
I: Fragen Sie ihn doch, ob er Sie liebt, wie Sie sind. Und ob er Sie schon immer so geliebt hat.
F: Papa, liebst du mich, wie ich bin?
   (ganz weich) Er sagt ja und streichelt mein Haar. Er ist so lieb.
I: Freut er sich, daß Sie ihn in sich gefunden haben? Hat er schon auf Sie gewartet?
F: Er freut sich und sagt, daß er mit mir glücklich ist.
   (Sie weint still.)
I: Fragen Sie ihn, ob er Ihnen ein Zeichen oder Signal gibt, mit dem er Sie daran erinnert, daß er in Ihnen ist, wenn Sie ihn gerade wieder einmal vergessen haben.
F: Papa, gib mir ein Zeichen von dir.
   Er legt seine Hand auf meinen Kopf. Ich spüre das ganz deutlich.
I: Wenn Sie das in Zukunft spüren, dann wissen Sie: da meldet sich mein innerer Vater und sagt: Nimm mich mit in dein Leben.
   Dann können Sie sagen: Innerer Vater, komm mit.
   Das können Sie tun, wenn es Ihnen gutgeht, aber auch, wenn Sie Probleme haben.
   Und dann werden Sie erleben, wie es ist, wenn Sie im Alltag mit Ihrem inneren Vater, mit Ihrer Seele, leben.

Fast jeder, den ich durch seine Erfahrungen begleite, glaubt am Anfang, sich in seiner Erinnerung mit der äußeren Vergangenheit zu beschäftigen. Ich weiß jedoch, daß er in seiner inneren Gegenwart ist und sich selbst kennenlernt. Ich ermutige ihn daher, seine Erinnerung und alle dazugehörenden Konflikte, Gefühle und Gedanken wahrzunehmen und soweit wie möglich zuzulassen.

Fast alle sind völlig überrascht, daß die Situation oder die Person, an die sie sich gerade erinnern, in ihnen ist. Sie sind beglückt, wenn sie zum Beispiel die innere Mutter, den inneren Vater, die inneren Großeltern oder andere innere Gestalten finden. Die können sich ganz wesentlich von den äußeren Menschen unterscheiden. Die inneren Personen sind Ausdrücke der eigenen Seele und sie sind so ideal, wie man sich den äußeren Menschen ersehnt hat. Darüber schreibe ich später mehr.

Ich vermute, daß dieser Umgang mit Erinnerungen sehr eigenartig erscheint. Denn Erinnerungen werden als Gedanken an vergangene Vorgänge und Situationen gesehen, die erledigt sind und die man nicht mehr ändern kann. So ermahnt man jemanden, der lange an Erinnerungen festhält: »Höre doch endlich mit den alten Geschichten auf, lebe in der Gegenwart.« Oft bemüht er sich, von den sich wiederholenden Erinnerungen wegzukommen. Meistens gelingt es ihm jedoch nicht so, wie er möchte.

Denn mit seinen Erinnerungen hält er keineswegs an der Vergangenheit fest, sondern lebt ganz in seiner inneren Gegenwart. Seine Seele versucht, ihm etwas über seinen jetzigen Zustand deutlich zu machen, indem sie Bilder von Vorgängen oder Menschen aus der physischen Ebene benutzt.

Da die meisten das nicht wissen, erinnern sie sich an etwas Angenehmes mit dem Wunsch, daß es nicht verlorengehen dürfte oder sich wiederholen sollte. Dabei erleben sie den angenehmen Zustand in sich selbst. Werden sie sich dessen bewußt, müssen sie ihn nicht weiter außen suchen.

Ebenso sind Erinnerungen oft mit Gefühlen verbunden, die der Mensch nicht mag. Da können Angst, Trauer, Wut, Einsamkeit oder Hilflosigkeit aufkommen. Fast alle denken lange darüber nach, was sie oder andere falsch gemacht haben und was man hätte anders machen müssen. Die äußere Vergangenheit ist natürlich vorbei und kann nicht geändert werden.

178

In inneren Erfahrungen wird immer ganz deutlich, daß die unangenehmen Gefühle und Gedanken im Augenblick der Wahrnehmung im Menschen stattfinden und bewußt erlebt und vielleicht angenommen werden können.

Noch einmal in wenigen Worten: Sehen wir einen Menschen mit unseren physischen Augen, ist er ein von uns getrenntes Wesen mit all seinen Eigenschaften. Wir können eigene Erfahrungen machen, indem wir das, was wir mit ihm erleben, bewußt bei uns ankommen lassen. Denken wir jedoch an einen Menschen oder erinnern uns an ihn, sind wir direkt in unserer inneren Gegenwart. Was so aussieht wie ein anderer Mensch, ist ein Teil von uns selbst. Damit können wir innerlich in Kontakt kommen, es ansprechen, berühren oder zu ihm hinhorchen. Gefühle, Gedanken und auch Körperempfindungen, die dann deutlich werden, gehören dazu und können ebenfalls als eigene Vorgänge oder Zustände erfahren werden.

So ist eine Erinnerung keine »Reise in die Vergangenheit«, sondern eine »Reise in innere Ebenen der Gegenwart«.

In jedem Augenblick unseres Lebens geschieht etwas mit uns. Wir erleben andere Menschen und äußere Situationen, spüren Gefühle, Gedanken und andere innere Eindrücke. Wir sind - bewußt oder unbewußt - im breiten Strom unseres Lebens. Und soweit ich weiß, können wir uns an alles erinnern.

Wenn ich im folgenden einige Erfahrungen mit Erinnerungen darstelle, komme ich in Bereiche, die bei uns weitgehend unbekannt sind und zum Teil strikt abgelehnt werden. Ich schildere das nicht, damit man mir unbesehen glaubt. Ich weiß jedoch, wie hilfreich Erinnerungen auf dem inneren Wege sind, und ermutige dazu, alle Arten von inneren Erfahrungen zu machen.

Wenn man sich in einer Erinnerung in einer längst vergangenen Zeit, einem anderen Land, in anderer Kleidung und einem anderen Geschlecht wiederfindet, dann macht es für die Erfahrung keinerlei Unterschied, ob man das als eine frühere Inkarnation oder als eine »Seelengeschichte« ansieht. Wird man sich bewußt, daß man in seiner inneren Gegenwart ist, kann man es nutzen, um mit sich heute vertrauter zu werden.

Ich selbst bin inzwischen der Meinung, daß unsere Seele auf einer langen Reise ist, die sich auch über mehrere (viele) Leben erstrecken kann.

Erinnerungen an dieses Leben

Aus vielen Erfahrungen schließe ich, daß wir uns an alles, was wir jemals erlebt haben, erinnern können. Viele frühere Vorgänge sind jedoch von sehr geringer Bedeutung und gelten daher als vergessen. Aber es gibt auch Erinnerungen, die ganz dicht an der Bewußtseinsgrenze liegen und uns immer wieder berühren. Häufig scheinen wir durch unbewußte Erinnerungen zu Verhaltensweisen veranlaßt zu werden, die wir nicht verstehen können und oft auch nicht mögen. Wir fühlen uns nicht wohl und haben den Eindruck, daß etwas Fremdes mit uns geschieht.

Das wird oft in Beziehungen zu anderen deutlich. Manche Menschen ahnen oder wissen zum Beispiel, daß sie in ihrer Partner-Beziehung auf der Suche nach ihrer Mutter oder ihrem Vater sind. Sie spüren den Zwang, sich jemandem zuwenden zu müssen, der bestimmte Eigenschaften hat, die sie von dem Elternteil kennen oder die sie im Elternteil immer gesucht und nicht gefunden haben.

In Romanen und Theaterstücken wird geschildert, wie ein Mann in seiner Frau seine Mutter heiratet und unglücklich wird, weil seine Ehefrau diese Erwartungen nicht erfüllt. Das ist ein zwanghafter Vorgang, für den Erinnerungen verantwortlich gemacht werden.

Das sieht aber nur so aus, weil wir uns auf eine Ebene, nämlich die physische Welt, beschränken. Ein gefühlvoller, sensibler Mann spürt immer wieder unbewußt auch die Berührung seiner eigenen Mütterlichkeit. Er empfindet das als Sehnsucht nach der Mutter. Da er nicht weiß, wo sich diese Sehnsucht wirklich erfüllt, sucht er nur in der ihm vertrauten äußeren Welt. Aber selbst wenn er dort eine mütterliche Frau findet, wird sie seine Sehnsucht nicht völlig stillen können, da sie sich nur innerlich erfüllt.

In einer inneren Erfahrung kann dieser Mensch seine Sehnsucht wahrnehmen und sich ihr anvertrauen. Oft kommen dann Erinnerungen an die leibliche Mutter, die auch unangenehm oder schmerzhaft sein können. Er erlebt dabei seinen Mangel an Vertrauen zu sich selbst. Danach findet er immer seine innere Mutter, die so ideal ist, wie er es sich gewünscht hat. Das beschreibe ich an mehreren Stellen dieses Buches.

Angenehme Erinnerungen führen zu dem, wozu man in sich Vertrauen hat. Viele Menschen erinnern sich zum Beispiel an die Liebe der Großmutter in einer schwierigen Kindheit. Es ist berührend mitzuerleben, wie jemand dann die innere Großmutter in sich findet und erfährt, daß die Liebe und Geborgenheit, nach der er so viel Sehnsucht hatte, in ihm sind. Überhaupt spielen Erinnerungen an die Kindheit eine ungewöhnlich große Rolle. Viele Menschen erinnern sich bis ins hohe Alter an Ablehnungen, Lieblosigkeiten und seelische Verletzungen in ihrer Kindheit. Oft setzen sie sich dann immer wieder mit ihrer Mutter oder ihrem Vater auseinander, die längst nicht mehr leben. Sie versuchen damit, sich endlich von schmerzhaften Verhaltensweisen zu lösen, deren Ursache sie im Verhalten ihrer Eltern sehen. Sie erkennen nicht, daß sie in Wirklichkeit in sich selbst sind und ihre eigene Ablehnung und Lieblosigkeit erfahren, mit denen sie sich vertraut machen könnten, um sie nicht immer wieder zwanghaft leben zu müssen. Derartige Vorgänge schildere ich auch an mehreren Stellen.

Erinnerungen an Geburt und Mutterleib

Es ist interessant, von einer Erinnerung an die Kindheit weiter in der Zeit zurückzugehen, um zu erleben, wie weit Erinnerungen reichen.

Die meisten Menschen können ohne Schwierigkeiten ins Säuglingsalter und in die eigene Geburt zurückgehen. Dabei können sie - mit mehr oder weniger starken Gefühlen - alle Vorgänge und Zustände vor, während und nach der Geburt deutlich wahrnehmen und schildern. Sie erleben sich im Mutterleib, spüren die große Enge vor und während der Geburt und wissen genau, wie die Mutter sich fühlt.

Manche können die Enge kaum ertragen und wollen endlich heraus. Andere merken in der Erinnerung, daß sie sich nicht besonders auf ihr Leben freuen. Sie haben wenig Lust, in diese Welt geboren zu werden, weil sie zum Beispiel wissen, daß sich die Eltern nicht auf sie freuen. Fast jeder kann seine Geburt in allen Einzelheiten beschreiben. Er erinnert sich an den Raum und die Menschen, die ihn in Empfang nehmen. Er kann jedes Wort hören und jeden Handgriff spüren. Er merkt, wie sich seine Mutter und die anderen Menschen verhalten. Da gibt es manchmal Kühle und Lieblosigkeit.

Solche Erinnerungen werden in unserer westlichen Weltanschauung noch akzeptiert. Denn es gibt ja bei der Geburt einen ausgebildeten Körper und ein funktionierendes Gehirn, das die Erinnerungen »speichern« kann.

Für viele westliche Menschen ist es jedoch schwer oder ganz unmöglich zu glauben, daß es auch Erinnerungen aus dem Mutterleib geben soll, unabhängig vom Alter des Kindes in der Mutter. Hiermit überschreiten wir die Grenze unserer Weltanschauung, die davon ausgeht, daß der Mensch nur in seinem Körper existiert.

Erinnerungen an die Zeit im Mutterleib sind jedoch genauso einfach zu erleben wie die an die Kindheit oder spätere Lebenszeit. Es kann jedoch sein, daß sich jemand blockiert, weil er es nicht für möglich hält oder weil er vor dem, was er erfahren könnte, Angst hat. Da ist es hilfreich, den Zweifel und die Angst anzusprechen und mitzunehmen. Bei solchen Erinnerungen erlebt man, wie es im Mutterleib ist, wie man sich fühlt, was die Mutter gerade denkt und tut, und auch, welche Gefühle sie zu dem Baby im Bauch hat.

Ganz am Anfang meines inneren Weges habe ich einmal miterlebt, wie ein Reinkarnations-Therapeut eine ältere Dame sehr gekonnt in ihre Kindheit und in den Mutterleib zurückführte. Sie schilderte, wie ihre Mutter in Ostpreußen mit einer Pferdekutsche verunglückte und vom Wagen stürzte. Die Mutter hatte große Angst um ihr Baby im Bauch. Das schrie innerlich immer wieder: »Es ist alles in Ordnung, mir geht es gut.« Die Mutter hörte oder spürte es nur nicht und machte sich große Sorgen. Derartige Erfahrungen haben mich damals tief beeindruckt und mein Weltbild etwas verändert. Inzwischen sind mir solche Erfahrungen selbstverständlich.

Ich habe auch einmal miterlebt, daß ein junger Mann in einer sehr frühen Phase im Mutterleib hörte, wie seine Eltern über seine Abtreibung sprachen. Der junge Mann war erschüttert, als er so deutlich spürte, daß er nicht gewollt war. Er hat danach mit seinen Eltern gesprochen. Sie waren betroffen und bestätigten ihm, daß sie damals in großen persönlichen und finanziellen Schwierigkeiten waren. So hatten sie wirklich überlegt, ob sie ein Kind haben wollten.

Bezieht der Mensch eine solche Erinnerung nur auf die äußere Ebene, scheinen die Eltern eine Ursache für das mangelnde Angenommensein und das mangelnde Vertrauen in seinem Leben zu sein. Das ist jedoch nur ein ganz kleiner Teil des unangenehmen Themas. Denn in der Erinnerung ist er in sich selbst. Er erlebt dabei, daß er in der Gegenwart einiges in sich selbst nicht annehmen kann, es zurückweist oder bekämpft. Er vertraut sich in manchem nicht und fühlt sich in sich selbst nicht geborgen. Es ist möglich, daß er nach dieser schmerzhaften Erfahrung zu seinen inneren Eltern kommt, sie kennenlernt und dabei erfährt, daß er von ihnen nie abgelehnt wurde.

Ich habe natürlich auch Erinnerungen an die Zeit im Mutterleib miterlebt, die angenehm und harmonisch waren. Das Baby im Bauch spürte die Liebe der Eltern und freute sich auf sein irdisches Leben. Ich gebe aber zu, daß das in meinen Begleitungen ziemlich selten ist.

Noch frühere Erinnerungen

In der ersten Zeit im Mutterleib hat der Mensch keinen funktionsfähigen Körper und damit auch kein funktionierendes Gehirn. Erinnerungen müssen also anders gespeichert werden, als man bei uns glaubt. Nachdem durch Erinnerungen aus dem Mutterleib die Schwelle unseres Weltbildes überschritten worden ist, kann man versuchen, wie weit Erinnerungen überhaupt zurückreichen.

Ich selbst bin nie von allgemeinen Fragen über den Menschen ausgegangen. Zum Beispiel, ob er nur als Körper existiert oder ob er eine Seele ist. Ich habe jedoch immer wieder innere Erfahrungen miterlebt und selbst gemacht, in denen ich - oft mit großem Erstaunen - Gewißheit gefunden habe. Ich kann und will niemanden durch Worte davon überzeugen, wie der Mensch ist. Denn es ist möglich, seine eigene Gewißheit in sich zu finden.

Zustände vor der Verkörperung

Man kann sich an die Zeit im Mutterleib erinnern, auch wenn man physisch kaum vorhanden ist. Dabei kann man sich selbst, seine Mutter und auch die äußere Umgebung beschreiben.

Geht man weiter in der Zeit zurück, kommt ein Augenblick, in dem klar ist, daß man (noch) nicht im Mutterleib ist. Da ist kein physischer Körper, und man fühlt sich meistens leicht und weit. Dieser Zustand wird fast immer als sehr angenehm empfunden.

In Erinnerungen schildern viele, daß sie sich in einem großen, manchmal hellen Raum befinden, in dem sie sich frei bewegen können. Manche empfinden eine eigene Form, wie zum Beispiel eine Blase, andere spüren keine derartige Begrenzung. Einige haben Kontakt zu anderen Wesen, die sich in demselben Zustand befinden. Die Kommunikation geschieht durch Gedanken ohne gesprochene Worte. Zwischen den Wesen gibt es freundliche und spannungsfreie, manchmal auch liebevolle oder erhebende Beziehungen. Der Mensch merkt jedoch, daß er davon nicht abhängig ist. Er kann in diesem Zustand auch gut mit sich selbst leben. Er hat keine Schmerzen. Er nimmt Gefühle wahr, sie sind jedoch nicht so stark wie auf der Erde. Alles ist ein bißchen gleichmäßiger und gelassener. So wie sich der Mensch manchmal sein irdisches Leben wünscht.

In diesem Zustand hat er jedoch nicht den »vollen Durchblick«. Er weiß natürlich, daß er ein Wesen in den feineren Ebenen ist. Aber er kennt sich nicht ganz. In diesem leichten, friedlichen Zustand ahnt oder weiß er jedoch, daß er (wieder) auf die Erde gehen wird. Oft ist er sich nicht bewußt, woher der »Befehl« kommt und warum er (wieder) auf die Erde soll. Einigen ist jedoch völlig klar, daß sie sich selbst zu diesem Schritt entschlossen haben. Sie ahnen oder wissen dann auch die »Themen« ihres nächsten irdischen Lebens.

Bei vielen solchen Erfahrungen, die ich miterlebt habe, ist der Mensch keineswegs begeistert von der Aussicht, wieder auf die Erde zu kommen. Er weiß, daß er schon auf der Erde gelebt hat, und erinnert sich an (sehr) unangenehme Lebensumstände. Er hat keine Lust, noch einmal in ein irdisches Leben einzutauchen.

Wenn er sich dessen jetzt bewußt wird, ist er betroffen und ahnt eine wesentliche Ursache für sein Leiden in diesem Leben. Denn es ist selbstverständlich, daß ein ungeliebtes Leben auf der Erde ziemlich unangenehm und mühsam sein kann. Das beginnt oft damit, daß sich der Mensch eine unbewußte Mutter »aussucht«, die seine Sehnsucht nach Geborgenheit und Liebe nicht erfüllen kann. Denn er selbst glaubt ja nicht, daß er in Geborgenheit und Zufriedenheit auf der Erde leben kann.

Nach dem leichten, freien Zustand im Jenseits kommen viele wie in einen Trichter, einen Wirbel oder Sog, wenn sie sich der Erde nähern. Es wird dunkler und dichter, sie erkennen die Erde, vielleicht den Ort oder das Haus, zu dem sie hingezogen werden. Sie erleben, wie sie in den Mutterleib eintauchen. Auch jemand, der nicht gern auf die Erde kommt, fühlt sich danach wieder ruhig und angenehm.

Einige wenige Menschen stürzen sich aus ihrem körperlosen Zustand mit Neugier und Vertrauen in ein neues irdisches Abenteuer. Auch deren Leben ist nicht ohne Leiden, aber sie leben auf einer größeren Basis von Vertrauen zu ihrer irdischen Existenz, was ihnen das Leben leichtermacht.

Vom Sinn dieses Lebens

Während oder nach derartigen Erfahrungen fragen manche Menschen, was die »Aufgabe« ihres jetzigen Lebens sei. Ich ermutige sie, nach innen zu fragen, um dort ihre eigene Wahrheit zu erfahren. Einige erhalten eine klare Auskunft, zum Beispiel von ihrem Inneren Wesen. Sie sind dann ganz betroffen, wie offensichtlich sie ihre Lebensaufgabe schon immer gelebt haben. Sie haben ihr Leben bisher nur nie aus dieser inneren Perspektive betrachtet.

Die Frage nach dem Sinn des Lebens kann ich in einem Satz beantworten: Der Sinn unseres Lebens ist unser Leben selbst. Alle Einzelheiten unseres bisherigen Lebens gehören zu uns. Jede bewußte oder unbewußte Erfahrung, die wir gemacht haben, ist der Grund für unser irdisches Leben.

Dazu einige Beispiele:

Wer sich in die westliche Welt begeben hat, erlebt die Zivilisation, Kultur und Religion, in der er seine Erfahrungen macht. Hier gibt es eine gute materielle Versorgung und meistens eine große persönliche Freiheit, die sehr angenehm sein kann. Auf der anderen Seite spielt in unserem Menschenbild die Seele keine große Rolle. Es gibt kaum noch Mystik in der Religion. Daher sind innere Vorgänge weitgehend unbekannt oder gefürchtet. Wir hätten uns entschließen können, in einen anderen Teil der Erde zu gehen, in welchem Religion alltäglich und innerlich ist. Dann hätten wir sicher andere Erfahrungen gemacht. Wir haben es nur nicht getan.

Wir können uns auch die persönliche Umgebung ansehen, in die wir uns begeben haben. Da sind die Eltern, Geschwister und andere Verwandte. In allen Menschen, die uns berühren, können wir unsere eigenen Eigenschaften finden. So zeigt uns eine unbewußte Mutter, die sich vor sich selbst schützt und uns nicht annimmt, worin wir uns selbst nicht vertrauen können und wovor wir uns innerlich schützen.

Eine liebevolle Großmutter macht uns einen Teil der eigenen Weiblichkeit deutlich, der wir innerlich vertrauen können.

Es ist ebenso interessant, sich anzusehen, welche Menschen man später in Beziehungen und im Beruf kennengelernt hat. Daran kann man sich alle seine Fähigkeiten und Unfähigkeiten bewußtmachen. In der Art des Berufs können Sehnsüchte deutlich werden. Studiert zum Beispiel jemand Theologie, drückt er damit auch seine Sehnsucht nach Erlösung und Vollkommenheit aus. Jeder therapeutische Beruf enthält Sehnsucht nach eigenem Heil-Werden und Heil-Sein.

Alle Dinge bekommen einen Sinn, wenn wir sie auf uns selbst beziehen, wenn wir sie also nach innen bringen. In jedem menschlichen Leben gibt es schwierige und unangenehme Aspekte, aber ebenso sehr ermutigende und angenehme. Sind wir achtsam, erkennen wir sie in allem, was wir bisher erlebt haben und jetzt erleben.

Erinnerungen an frühere Leben

Mit dem, was ich bisher an Erinnerungen geschildert habe, sind wir zu einem Thema gekommen, das viele westliche Menschen interessiert. Es ist die Frage nach früheren Leben und nach einem Leben nach dem Tode. In der christlichen Anschauung wird die Existenz früherer Leben abgelehnt. In vielen anderen Religionen prägt der selbstverständliche Glaube an die Wiedergeburt das Leben des Einzelnen und der Gesellschaft.

Für einige Menschen ist es geradezu sensationell, früher gelebt haben zu können. Manch einer erzählt nach einer Rückführung, welch bedeutsame Persönlichkeit der Geschichte er einmal war. Er zeigt damit, daß er sein heutiges Leben nicht so hoch einschätzt und sich Ansehen aus einer fernen Vergangenheit zu verschaffen versucht.

Ich kann und will die Frage nach früheren Leben nicht diskutieren, denn Argumente, Vermutungen oder Überlegungen beantworten sie nicht. Es ist jedoch möglich, jede Art von Erfahrung in sich selbst zu machen, wobei man sich nicht an Grenzen einer Weltanschauung halten muß.

Entscheidend ist, wie man mit seinen Erfahrungen, also zum Beispiel auch mit einer Rückführung, umgeht. Benutzt man Erinnerungen, um mit sich innerlich vertrauter zu werden, dann ist es nicht mehr wichtig, ob es wirklich ein vergangenes Leben war oder ob es Bilder einer Seelengeschichte sind.

Wenn ich jemanden durch seine Erfahrungen begleite, bin ich immer wieder überrascht, wie leicht solche Erinnerungen auftauchen und wie sicher der Mensch anschließend ist, daß er früher so auf der Erde gelebt hat.

In meinen Seminaren mache ich oft mit der ganzen Gruppe eine Reise in ein früheres Leben und in den Tod am Ende dieses Lebens. Danach höre ich viele interessante Berichte, in denen sich bestimmte Themen wiederholen, von denen ich einige etwas ausführlicher betrachten werde.

Erinnerungen an Krieg und Kampf, Macht und Machtlosigkeit

In der Geschichte der Menschheit gab es immer wieder Kriege, Eroberungen und Morde. So ist es kein Wunder, daß sich viele an solche Vorgänge aus früheren Leben erinnern.

Krieg und Kampf waren in der Vergangenheit direkter als in unserem Jahrhundert. Man stand seinem Feind gegenüber und wußte, daß es nur die Möglichkeit gab, ihn zu töten oder von ihm getötet zu werden. Der Tod war gegenwärtig, und wenn man unterlag, gab man sich ihm hin. Ebenso schonte man seinen Gegner nicht.

Manche berichten, daß sie in einem solchen Kampf so engagiert waren, daß sie nicht spürten, tödlich getroffen zu sein. Sie kämpften immer weiter, bis sie merkten, daß sie keinen physischen Körper mehr hatten und dem Gegner nicht mehr schaden konnten.

Viele Menschen erinnern sich an Gefangenschaft, Folterung und Ermordung. Sie waren in der Gewalt anderer und mußten machtlos erleben, wie sie gequält und ermordet wurden. Aber viele erinnern sich ebenso daran, daß sie so auch mit anderen umgegangen sind. Auch sie selbst haben gequält und getötet. Wenn sie das erleben, spüren sie Schuldgefühle.

Für mich ist erstaunlich, wie stark bei einigen jungen Menschen Erinnerungen an die Zeit von 1939 bis 1945 aufbrechen. Sie erleben drastische Kriegshandlungen oder Verfolgungen, in denen sie getötet werden. Manche heutige Schutzhaltungen, die sich zum Beispiel durch Aggressivität ausdrücken, werden dadurch verständlich.

Das alles sind sehr schmerzliche Erfahrungen. Sie können offensichtlich zu jeder Zeit auf der Erde gemacht werden. Sie führen den Betroffenen drastisch zu Macht und Gewalt, aber auch Machtlosigkeit, Hilflosigkeit und Tod. Vielen wird nach einer solchen Erinnerung spontan bewußt, daß diese Themen auch zu ihrem heutigen Leben gehören. Sie denken dabei vor allem an Beziehungen zu anderen Menschen, in denen sie selbst Macht ausüben oder unter Machtlosigkeit leiden. Die äußeren Verhaltensweisen sind jedoch im Menschen selbst begründet. So ermutige ich, Feindschaft, Gewalt und Machtlosigkeit in sich selbst kennenzulernen. Denn diese Themen ziehen sich durch das »innere Leben« eines Menschen, der sich wenig kennt und nicht vertraut. Er führt einen unbewußten Kampf gegen das, was er als feindlich oder negativ empfindet, und erlebt seine Machtlosigkeit, wenn er merkt, daß er es nicht endgültig überwinden kann. Das scheint mir ein Hauptthema des irdischen Lebens zu sein. Wir tauchen in die dichte physische Ebene ein, weil wir in ihr so viel von uns vergessen können. In irdischen Erfahrungen kommen wir damit wieder in Kontakt, unabhängig davon, ob wir uns dessen bewußt sind oder nicht. Warum das so ist, weiß ich nicht. Ich weiß jedoch, daß das irdische Leben leichter wird, wenn wir achtsamer und bewußter damit umgehen und es als eigenen Weg in die Gewißheit ansehen.

Erinnerungen an Leben mit viel Vertrauen

Jedes Leben auf der Erde ist eine Mischung aus Freude und Leid, aus Ermutigungen und Grenzen. Gewalt und Machtlosigkeit sind die eine Seite, es gibt jedoch - auch in den Erinnerungen an frühere Leben - eine andere Seite, die sehr angenehm ist.

So erlebe ich immer wieder Erinnerungen mit, in denen jemand früher zufrieden und voller Vertrauen gelebt hat. Das können sehr stille, einfache Leben zum Beispiel als Bauer in der Natur gewesen sein. Häufig sind es aber auch Leben als Priester oder Priesterin oder als Indianer. Oft fällt es dem Menschen schwer zu glauben, daß das zu ihm gehört, weil er heute so unbewußt ist und viele Probleme hat.

Die Erinnerung an ein ruhiges, vielleicht religiöses Leben ist eine starke Ermutigung, dieses Vertrauen auch jetzt wieder zu leben. Denn es ist nicht verlorengegangen, wie man meistens glaubt. Auch wenn das frühere Leben Hunderte oder Tausende von Jahren zurückliegt, ist die Erinnerung selbst der gegenwärtige innere Zustand der Ruhe und des Vertrauens. In solchen ermutigenden Erinnerungen kann man Fähigkeiten oder Eigenschaften (wieder-)finden, die auch heute ein befriedigendes Leben auf der Erde möglich machen.

Ich habe einmal eine junge Frau durch ihre Erfahrungen begleitet, die Chinesisch (Sinologie) studieren wollte, aber nicht ganz entschieden war. Sie sah in der inneren Reise ein chinesisches Kloster, das auf einem Berg lag. Es berührte sie sehr stark, und sie fühlte sich dort geborgen. Sie sah einen Mönch, der gerade den Hof des Klosters fegte. Er war ihr ebenfalls sehr vertraut. Von ihm erfuhr sie, daß sie nichts Neues lernen müsse. Sie könne seit langem chinesisch und müsse das Studium nur dazu benutzen, sich an ihre Fähigkeiten zu erinnern. Der Mönch zeigte ihr einige chinesische Schriftzeichen, die sie beschreiben, aussprechen und sofort übersetzen konnte. Sie entschloß sich danach zum Studium.

Menschen, die sich heute mit inneren Dingen beschäftigen, sind besonders sensibel und werden von innen verlockt und auch gedrängt. So wundert es mich nicht, daß viele von denen, die zu mir kommen, sich zum Beispiel an Leben als Priester erinnern. Alle haben schon vertrauensvollere, bewußtere oder religiöse Leben hinter sich. Sie haben einen Fundus von Vertrauen und von Erfahrungen, der wieder gelebt werden kann, wenn man sich ihm öffnet.

Erinnerungen an Hexen oder Indianer

Bei vielen Begleitungen oder bei Rückführungen in Gruppen erleben sich Menschen in einem früheren Leben als Hexe oder als Indianer. Das stimmt überein mit den vielen Indianer-Geschichten und -Filmen, die schon seit längerem bei uns so beliebt sind. Und neuerdings gibt es Frauen, die sich wieder als Hexen bezeichnen.

Hexen und Indianer haben bestimmte Fähigkeiten oder Eigenschaften, die man auch in sich wiederfinden kann. Eine Hexe kennt sich zum Beispiel in der »unsichtbaren«, inneren Welt gut aus. Sie verwendet Energien der feineren Ebenen durch Mittel aus der Pflanzen- und Tierwelt und durch Rituale. Das sind menschliche Fähigkeiten, die heute noch in einigen religiösen Kulturen gelebt werden. Für die meisten Menschen sind die Wirkungen oder Ergebnisse nicht zu begreifen. Je nach Einstellung sehen sie sie als heilsame Wunder oder als gefährliche Magie an.

Wenn sich jemand daran erinnert, eine Hexe gewesen zu sein, ist das fast immer mit Gewalt, Verfolgung, Machtlosigkeit und Tod verbunden, die den Menschen heute noch erschüttern. Nutzt er das als Erfahrung, kann er sich seiner inneren Fähigkeiten bewußt werden, die ihm heute helfen können, sich innerlich kennenzulernen und bewußter mit sich zu leben. Dabei geht es nicht um magische Rituale oder Mittel, sondern um das grundsätzliche Wissen um die innere Welt und ihre Wirkung auf das irdische Leben.

Auf der anderen Seite erfährt er durch die Erinnerung an einen gewaltsamen Tod als Hexe auch, daß er innere Fähigkeiten und Vorgänge bisher für (lebens-)gefährlich gehalten hat. Er konnte ihnen nicht vertrauen und hat sie unterdrückt.

Eine ähnliche Bedeutung können Erinnerungen an ein Leben als Indianer haben, vor allem, wenn es in Nord- oder Mittelamerika stattfand. Ich habe miterlebt, daß sich manche dabei an ein friedliches, gelassenes Leben erinnern. Als Indianer lebten sie in sehr engem Kontakt zur »Natur« auf allen Ebenen. Sie waren mit sich selbst und mit Pflanzen und Tieren vertraut. Und sie lebten bewußt und vertraut auf der Erde, die sie achteten und liebten.

Wenn sich jemand heute an ein solches Leben erinnert, betrifft das sein Verhältnis zu seiner jetzigen irdischen Existenz. Er hat die Fähigkeit, auch in diesem Leben achtsam und liebevoll mit seinem irdischen Körper, seinen Energien und Gefühlen umzugehen. Damit kann er andere Menschen, Lebewesen und die ganze Erde ebenfalls innerlich wahrnehmen und vertrauter mit ihnen leben. Die Erinnerung an einen gewaltsamen Tod als Indianer macht jedoch deutlich, daß es Angst vor den eigenen Lebenskräften gibt und der Mensch sich in seinem Körper und auf der Erde nicht zu Hause fühlt.

Erinnerungen an einen Tod

In Erinnerungen an ein früheres Leben kann man in der Zeit weitergehen bis an das Ende jenes Lebens. Man kann wahrnehmen, was im und nach dem Tod geschieht. Einige Menschen spüren große Angst, wenn sie merken, daß sie sich dem Tode nähern. Sie können ihre Angst mitnehmen und das Sterben und den Tod schildern. Ich habe viele solche Erfahrungen miterlebt, die sich ähnlich waren. Sie unterscheiden sich nicht grundsätzlich von den seit einigen Jahren veröffentlichten Berichten von Menschen, die »klinisch tot« waren und wiederbelebt wurden. Viele glauben diesen Berichten jedoch nicht, da die Betroffenen ja nicht »wirklich tot« waren.

In vielen Erinnerungen endet das frühere Leben mit einem gewaltsamen Tod. Der Mensch wird hingerichtet, ermordet oder stirbt im Kampf. Oft kann er den Tod nicht akzeptieren. Ich habe in solchen Fällen mehrfach miterlebt, daß der Mensch gar nicht merkt, daß sein Körper schon gestorben ist. Ich denke jetzt an einen jungen Mann, der sich erinnert, als Pirat in ein heftiges Seegefecht verwickelt zu sein. Er sieht sich dann im Wrack seines Schiffes liegen. Er ist voller Wut über den Kapitän des gegnerischen Kriegsschiffes. Plötzlich ist er auf dem anderen Schiff und geht dem feindlichen Kapitän an die Gurgel. Erst dann wird ihm bewußt, daß er keinen physischen Körper mehr hat und dem Feind nichts mehr antun kann. Danach verebbt die starke Wut, und er wird ziemlich ruhig.

Eine ähnliche Erfahrung machte ein Mensch, der im Zweiten Weltkrieg im Kampf von einem Panzer überrollt wurde. Er fühlte sich völlig desorientiert und war in einem eigenartigen nebligen Zustand. Er versuchte wegzulaufen und merkte dann, daß sein Körper zerstört dalag und sich nicht mehr bewegen konnte. Erst jetzt wurde ihm bewußt, daß er tot war. Zu seiner großen Überraschung konnte er den toten Körper, das Schlachtfeld und auch seinen leichten, beweglichen Zustand deutlich wahrnehmen. Er hatte keine Schmerzen und fühlte sich wohl.

In Erinnerungen an »alte Zeiten« gibt es jedoch auch Sterbeerlebnisse, die keineswegs dramatisch waren, sondern friedlich und sanft. So berichten einige, daß ihr nahender Tod mit Verwandten und Freunden gefeiert wurde. Alle Beteiligten wußten, daß der Tod kein endgültiges Ende ist, und ließen den Menschen liebevoll und ohne übermäßige Trauer seinen Weg gehen. In dieser Atmosphäre konnte er sich leicht an den Tod hingeben und sich vom Körper lösen.

Dazu erzähle ich noch eine Todeserinnerung, die ich bei einem Reinkarnations-Therapeuten miterlebt habe, als ich über innere Dinge noch nichts wußte. Sie hat mich tief berührt. Ein junger Mann erinnerte sich in dieser Rückführung sehr deutlich an ein Leben als Indianer in Nordamerika. Er schilderte viele Einzelheiten aus einer Zeit, als die Weißen gerade erst Amerika entdeckt hatten. Er lebte ein friedliches Leben in seinem Stamm. Als er im Alter spürte, daß er sterben würde, nahm er seine Decke und verließ sein Dorf. Sein Pferd ließ er zurück. Damit wußten alle anderen, daß er zum Sterben ging. Er wanderte gemächlich zu einem kleinen Hügel und stieg hinauf zu seinem persönlichen heiligen Ort, an welchem er immer meditiert und gebetet hatte. Er bettete sich so in seine Decke, daß er nach Westen sah. Er wußte, daß er mit dem Versinken der Sonne sterben würde. So schaute er in das Licht der untergehenden Sonne. Als sie versunken war, verließ er friedlich und ohne jede Anstrengung seinen Körper. Er war dankbar für sein Leben.

Ganz anders ist nach Erinnerungen das Sterben »moderner Menschen«. Wenn jemand nicht glaubt, daß da nach seinem Tode noch etwas ist, stirbt er meistens in Angst und Abwehr und führt einen Todeskampf, der lange dauern kann. Danach empfindet er oft Dunkelheit und meint, daß da nichts mehr sei. Nach einer Zeit der Gewöhnung an den neuen Zustand beschreibt er ähnliche Erlebnisse wie Menschen, die bewußter hinübergegangen sind.

Viele berichten, daß schon vor dem körperlichen Tod Schmerzen aufhören und Gefühle weniger werden. Einer erinnerte sich daran, in einem schrecklichen körperlichen Zustand in einem Gefängnis zu sterben. Er konnte seinen gequälten Körper und dessen Schmerzen immer wieder bewußt verlassen und sich damit Erleichterung verschaffen, bis er starb.

Nach dem Tod ihres Körpers können die meisten Menschen ihre Umgebung und den entseelten Körper deutlich sehen. Meistens ist ihr Gesicht entspannt und friedlich. Sie beschreiben den Raum, in dem der Körper liegt, und andere Menschen, deren Gefühle und Gedanken sie spüren. Ist jemand davon ausgegangen, daß nach dem Tode alles vorbei ist, wundert er sich über seinen Zustand und muß sich erst mit ihm vertraut machen.

Die meisten schildern ihren Zustand nach dem Tod als leicht und schwebend. Zunächst haben sie noch eine deutliche Form wie eine Blase oder ein Ballon. Sie können sich frei bewegen und durch eine Mauer oder das Dach des Hauses fliegen.

In vielen Erinnerungen löst sich der Mensch bald von seiner irdischen Umgebung. Ich habe aber auch Erinnerungen miterlebt, in denen jemand noch eine Zeitlang in der Nähe seines Körpers bleibt. Er besucht seine Beerdigung und erlebt das Verhalten anderer. Der Gestorbene sieht und spürt, was sie fühlen und denken. Er merkt, ob sie ihn »von Herzen« lieben oder ob sie nicht so freundlich über ihn denken. Wie sie sich verhalten, berührt ihn jedoch nicht mehr so sehr, weil seine Gefühle leichter geworden sind.

Erinnerungen an das Jenseits

Danach bewegt sich der Mensch von der Erde weg in andere Sphären, die ich als Jenseits bezeichnen werde.

Viele berichten von dem berühmten »dunklen Tunnel«, an dessen Ende oft das Licht lockt. Da sie in der Dunkelheit nichts sehen können und nicht wissen, wie es weitergehen wird, spüren sie meistens Angst. Aber sie vertrauen sich diesem Weg an und kommen in Leichtigkeit und Helligkeit, die ihnen angenehm ist.

Einige berichten, daß im Jenseits Verwandte oder Vertraute auf sie warten, die sie liebevoll in Empfang nehmen und ihnen den neuen Zustand erleichtern. Einige treffen sich im Jenseits in Gruppen und erleben Schulungen oder Ausbildungen. Sie sind danach manchmal eine Zeitlang »Engel«, die sich um Menschen auf der Erde kümmern. Wieder andere kommen in Bereiche des Jenseits, in denen sie sich erst einmal erholen können. Es gibt auch Schilderungen von paradiesischen Landschaften oder goldenen Palästen in der ersten Phase des Jenseits.

Selten nur berichtet jemand von unangenehmen oder bedrohlichen Erfahrungen. Einmal habe ich miterlebt, wie sich jemand daran erinnert, wie er ermordet wurde. Nach seinem Tod löste er sich vom Körper und stieg in den Himmel auf. Da kamen ihm zwei dunkle Gestalten entgegen und hinderten ihn weiterzugehen. Sie waren wohl das, was manche als »Hüter der Schwelle« bezeichnen. Die beiden Gestalten waren freundlich, aber bestimmt. Der Mensch war sehr betroffen, als ihm dann einfiel, daß auch er in seinem Leben gemordet hatte. Danach waren die Gestalten verschwunden, und er konnte weitergehen.

Die Ebenen des Jenseits, in welchen Landschaften oder Gestalten sichtbar werden, sind ziemlich dicht und deutlich. Fast alle Menschen berichten, daß sie danach leichter und durchlässiger werden, ihre Form verlieren und in feinere Ebenen aufsteigen. Die danach folgenden Zustände lassen sich noch wahrnehmen, aber oft nicht mehr mit Worten beschreiben. Der Mensch weiß jedoch, daß er immer noch ein Wesen ist.

Nach diesem Zustand kann er in der Zeit vorangehen, bis er weiß, daß er wieder auf die Erde kommen wird. Wie ich schon im vorhergehenden Abschnitt beschrieben habe, ist es meistens ein »unangenehmes Erwachen« aus einem sehr leichten, fließenden und angenehmen Zustand des Jenseits.

Innere Erfahrungen mit Todeserinnerungen und Jenseits

Meine Schilderungen von Erinnerungen an Tod und Jenseits können so aufgefaßt werden, als erinnere sich der Mensch an Zustände oder Vorgänge, die er in der Vergangenheit erlebt hat und die heute weit von ihm entfernt sind. In vielen veröffentlichten Berichten über das Jenseits und in religiösen Schriften klingt es ähnlich: Das Jenseits ist ein entfernter Zustand, den man erreicht, wenn man keinen Körper mehr hat.

Wie ich schon früher in diesem Kapitel dargestellt habe, sind wir jedoch in jeder Erinnerung ganz und gar in unserer inneren Gegenwart. Die Zustände und Vorgänge der Vergangenheit geschehen im Augenblick der Wahrnehmung irgendwo in uns selbst. Das gilt genauso für Erinnerungen an ein früheres Leben und den dazugehörenden Tod.

Bei den geschilderten Todes- oder Jenseitserinnerungen konzentriert der Mensch sein Bewußtsein auf einen gegenwärtigen »körperlosen« Zustand, sein »inneres Jenseits«. Gleichzeitig existiert er auch auf allen anderen Ebenen seines Wesens. Da sind Gefühle, Gedanken und sein jetziger physischer Körper. Diese dichteren Ebenen sind nur nicht deutlich in seinem Bewußtsein.

In solchen »Erinnerungen« erfährt er, daß auch sein inneres Jenseits verschiedene Ebenen aufweist. So gibt es einen dichteren Bereich, in dem er noch eine Form empfindet. In dieser Ebene nimmt er zum Beispiel andere Wesen oder Landschaften wahr. »Dahinter« gibt es wesentlich feinere Zustände, in denen kaum noch Strukturen oder Einzelheiten wahrgenommen werden können.

Jenseitserinnerungen als innere Erfahrungen zu benutzen ist so interessant, weil wir damit in äußerst feine Ebenen unseres Wesens kommen. Auch in ihnen existieren wir noch als Individuum. Abgrenzungen und Unterscheidungen spielen jedoch keine große Rolle mehr. Diese inneren Ebenen sind dem unbeschreiblichen Ganzen sehr nahe. Es entsteht eine Ahnung oder Berührung des »Ungetrennten« oder »Endgültigen«.

In solchen Erfahrungen kann sich die Todessehnsucht erfüllen, die viele Menschen mehr oder weniger bewußt berührt. Das Jenseits liegt wirklich »hinter« dem Tod, der jedoch nicht der physische ist. Der »innere Tod« ist das Sichanvertrauen oder Ausliefern an die eigene Seele. Darin werden Vorgänge oder Zustände erlebt, wie ich sie eben als Jenseits geschildert habe. Es entsteht die Ahnung oder Gewißheit der Freiheit, auch im physischen Körper zugleich in der Unermeßlichkeit der Seele leben zu können. Nachdem wir physisch gestorben sind, werden diese inneren Ebenen unseres Wesens deutlicher, weil wir uns dann nicht mehr auf den physischen Körper und die irdische Umgebung konzentrieren können. Dazu schreibe ich mehr im Kapitel über den Tod.

Innere Personen

Zu den feineren inneren Ebenen gehören auch bildhafte innere Eindrücke. Spontan werden sie häufig in Träumen wahrgenommen. Viele Menschen wissen dann jedoch nicht, daß sie in ihrer inneren Wirklichkeit sind. In inneren Erfahrungen, zum Beispiel in einer Begleitung oder Gruppenreise, werden sie bewußt erlebt.

In meinen Gruppen berichten immer eine Reihe von Teilnehmern über das, was sie innerlich »gesehen« haben. Andere sitzen dabei und werden traurig, weil sie keine Bilder hatten. Denn viele glauben, daß richtige innere Erfahrungen nur durch klare Bilder gemacht werden können, die ohne ihr Zutun in ihnen aufsteigen.

Innere Bilder sind hilfreich, sie sind jedoch nur eine von sehr vielen inneren Wahrnehmungsmöglichkeiten, die ich bereits geschildert habe, wie bewußte Kontakte zum Körper, zu den Gefühlen, zu Gedanken und Erinnerungen, die nicht bildhaft sein müssen.

Innere Bilder müssen nicht allein von sich aus aufsteigen. Man kann sie sich ebenso vorstellen oder sie phantasieren. Man kann auch an äußere Menschen oder Situationen denken und sie dann als innere Eindrücke erleben.

Begegnen wir in der äußeren Welt einem anderen Menschen, ist er ein von uns getrenntes Wesen. Er führt sein eigenes Leben und hat seine eigenen Eigenschaften.

Denken wir an diesen Menschen oder erinnern wir uns an ihn, sind wir in uns selbst. Das, was wie der andere aussieht, ist in Wirklichkeit ein Teil unseres eigenen Wesens. Wir lernen uns kennen, wenn wir wahrnehmen, welche Gefühle, Gedanken und inneren Zustände oder Vorgänge im Kontakt mit jenem inneren Menschen in uns deutlich werden. Auch wenn es scheinbar die Eigenschaften des anderen Menschen sind, erleben wir uns selbst.

Wenn sich der äußere Mensch zum Beispiel uns gegenüber verschlossen und abweisend verhält, ist das zuerst sein eigener Zustand. Er spürt in diesem Augenblick etwas in sich selbst, das er nicht kennt und vor dem er sich schützt. Es ist möglich, daß es ihm durch unser Verhalten nahegebracht wird.

Was wir selbst dabei empfinden, gehört zu uns. Der andere berührt uns durch sein Verhalten in unserer eigenen Verschlossenheit, die wir meistens nicht kennen und nicht mögen. So fühlen wir uns nicht wohl, versuchen uns davor zu schützen und glauben, daß der andere die Ursache für unser Unbehagen ist. Wären wir mit unserer eigenen Verschlossenheit einigermaßen vertraut, könnten wir erkennen, daß der andere sich unbewußt und zwanghaft vor sich selbst verschließt. Wir könnten dann auch seine Verschlossenheit ohne große Abwehr ertragen, weil wir wüßten, daß sie nicht in erster Linie gegen uns gerichtet ist.

Wenn jemand liebevoll mit uns umgeht, ist auch das zuerst sein eigener Zustand. Er kann sich so verhalten, weil er zu dem, was er gerade spürt, Vertrauen hat. Er mag sich und kann uns liebevoll zulassen. Wenn wir uns in seiner Nähe wohlfühlen, sind wir bei uns. Der andere berührt uns in einem eigenen inneren Zustand, den wir mögen und in dem wir uns wohl fühlen. Gäbe es diesen Zustand nicht in uns, würden wir die liebevolle Zuwendung des anderen nicht als angenehm empfinden können.

Dabei erinnere ich mich an Menschen, denen in ihren Erfahrungen deutlich wurde, wie wenig sie sich bisher geachtet und geliebt hatten. Sie konnten einfach nicht spüren, wenn jemand liebevoll mit ihnen umging, weil sie selbst sich für so wenig liebenswert hielten. In Seminaren und Begleitungen erlebe ich immer wieder mit, wie einfach der Zugang nach innen ist, wenn man von einem äußeren Menschen ausgeht, von dem man geliebt worden ist oder an dem man gelitten hat. Jeder erlebt, daß er dabei in sich ist und seine eigenen angenehmen oder bisher abgewehrten Eigenschaften kennenlernt.

Die innere Mutter

Viele Menschen, die ich kenne, haben - mehr oder weniger intensiv - an ihrer leiblichen Mutter gelitten. Sie erinnern sich, daß sie wenig liebevoll oder immer beschäftigt war. Sie konnte nur schwer bestimmte Gefühle zulassen oder wirkte übermächtig und bedrohlich. Die Sehnsucht des Kindes nach Angenommensein, nach Wärme und Geborgenheit erfüllte sich nicht.

Menschen mit dieser Vergangenheit versuchen häufig ihr ganzes Leben lang, die Beziehung zu ihrer Mutter zu »klären«. Sie setzen sich immer wieder mit ihr auseinander und versuchen, mit ihr zu sprechen. Manche ziehen sich mit vielen Schuldgefühlen von ihr zurück, nachdem sie alles versucht haben. Fast alle sehen die Mutter als Ursache für ihre Probleme an, sich selbst und andere nicht annehmen und lieben zu können.

In inneren Erfahrungen brechen bei der Erinnerung an die Mutter oft starke Gefühle auf, die der Mensch nicht mag und gegen die er sich geschützt hat. Damit beginnt ein intensiver Weg zu sich selbst.

Eine junge Frau (F) hat Depressionen und ist manchmal ganz erschöpft. Ihre Beziehungen zu anderen sind schwierig. Ich (I) begleite sie durch ihre Erfahrungen.

I: Wie fühlt sich dein Herz an, wenn du es mit deinen inneren Händen berührst?

F: Es ist ganz fest, ganz hart.

I: Kennst du deine Härte?

F: Nein, ich finde sie schrecklich

I: Kannst du das deiner Härte sagen?

F: Härte, ich mag dich nicht.

I: Wie fühlst du dich, wenn du so zu ihr sprichst?

F: Nicht gut. Ich werde traurig.

I: Kannst du auch die Trauer ansprechen und sie zulassen, soweit das möglich ist?

F: Trauer, es fällt mir schwer, dich zuzulassen.

I: Woran erinnert dich deine Härte? Gibt es eine Situation oder einen Menschen, an den du jetzt denkst?

F: (zögernd, weinend) Ich denke an meine Mutter.

I: Wie sieht sie aus, wenn du an sie denkst oder sie erinnerst?

F: (traurig) Meine Mutter ist ziemlich jung. Sie sieht nicht glücklich aus. Sie ist verbittert und hart.

I: Wie fühlst du dich, wenn du sie so siehst?

F: (weint) Ich bin traurig. Sie tut mir leid.

I: Spürt sie das?

F: Nein, sie bemerkt mich gar nicht. Sie hat viel zu tun. Sie muß sich um alles kümmern.

I: Kannst du dich deiner Mutter zumuten und ihr zeigen, wie du dich fühlst? Kannst du ihr sagen, daß du traurig bist?

F: Nein. Das mag sie nicht. Sie wird dann ganz böse.

I: Spüre doch einmal, warum sich deine Mutter so verhält. Kennt sie sich selbst? Mag sie sich? Kann sie traurig sein?

F: Nein, sie kennt sich nicht und mag ihre Trauer überhaupt nicht.

I: Wie fühlst du dich, wenn du das spürst?

F: Ich werde wieder traurig. Sie tut mir leid.

I: Kannst du dir vorstellen, daß deine Mutter sich durch ihre Härte vor ihrer Trauer schützt? Und vor dem, was sie sonst nicht ertragen kann?

F: Es ist möglich.

I: Kennst du das auch von dir, daß du dich verschließt und dich hart machst, wenn du traurig wirst oder dir etwas unangenehm ist?

F: (weint) Ja, leider. Das wirft mir mein Freund immer vor. Aber ich will das nicht mehr.

I: Kannst du spüren, daß du darin deiner Mutter ähnlich bist?

198

F: Ich wollte nie so werden wie sie.
   (weint laut) Ich hasse das. Ich bin wie sie.
I: Kannst du deine Trauer zulassen?
F: Nein, ich will nicht mehr traurig sein. Ich habe genug geweint.
I: Spüre einmal, daß du dich gerade gegenüber deiner Trauer wieder hart machst. Du verhältst dich wieder wie deine Mutter. Könntest du ihr jetzt sagen, daß ihr euch ähnlich seid?
F: Es fällt mir schwer. Ich will es versuchen.
   (zögernd) Mutter, ich merke, daß wir uns ähnlich sind in unserer Härte.
I: Hat sie dich gehört?
F: Ich glaube ja.
I: Wie fühlst du dich?
F: (weint) Ich bin traurig.
I: Da ist deine Trauer. Sage ihr doch, daß du sie spürst. Und sage deiner Mutter, daß du traurig bist.
F: Trauer, ich spüre dich.
   (zögernd, stockend) Mutti, ich bin sehr traurig.
I: Hört sie dich?
F: Ja.
I: Wie fühlst du dich, wenn du das merkst?
F: Ich wundere mich.
I: Wie sieht deine Mutter denn jetzt aus?
F: Sie ist auch traurig.
I: Kannst du das zulassen? Kannst du ihr sagen, daß sie traurig sein darf?
F: Ich versuche es.
   (zögernd) Mutter, ich kann deine Trauer annehmen.
I: Wie verhält sie sich?
F: Sie ist überrascht.
I: Willst du zu ihr hingehen und sie berühren oder sie in deine Arme nehmen, so wie sie jetzt ist.
F: (zögernd) Ich habe Angst, daß sie das nicht will und mich abweist.
I: Hast du das schon erlebt?
F: Ja.
I: Probiere doch einmal, was geschieht. Nimm deine Angst mit. Dann weißt du, wie sich deine Mutter verhält.

199

F: Ich berühre sie. Und jetzt nimmt sie mich in die Arme. Sie ist ganz weich und warm.

I: Magst du diese Berührung? Und deine Mutter auch?

F: (gerührt) Ja, es ist schön. Sie freut sich sogar.

I: Was möchtest du deiner Mutter sagen, wenn du so bei ihr bist?

F: O Mutti, ich kann es gar nicht glauben. Ich habe mich so danach gesehnt.

I: Wie verhält sich deine Mutter?

F: Sie hält mich im Arm. Sie lacht und strahlt und ist ganz jung.

I: Frage sie doch, ob sie in dir ist.

F: (überrascht, zögernd) Mutti, bist du in mir?
   (nach einer Pause) Sie nickt und lacht fröhlich.

I: Frage sie, ob sie schon immer in dir lebt. Ist sie deine innere Mutter?

F: (gerührt) Ja. Sie sagt, daß sie schon immer in mir ist. Sie ist meine innere Mutter.

I: Freut sie sich, daß du sie in dir gefunden hast?

F: Ja, und ich freue mich noch mehr.

I: Jetzt kannst du beginnen, mit ihr zu leben. Du kannst sie kennenlernen und wirst bald auch wissen, daß sie anders ist als deine äußere Mutter. Möchtest du ihr etwas sagen oder sie dir?

F: Mutter, ich möchte, daß du mit mir lebst und mich nicht verläßt.

I: Was sagt sie dazu?

F: Sie lacht und ist ganz übermütig. Fast wie ein junges Mädchen.

I: Frage sie doch auch, ob sie dich so liebt, wie du bist, auch mit deinen Grenzen und Problemen.

F: Liebst du mich, wie ich bin?
   Sie sagt ja und nimmt mich in die Arme.

I: Wie fühlst du dich?

F: Ich bin glücklich.

I: Mache dich langsam mit ihr vertraut.
   Du wirst sie manchmal wieder vergessen, aber sie kann dir nicht verlorengehen. Sie ist ein Teil von dir. Du wirst sie immer wiederfinden und immer selbstverständlicher mit ihr leben und Erfahrungen machen.
   Und wenn du möchtest, kannst du im Alltag sagen: »Innere Mutter, komm mit in mein Leben.« Dann erlebst du, was geschieht, wenn du sie bewußt mit in dein Leben nimmst.

Mit der inneren Mutter leben

Ähnliche Erfahrungen habe ich mit sehr vielen Menschen erlebt. Denn die schmerzlichen Erinnerungen an die leibliche Mutter sind so dicht unter der Oberfläche des Bewußtseins, daß sie in inneren Erfahrungen schnell aufbrechen. Jeder ist zuerst sehr verblüfft, wenn er in der Erfahrung merkt, daß er die ganze Zeit in sich selbst ist und zu sich selbst spricht. Fast immer wird dann eine tiefe Erleichterung spürbar. Der Mensch ahnt, daß es nicht um eine weitere Auseinandersetzung mit der leiblichen Mutter geht. Er spürt die Liebe der inneren Mutter.

Es gibt auch sehr schmerzhafte Erinnerungen, wenn die leibliche Mutter früh gestorben oder wegen einer Scheidung vom Kind weggegangen ist. Der Mensch hat dann eine tiefe Sehnsucht nach einer Mutter, die er nie richtig gekannt hat. Es ist etwas verlorengegangen, was ihm notwendig und wertvoll war. In seiner inneren Erfahrung merkt er, welche Angst er hat, daß auch in seiner Seele etwas fehlen könnte. Wenn er sich dann an die leibliche Mutter erinnert, brechen oft zuerst Trauer, Verzweiflung und Hoffnungslosigkeit auf. Mit diesen Gefühlen kann er an ein Bild der verlorenen leiblichen Mutter denken. Damit findet er seine innere Mutter, die ihn liebevoll in die Arme nimmt und ihm sagt, daß sie immer da war und auf ihn gewartet hat.

Ich habe natürlich auch Menschen durch innere Erfahrungen begleitet, die eine sehr liebevolle Beziehung zu ihrer leiblichen Mutter haben. Bei ihnen gibt es keine Schwierigkeiten, die Mutter anzusprechen und sich von ihr in die Arme nehmen zu lassen. Sie freuen sich und sind glücklich in dieser Berührung. Aber auch für sie ist es völlig neu zu erfahren, daß sie jetzt ihrer inneren Mutter begegnen. Sie lernen in ihr einen Teil von sich kennen, zu dem sie viel Vertrauen haben und mit dem sie unbewußt schon immer gern gelebt haben.

Nach einer solchen inneren Begegnung kann der Mensch beginnen, mit seiner inneren Mutter zu leben und sie als Teil von sich selbst zu erfahren. Die innere Mutter ist die absolut ideale Mutter, nach der jeder Sehnsucht hat. Sie ist ein »Symbol« für die Mütterlichkeit der eigenen Seele. Sie liebt den Menschen ohne jede Bedingung und ohne jede Erwartung, so wie er ist und wie er war, mit allen angenehmen und unangenehmen Eigenschaften und Zuständen.

Sie gibt ihm die Wärme, die Geborgenheit und das Vertrauen, nach denen er sich immer gesehnt hat.

Wenn er möchte, nimmt sie ihn an die Hand und begleitet ihn zu sich selbst. Sie besucht mit ihm Organe und Teile des Körpers, sie führt ihn zu Gefühlen und anderen inneren Zuständen. Der Mensch braucht sich ihrer Führung nur anzuvertrauen. Am Anfang merkt er oft, daß ihm das ziemlich schwer fällt.

Die innere Mutter ist sehr vielfältig. Sie kann, wie in dem Beispiel oben, jung und fröhlich sein, sie kann auch sehr füllig und mütterlich sein oder auch älter und weise. Da sie in der inneren Welt lebt, ist sie in jedem Augenblick so, wie es dem Menschen entspricht. Was ihn immer tief berührt und betroffen macht, ist die Gewißheit, daß er selbst diese innere Mutter ist. Sie ist nichts Äußeres und nichts von ihm Getrenntes. Oft kann er nicht glauben, daß es so sein soll.

Es ist sehr faszinierend, mit der inneren Mutter (und auch den anderen inneren Gestalten) im Alltag zu leben. Es ist immer ein kleiner Augenblick der Freude und des Vertrauens, nach innen zu sagen: »Innere Mutter, ich denke jetzt an dich. Komm bitte mit in diese Situation.« Oft wird die Berührung der inneren Mutter ganz deutlich. Ob die Situation angenehm oder unangenehm ist, die Ahnung oder Gewißheit von Geborgenheit und Liebe wird spürbar.

Die innere Mutter hat sehr viel mit dem irdischen Leben des Menschen zu tun und kann auch als »Mutter Erde« deutlich werden. Die irdische Existenz betrifft den physischen Körper und das Leben im Alltag, im Beruf und in den Beziehungen zu anderen. Die innere Mutter schenkt dem Menschen alles, was zu einem befriedigenden Leben nötig ist. Sie kann es ihm jedoch nur dann geben, wenn er Vertrauen zu ihr hat und ihre Gaben annimmt.

Wenn jemand seine innere mütterliche Fülle nicht kennt, strengt er sich oft sehr an und bemüht sich, etwas zu erreichen. Er zwingt zum Beispiel seinen Körper zu übermäßiger Leistung. Ein solcher Mangel an Vertrauen wird in unserer Welt ganz deutlich im Verhältnis zur äußeren »Mutter Erde«. Die Menschen beuten die Erde aus, weil sie nicht glauben, daß sie ihnen alles Notwendige zum Leben schenkt.

Das Herz ist das Organ, das die Mütterlichkeit am stärksten ausdrückt und am häufigsten zur inneren Mutter führt. Bei Frauen machen natürlich auch die weiblichen und mütterlichen Organe die Beziehung zur inneren Mutter deutlich.

Im bewußten Leben mit der inneren Mutter verändert sich die Beziehung zur leiblichen Mutter. Dem Menschen wird bewußt, wie ähnlich er ihr in vielen Eigenschaften ist. Er kann erkennen, daß die Mutter, an deren Lieblosigkeit er gelitten hat, wenig Vertrauen zu sich hatte und genauso lieblos mit sich selbst umgegangen ist. Dabei spürt er, daß er genauso viele seiner eigenen Gefühle und inneren Zustände nicht lieben konnte, weil er ihnen nicht vertraute. Er hat die Liebe von seiner leiblichen Mutter erwartet, die er sich selbst nicht geben konnte. Ihm wird bewußt, daß sie sich gar nicht in erster Linie gegen ihn gewendet hat, sondern ihre eigenen Grenzen und Probleme gelebt hat.

Der Mensch kann viele seiner Erwartungen und Sehnsüchte an die leibliche Mutter loslassen, weil er jetzt weiß, wo sie sich erfüllen. Damit öffnet sich die Beziehung zu ihr. Ohne die bisherigen Erwartungen erkennt er seine Mutter als einen Menschen mit vielen Seiten. Da sind nicht nur ihre Begrenzungen, an denen er gelitten hat, sondern viele Eigenschaften, die er so bisher nicht wahrnehmen und schätzen konnte.

Der innere Vater

Grundsätzlich gilt dasselbe auch für den leiblichen Vater und den inneren Vater. Viele Menschen erinnern sich in einer inneren Reise, wie sie an ihrem Vater gelitten haben. Er war häufig nicht da, um sich um sie zu kümmern, er war verschlossen oder abweisend, er war unzufrieden und stellte große Anforderungen an sie, er ging lieblos mit der Mutter und ihnen um. Einige Frauen berichten, daß er sich ihnen als Kind oder Jugendliche sexuell genähert hat und dabei ein tiefer Bruch im Vertrauen entstand.

So kommen Trauer, Hilflosigkeit oder auch Wut auf. Der Vater wirkt unerträglich oder bedrohlich. Gleichzeitig ist da die Sehnsucht, von ihm wahrgenommen und angenommen zu werden und seinen Schutz und seine Autorität zu spüren.

Damit können dem Menschen die Grenzen seines eigenen Vertrauens bewußt werden. Er ist bei seinen Erwartungen und Enttäuschungen, bei seinem Selbstschutz, seiner Angst und Aggressivität. Oft merkt er mit Erstaunen, daß er sich bisher vor seiner Sensibilität,

Weichheit und Zartheit geschützt hat und daß der leibliche Vater auch nicht anders ist.

In der Erfahrung wird dann deutlich, daß sich der Mensch jetzt nicht mit seinem leiblichen Vater auseinandersetzt, sondern mit sich selbst. So kommt er zu seinem inneren Vater. In ihm findet der Mensch den »idealen« Vater, nach dem er Sehnsucht hatte. Dieser Vater ist gütig und, wenn nötig, beschützend. Er ist weich und liebevoll. Und er ist männlich und tatkräftig. Er ist ein wunderbarer Teil der Seele, mit dem man im Alltag, im Beruf und in inneren Erfahrungen sehr gut leben kann.

Im Körper wird die Beziehung zum inneren Vater (oder inneren Mann) häufig durch den Zustand des Kopfes (des Gehirns) oder der Wirbelsäule ausgedrückt.

Weiblichkeit und Männlichkeit

Mit der inneren Mutter und dem inneren Vater wird das Thema der (inneren) Weiblichkeit und Männlichkeit direkt berührt. Eigentlich zieht es sich wie ein roter Faden durch das ganze Buch. Denn oft geht es um Passivität und Aktivität oder um Hingabe und Handeln.

In vielen bei uns üblichen Vorstellungen sind Weiblichkeit und Männlichkeit einander ausschließende Gegensätze. Die männliche Seite wird hoch geschätzt in ihrer Tatkraft und Entscheidungsfähigkeit, während die weibliche Seite geringer geachtet oder sogar gefürchtet wird, weil sie »nichts tut« und den Menschen in seinen Aktivitäten sogar hindern kann.

In inneren Erfahrungen wird diese Einschätzung oft deutlich. Am Anfang versucht der Mensch meistens das, was ihn unangenehm berührt, sofort zu verändern oder zu verstehen. Damit lebt er seine Männlichkeit. Es ist ihm nicht möglich, es einfach so zu lassen, wie es ist, oder sich ihm sogar hinzugeben. Er hat Angst vor seiner Weiblichkeit.

Nach meinen Erfahrungen haben Frauen und Männer bei uns ähnliche Schwierigkeiten mit ihrer weiblichen Seite. Fast alle versuchen, vernünftig und kontrolliert auf der männlichen Seite zu leben. Auch Frauen, die für ihre Gleichberechtigung kämpfen, verwenden dabei weitgehend ihre männlichen Fähigkeiten.

Solange bei uns weiblich und männlich so weitgehend mit Frau und Mann identifiziert wird, werden unbewußte Ängste und Abneigungen gegen die (innere) Weiblichkeit auf die Frau projiziert. Und ebenso auch die unbewußte Sehnsucht nach Zulassen und Hingabe, die eine Frau nicht völlig erfüllen kann, weil sie Verlockungen der eigenen Seele sind. In der Diskussion über Frau und Mann in unserer Gesellschaft kämen beide Seiten schnell auf einen gemeinsamen Nenner, wenn sie über den Umgang mit Weiblichkeit und Männlichkeit statt von Frau und Mann sprechen würden.

Erst in inneren Erfahrungen mit beiden Seiten, zum Beispiel mit Herz und Kopf oder innerer Mutter (Frau) und innerem Vater (Mann), wird deutlich, daß es keinen Gegensatz oder Widerspruch zwischen ihnen gibt, sondern daß sie in Harmonie zusammenleben. Der Mensch hat es bisher nur nicht gewußt. So kann es dann auch nicht verwundern, wenn die innere Mutter oder Frau manchmal sehr tatkräftig ist und der innere Vater oder Mann große Sensibilität und Weichheit zeigt.

Das innere Kind

Wer in seiner Kindheit stark gelitten hat, lebt meistens mit wenig Vertrauen zum »Kindsein«. Er fürchtet sich davor, klein, hilflos und abhängig zu sein, und kämpft sein Leben lang dagegen. Auf der anderen Seite sehnt er sich danach, wie ein Kind in die Arme genommen und geliebt zu werden.

In inneren Erfahrungen erleben viele sich selbst als Kind in Freude oder Leid. Einige sehen in sich ein bisher unbekanntes Kind, das Gefühle und Erinnerungen auslöst. Sprechen sie das Kind an, wird ihnen bewußt, daß sie zu ihrem inneren Kind kommen. Dabei können sie erfahren, wie sie bisher unbewußt mit ihm gelebt haben. Ist das Kind traurig oder krank, konnten sie ihm wenig vertrauen. Ist es fröhlich und lebendig, wird ihnen bewußt, daß sie ihre Kindlichkeit ganz gut leben konnten.

Auch wenn der Mensch zögert, weil er nicht weiß, was er mit dem inneren Kind machen soll, nimmt es ihn spielerisch und ohne Umstände an die Hand und führt ihn zum Beispiel zu einem Ort, an dem es gerne ist. Das kann eine üppige Landschaft unter einem weiten

Himmel sein. Der Mensch merkt mit Erstaunen, daß alles in ihm ist, was er sieht oder spürt. Er ist das Kind und die Landschaft und der Himmel.

Das innere Kind, das wir so (wieder-)finden können, ist ein ganz wunderbarer Teil von uns. Es ist unsere unbeschwerte, spielerische Lebendigkeit und Spontaneität. Ein (inneres) Kind lebt seine Gefühle so, wie sie kommen. Wenn es sich freut, freut es sich, und wenn es traurig ist, ist es traurig. Die Gefühle wechseln oft ohne Übergang. Das Kind hat einen ganz natürlichen Zugang zu sich selbst und seiner inneren Welt. Es spricht mit sich und lebt in seinen inneren Bildern genau wie in der physischen Welt. Es kann die Ebenen seiner Wahrnehmung oft nicht auseinanderhalten. Ihm wird erst von den (unbewußten) Erwachsenen klargemacht, was »Realität« und was »überflüssige« Einbildung oder Phantasie ist.

Das innere Kind ist in jedem von uns. Es wird auch durch Lieblosigkeit oder Abwehr nicht geschädigt oder zerstört. Wie weit wir es leben, hängt vom Vertrauen zu unseren kindlichen Eigenschaften ab. Das bedeutet nicht, kindlich oder kindisch sein zu müssen. Es ist die Fähigkeit, ein bißchen lebendiger und spielerischer zu leben, auch mit Problemen und Grenzen. In der östlichen Welt wird das irdische Leben manchmal »ein Spiel Gottes« genannt. In unserer üblichen Art, das Leben vor allem ernst und tragisch zu nehmen, haben wir das weitgehend vergessen.

In diesem Sinne verstehe ich den Satz von Jesus: »Lasset die Kindlein zu mir kommen.« Er meint nicht junge Menschen, sondern welche, die (auch) ihr inneres Kind leben.

Andere innere Personen

Manchmal begleite ich jemanden durch seine Erfahrungen, der große Schwierigkeiten hat, mit sich in Kontakt zu kommen. Ich frage ihn dann, ob er einen Menschen kennt oder kannte, den er liebt oder dem er vertrauen kann. Einige können niemand nennen. Damit wird ihnen schmerzhaft bewußt, mit wie wenig Liebe und Vertrauen zu sich selbst sie bisher gelebt haben. Sie werden dadurch zu ihrer Trauer und zu ihrem Schmerz geführt, denen sie sich zuwenden können. Das sind dann ihre ersten Schritte, sich kennenzulernen.

Andere sind voller Freude, wenn sie an einen geliebten und vertrauten Menschen denken. Manchmal erinnern sie sich an eine Großmutter oder einen Großvater oder einen anderen Verwandten oder Freund. Einige denken beglückt und berührt an einen religiösen Meister, dem sie sich anvertraut haben. Zuerst ist es ihnen eigenartig und ungewohnt, diesen geliebten Menschen direkt anzusprechen. Wenn sie sagen:»Ich freue mich, dich zu sehen«, ist der Weg nach innen offen. Sie können ihn berühren und sich von ihm berühren lassen. Sie können zu ihm sprechen und zu ihm hinhören. Ihnen wird bewußt, daß sie in sich sind und einen geliebten Teil von sich kennenlernen.

Wenn es sich um einen religiösen Meister handelt, scheuen sich manche zu fragen:»Bist du in mir?« Sie glauben, daß etwas so Hohes oder Heiliges nur auf wenige, auserwählte Menschen beschränkt ist. Wenn sie sich Mut nehmen zu fragen, finden sie meistens einen fröhlichen Meister, der lachend sagt:»Ich bin schon immer in dir.« Wo soll er denn sonst sein, wenn man nach innen sieht?

Ist man mit sich vertrauter, kann es selbstverständlich werden, bewußt mit inneren Gestalten zu leben und sie auch im Alltag wahrzunehmen und anzusprechen. Man nimmt dann mehr von sich mit in sein Leben.

Innere Bilder

Solche Wahrnehmungen beschränken sich nicht auf Menschen. Alles, was es in der äußeren Welt gibt, können wir auch in uns erleben: Himmel und Erde, Meer und Fluß, Tiere, Pflanzen und technische Geräte. Darüber hinaus zum Beispiel auch Fabelwesen oder Märchengestalten. Unsere Seele benutzt alles, um uns mit uns vertrauter zu machen.

Im folgenden schildere ich einige aus der unermeßlichen Fülle von möglichen inneren Zuständen und Vorgängen. Ich kann derartige »Symbole« nicht definieren. Sie haben für jeden Menschen und in jedem Augenblick ihre Bedeutung, die man innerlich direkt erfahren kann. Auch wenn man nicht versteht, was da deutlich wird, macht man eine Erfahrung, die Bewußtheit und Vertrauen vertieft.

Der innere Himmel

Wenn wir draußen unter dem Himmel stehen, können wir uns von seiner Weite und Unbegrenztheit berühren lassen. Schließen wir die Augen und denken oder erinnern uns daran, erleben wir die Weite und Unbegrenztheit unseres inneren Himmels. Wir können ihm sagen: »Himmel, ich mag dich.«

So einfach ist der erste Kontakt zum inneren Himmel, nach dem viele Menschen große Sehnsucht haben. Wer daran zweifelt, kann seinen Zweifel bewußt mitnehmen und nach innen fragen: »Himmel, bist du wirklich in mir?« Es ist möglich, daß nicht gleich eine Antwort kommt. Aber eines Tages weiß man es.

Man kann seinen inneren Himmel kennenlernen, indem man in ihn eintaucht und vielleicht sagt: »Himmel, ich vertraue mich dir an.« Man kann in die Weite des Himmels schweben oder fliegen. Wenn Angst entsteht, verlorenzugehen, kann man seine Angst mit in das innere Experiment nehmen und mit ihr weitergehen oder die Erfahrung abbrechen.

Ich habe sehr oft jemanden ermutigt, seinen Himmel kennenzulernen. Er gleitet dann zum Beispiel wie ein Adler fast ohne Flügelschlag dahin und gewinnt einen großen Überblick. Er kann die Sphäre der Erde verlassen und alle Himmelskörper wie Mond, Sonne und Sterne finden und dabei erfahren, daß das ganze Universum zu seiner inneren Wirklichkeit gehört. Er kann sich im Himmel auflösen und wunderbare Zustände der Grenzenlosigkeit erleben, die denen des Jenseits entsprechen, die ich bei den Todeserinnerungen beschrieben habe.

Der Mensch wird sich dann bewußt, daß er gleichzeitig in der Schwere und Begrenztheit seines physischen Körpers ist. Zu seinem Erstaunen hindert sein Körper ihn nicht, in derartig leichte und weite Zustände zu kommen. Er verläßt ja seinen Körper nicht. Er macht keine Reise in der physischen Welt, sondern in seiner inneren Wirklichkeit. Dazu braucht er nur sein Bewußtsein zu bewegen.

Niemand muß nach derartigen Erfahrungen aus dem irdischen Leben flüchten, um in den Himmel zu kommen. Das irdische Leben wird jedoch anders, wenn man sich seines inneren Himmels bewußt ist. Man kann sich in einer alltäglichen oder schwierigen Situation einfach einmal daran erinnern, daß man auch die Unermeßlichkeit des

Himmels ist. Man muß sich nicht mehr gegen den physischen Körper wenden, wenn einen die Sehnsucht nach Weite und Freiheit berührt. Eigentlich kann man erst dann erkennen, welch ein wunderbarer Ort die Erde in ihrer Vielfalt und Buntheit ist.

Die innere Erde

Die Erde ist der Boden mit seiner Fruchtbarkeit und seinen Schätzen. Da sind weite Landschaften, hohe Berge, Wüsten und fruchtbare Gebiete, Flüsse und Seen. Da ist die ganze Vielfalt des Lebens auf und unter der Erdoberfläche mit Menschen, Tieren und Pflanzen. Alles können wir in uns wiederfinden. Allein der Gedanke oder die Erinnerung an eine schöne Landschaft ist innere Wirklichkeit. Wir können innere Flüsse und Berge, Tiere und Pflanzen wahrnehmen, ansprechen, berühren und dadurch kennenlernen. Das mag zuerst ungewohnt und seltsam sein. Es kann bald zu einer lieben Gewohnheit werden, so von außen nach innen zu gehen und dabei mit der eigenen inneren Welt vertrauter zu werden.

Der Wald ist ein innerer Bereich, der unheimlich sein kann, aber auch Geborgenheit bietet. Im Wald gibt es viele Tiere und Wesen, wie sie in den Märchen vorkommen. Im Kontakt mit ihnen wird deutlich, daß Märchen »Seelengeschichten« sind, die den inneren Menschen beschreiben.

Ein Berg kann zeigen, wie schwer man es sich macht, wenn man die innere Welt mit der äußeren verwechselt. Ich habe oft miterlebt, wie jemand mit viel Anstrengung einen inneren Berg zu ersteigen versucht und sich dabei erschöpft. Bis er dann merkt, daß es innen möglich ist, hinaufzuschweben oder hinaufzufliegen. Bei der Gelegenheit kann er seine Anstrengung ansprechen, die ihm so bisher nicht bewußt war. Der Berg führt in die Höhe mit ihrem großen Überblick und in die Nähe des inneren Himmels. Vom Gipfel kann man zurückschauen auf die eigene Vergangenheit und voraus in die Zukunft. Man kann vom Berg in die Tiefe fallen oder gleiten und so bewußt zur Erde zurückkehren.

Der Abgrund ist ein in Träumen häufig erlebter, für die meisten Menschen sehr bedrohlicher innerer Zustand. Ich habe ihn im Abschnitt über die Depression geschildert. Der schreckliche, dunkle

Abgrund ist ein Weg in die eigene Tiefe, die uns immer wieder lockt. Der Zugang öffnet sich durch das Sich-anvertrauen-Können und das Fallenlassen in die eigene Seele. Noch bedrohlicher ist der Sumpf oder Morast. Er ist eine nicht tragfähige Mischung aus Erde und Wasser. Es wäre natürlich tödlich, physisch im Sumpf zu versinken. Es ist jedoch eine Erfahrung, in der sehr viel Vertrauen entsteht, sich dem inneren Sumpf auszuliefern und in ihm unterzugehen. Man kann auch in die Erdoberfläche einsinken und sich von ihr umhüllen lassen. Oder man gleitet in einem Schacht in die Tiefe der Erde, um dort etwas von sich zu begegnen, was bisher unbekannt und vielleicht bedrohlich dort geruht hat. In der Tiefe wartet der Schatz der Erde auf uns, der uns zur Verfügung steht, wenn wir ihn annehmen können.

Das Wasser steht in enger Verbindung zur Erde. Da gibt es die mütterliche Quelle, den Bach, den Strom und das Meer. Dem Wasser kann man sich eigentlich immer nur anvertrauen und sich von ihm tragen lassen oder in ihm versinken. Sind wir mit dieser Hingabe an uns selbst nicht vertraut, erleben wir Angst und Abwehr im Wasser. So ist es sehr interessant, sich bewußt in die Tiefe des Meeres sinken zu lassen, sich dort der Dunkelheit auszusetzen und dem, was da unten wartet oder lauert. Da können bedrohliche Tiere oder ein Neptun sein, starke feurige Energien, aber auch Zustände der Ruhe und des Friedens.

Auch Umweltprobleme führen zu inneren Erfahrungen. Vielen Menschen wird in ihrer Angst vor Umweltzerstörungen bewußt, daß sie ihr eigenes irdisches Leben bisher wenig geschätzt haben und wenig Sinn in ihm sahen. Ich habe häufig miterlebt, wie ihnen von innen deutlich gemacht wurde, daß sie unbewußt ihren physischen Körper geschädigt haben. Zum Beispiel durch denaturierte oder wertlose Nahrungsmittel, durch Giftrückstände in Nahrungsmitteln, durch Drogen aller Art, durch Medikamentenmißbrauch, durch »leichtfertigen« Umgang mit technischen Geräten wie dem Auto, durch körperliche Überanstrengungen im Sport, durch Streß aller Art, durch schwere Krankheiten, durch Unfälle, durch Teilnahme an Kämpfen oder Kriegen und natürlich durch Suizidversuche.

Ihnen wird bewußt, daß sie ihr Leben auf der Erde oft als zu schwierig und mühsam empfunden haben und daß sie geglaubt haben,

Freiheit und Leichtigkeit woanders als auf der Erde finden können. Diese Sehnsucht spüren sie meistens als Verlockung des Todes, den es für sie nur auf der physischen Ebene gibt.

Der lieblose und gewaltsame Umgang mit der Erde in unserer Zeit macht deutlich, wie verbreitet diese unbewußte Haltung ist. Die Erde bietet dem Menschen alles für sein Leben. Der Mensch schädigt oder zerstört die notwendigen Voraussetzungen für seine Existenz auf der Erde, weil er sein Leben hier nicht schätzt.

Wir müssen nichts für die große Mutter Erde tun. Sie lebt schon sehr lange und wird noch lange existieren. Sie war einmal ein glühender Ball, und sie hat danach viele Tiere und Pflanzen beherbergt, die zum größten Teil ausgestorben sind. Die längste Zeit haben keine Menschen auf ihr leben können. Und auch in der natürlichen Entwicklung der Erde werden irgendwann in weiter Zukunft keine Menschen mehr auf ihr existieren können.

Mutter Erde nimmt die Wesen auf, die auf ihr leben können und wollen. Sollte der Mensch durch seine Verhaltensweisen Boden, Wasser und Luft so verändern, daß er selbst hier nicht mehr existieren kann, wird es genug andere Lebewesen und Pflanzen geben, die dankbar und demütig die Möglichkeiten der Erde annehmen.

Werden wir innerlich mit uns vertrauter, dann wissen wir, daß wir als Seele auf dieser Erde vielfältige und notwendige Erfahrungen machen. Dann ist es einfacher, das eigene Leben und das anderer Menschen und Wesen zu schätzen und alles Notwendige zu tun, um die Erdoberfläche in einem Zustand zu erhalten, der es noch vielen Menschen, Tieren und Pflanzen möglich macht, hier zu leben.

Innere Tiere

Bei inneren Erfahrungen begegnen wir allen Arten von Tieren. Mit einigen leben wir gern wie mit Katze, Hund, Pferd und Vogel. Wenn man sie wahrnimmt und anspricht, begegnet man eigenen »animalischen Energien«, zu denen man Vertrauen hat.

Andere Tiere wirken unangenehm, eklig oder gefährlich wie Mäuse, Ratten, Spinnen, Käfer und Schlangen, die zum Beispiel auch im Alkoholdelirium wahrgenommen werden. Es fällt meistens schwer, sich ihnen zuzuwenden. Man kommt zuerst zu seinem Ekel oder zu seiner Angst. Zusammen mit diesen Gefühlen kann man die Tiere innerlich berühren, ansprechen und erfahren, daß sie eigene Teile oder Energien sind, vor denen man sich bisher geschützt hat. Danach wirken diese Tier meistens angenehmer.

Besonders bedrohlich ist ein großes Raubtier, ein schnaubender Stier oder eine große, giftige Schlange. Auch da kommt zuerst die Angst auf, mit der zusammen man sich einem solchen Tier dann zuwenden kann. In einer Begleitung ermutige ich immer dazu, das bedrohliche Tier anzusprechen und sich ihm, soweit es möglich ist, anzuvertrauen. So kann man sagen:»Tiger, ich habe Angst vor dir, aber ich liefere mich dir jetzt aus. Mache mit mir, was du willst.«

Es kann alles mögliche geschehen. Der eben noch fauchende Tiger kann zur kuscheligen, weichen Katze werden. Der Mensch erfährt, welche Angst er bisher vor seiner Weichheit hatte. Oder der Tiger stürzt sich auf ihn, zerreißt ihn mit seinen Krallen und frißt ihn auf. Der Mensch merkt mit Erstaunen, daß das nicht schmerzhaft ist und er es zulassen kann. Er wird nicht verletzt oder zerstört. Er lernt eine starke Energie kennen, die er bisher als sehr bedrohlich angesehen und blockiert hat. Oft werden Energien im Beckenraum oder im ganzen Körper frei, die bisher nicht fließen konnten.

Innere Gegenstände

Viele technische Gegenstände tauchen auch in inneren Erfahrungen oder in Träumen auf. Das sind zum Beispiel die große Lokomotive oder der Panzer, die unaufhaltsam und bedrohlich auf uns zu rollen und uns zu zermalmen drohen. Wenn wir so etwas träumen, wachen wir schnell auf und freuen uns, daß wir unser Leben gerettet haben. In bewußten inneren Erfahrungen können wir wahrnehmen, daß auch die gewaltige Lokomotive in uns ist. Wir können sie ansprechen und, wenn wir möchten, uns der großen Kraft hingeben und die Lokomotive mit uns machen lassen, was sie will.

Auto, Eisenbahn und Flugzeug können sehr starke fließende Energien ausdrücken. Empfinden wir sie als gefährlich und haben wir Angst, wird deutlich, wie wir innerlich mit diesen Energien umgehen. Sich ihnen auszuliefern vergrößert das Vertrauen, daß sie in uns nicht zerstörerisch sind.

Transportmittel und Kommunikationsmittel berühren die entsprechenden inneren Vorgänge. Die Sehnsucht nach Bewegung und nach Neuem erfüllt sich in uns selbst, wenn wir innerlich reisen und uns dabei kennenlernen. Vertrauen wir uns nicht, dann schützen wir uns davor und versuchen, die Sehnsucht nur in der äußeren Welt zu befriedigen, indem wir zwanghaft in Bewegung bleiben und immer Neues erleben müssen.

Auch die Sehnsucht nach Kommunikation, also nach Beziehungen und nach Verständigung, richtet sich zuerst nach innen. Da sind die vielen Berührungen und Verlockungen der eigenen Seele, vor denen wir uns jedoch unbewußt schützen, wenn wir uns innerlich nur wenig kennen und vertrauen. Darum verspüren viele Menschen einen großen »Informationshunger« und suchen alle Arten äußerer Kommunikation. Sie telefonieren zum Beispiel um die ganze Erde, haben aber noch nie innen angerufen und gesagt: »Hallo, innere Mutter, ich denke gerade an dich.«

Erfahrungen mit Märchen, Mythen und Fabeln

Mit der physischen Welt sind wir einigermaßen vertraut. Innere Erfahrungen mit Dingen aus dieser Welt können uns daher zu dem bringen, was uns auch innerlich nicht fremd ist.

Es gibt jedoch wesentlich mehr, was in uns deutlich werden kann. Da sind zum Beispiel die vielen Bilder und Geschichten aus Märchen, Mythen, Fabeln und aus religiösen Überlieferungen. Oft ist jemand sehr verwundert, daß er in seiner inneren Erfahrung ein Märchen oder ein religiöses Gleichnis erlebt. Ihm wird bewußt, daß das eine Möglichkeit der Seele ist, innere Vorgänge oder Zustände darzustellen.

Das ist in früheren Kulturen sicher bekannt gewesen. Ein Märchenerzähler hat nach innen geschaut und seine Wirklichkeit geschildert. Und seine Zuhörer haben sich von ihm berühren lassen und ihre eigene innere Welt gefunden.

Dasselbe erlebe ich in meinen Seminaren, wenn jemand über seine Erfahrungen spricht. Es ist eine Art von Kommunikation, die bei uns weitgehend verlorengegangen ist. Denn der Erzähler und seine Zuhörer müssen nicht verstehen, was da deutlich wird, sie müssen nicht darüber diskutieren oder es zu klären versuchen. Jeder ist bei sich und erfährt sich. Märchen, Mythen und Fabeln sind ein großer Schatz, den jeder für seine eigenen Erfahrungen nutzen kann. Jeder Vorgang und jede Gestalt ist in uns selbst. Da sind die Freude und das Leid, die Liebe und der Haß, das Schöne und das Häßliche, das Gute und das Böse, die Sanftheit und die Gewalt, die Bedrohung und der Tod. Da sind der Bettler und der König, der Grausame und der Weise, der Kluge und der Dumme. Und da sind all die köstlichen Gestalten, die es angeblich nirgendwo gibt: Zwerge und Riesen, Elfen und Drachen, verwunschene Prinzen, Teufel und Engel, Tod und Gott persönlich. Natürlich finden wir sie nicht auf dieser Erde. Aber sie tummeln sich in unserer inneren Welt. Wenn wir uns ihnen dort zuwenden, lernen wir uns in unserer großen Vielfalt und Buntheit kennen. Da gibt es die fleißigen Zwerge, die die innere Erde bearbeiten und verwalten. Den feurigen Drachen, den wir vielleicht unbewußt im Beckenraum unter Kontrolle halten, weil wir Angst vor ihm haben. Und es gibt all die beglückenden Wunder der Märchen in uns, die aus dem wachsenden Vertrauen zur eigenen Seele entstehen.

Derartige Gestalten und Geschichten können uns mit vielen Aspekten der eigenen inneren Welt auf eine spielerische und einfache Weise vertraut machen. Man kann sich einfach den gefährlichen, feuerspeienden Drachen vorstellen und ihm sagen: »Hallo, Drache, ich ahne, daß du auch zu mir gehörst.« Und wenn man möchte, kann man sagen: »Ich vertraue mich dir jetzt an, mache mit mir, was du willst.« Da freut sich der Drache, und man lernt einen kraftvollen und liebevollen Teil von sich kennen, dem man vorher noch nie bewußt begegnet ist, weil man immer der Meinung war, Drachen gäbe es nicht.

Man kann ebenso die heutigen »Märchen« für sich nutzen. Die finden sich in Romanen und Filmen. Auch das sind immer innere Geschichten, selbst wenn der Autor es nicht beabsichtigt hat. Er erzählt über sich und über seine Beziehungen zu sich selbst. Dazu gehören sein Vertrauen und sein Zweifel, seine Angst und seine Abwehr. In den klischeereichen Kriminalfilmen werden die unbewußten Bewertungen des Autors in gut und schlecht deutlich und sein Versuch, das Böse in sich zu besiegen und zu erledigen, damit das Gute endlich Oberhand gewinnen kann.

Psychische oder geistige Krankheiten

Es gibt Krankheiten, in denen jemand keine oder nur geringe körperliche Symptome hat, sich jedoch eigenartig und verrückt verhält. Solche Krankheiten sind oft mit einer sehr starken Angst verbunden, für die es keine äußeren Ursachen gibt. Der Kranke verliert den Bezug zur Realität, er hört Stimmen, nimmt Gestalten wahr und empfindet sich selbst als fremd. Oft fühlt er sich von unsichtbaren Wesen verfolgt und bedroht. Manche Kranke geraten ganz außer Kontrolle und versuchen, sich zu töten, bedrohen andere oder zerstören Gegenstände.

Auf die meisten Menschen wirken solche Krankheiten äußerst bedrohlich und unerträglich, da sie unfaßbar sind. Der Kranke hat keine offensichtlichen körperlichen Schäden, er verhält sich verrückt und zwanghaft und läßt sich durch nichts zur Vernunft bringen. Dabei müßte er sich nach den üblichen Vorstellungen einfach nur »zusammenreißen«, um wieder normal zu sein.

Erfahrungen

Ich habe auch einige Menschen mit derartigen Krankheiten kennengelernt und sie, soweit sie es zulassen konnten, durch ihre inneren Erfahrungen begleitet. Was ich im folgenden schildere, sind einige wenige aus sehr vielen möglichen Erscheinungsformen solcher Krankheiten.

Bei meinen Erfahrungen wurde immer deutlich, daß der psychisch oder geistig gestörte Mensch sehr sensibel und empfindsam ist. Er ist seiner inneren Welt sehr nahe. Gleichzeitig hat er sehr wenig Vertrauen zu sich. Geist oder Seele sind keineswegs krank, wie man glaubt. Der Kranke ist ein Wesen, das im Inneren nicht anders ist als ein »normaler« Mensch. Die inneren Themen, die er lebt und an denen er leidet, unterscheiden sich auch nicht grundsätzlich von denen anderer. Nur ist bei ihm alles wesentlich intensiver.

Das bezieht sich vor allem auf seine unbewußten Wertungen und Sehnsüchte. Einige Kranke haben bestimmte Zustände oder Gefühle völlig idealisiert und die andere Seite so verteufelt, daß sie sie nicht mehr als eigene erkennen können. Die negativ bewerteten Gefühle empfinden sie zum Teil wie fremde Wesen. Da der Kranke sehr sensibel ist, sieht er dann furchterregende Gestalten oder Tiere, die ihn tödlich bedrohen. Er hat große Angst, weil er trotz aller Abwehr nicht gegen diese »Gestalten der Finsternis« ankommt und von ihnen überwältigt und getötet zu werden droht.

Wenn der Kranke in der Lage ist, sich in einer inneren Erfahrung an diese Bedrohung hinzugeben, dann erlebt er immer, daß er nicht zerstört oder getötet wird, sondern Teile von sich selbst kennenlernt, die liebevoll sind. Dazu schildere ich später eine innere Begleitung.

Bei solchen Erfahrungen erinnert er sich oft, daß er schon in seiner Kindheit viele innere Wahrnehmungen gemacht hat, denen er jedoch nicht vertrauen konnte. Von den Eltern oder anderen wurde er aufgefordert, mit seinen Hirngespinsten aufzuhören, um normal in der Realität zu leben.

Mancher erlebt seine innere Welt so deutlich, daß er sie mit der äußeren Welt verwechselt, er »ver-rückt« sich in eine andere Ebene. Weil er wenig Vertrauen zu sich hat und sein irdisches Leben sehr schwierig ist, flüchtet er in innere Ebenen. Dort findet er auch Gestalten, die bekannt und geschätzt sind. Sieht er zum Beispiel Jesus (oder eine andere religiöse oder bedeutsame Persönlichkeit) in sich, glaubt er, der einzige jetzt lebende, wirkliche Jesus zu sein. Er erkennt nicht, daß diese Gestalt ein innerer Zustand seiner Seele ist.

So beginnt der Mensch, zum Entsetzen seiner Umgebung, als Jesus zu wirken. Er lebt nur noch die Liebe und das Gute und bemüht sich Tag und Nacht, die ganze Umgebung und die Erde in diesem Sinne zu verwandeln. Alles, was nicht gut ist, bekämpft oder transformiert er. Dabei erlebt er jedoch, daß ihn niemand versteht und daß er nicht als Jesus verehrt, sondern in die Psychiatrie eingeliefert wird.

Das sieht er als das Walten des Bösen an, das ihn an seinem Werk zu hindern versucht. Er erlebt den Teufel und die Hölle in sich und empfindet sie als völlig fremd und äußerlich. In ihm finden ungeheure Kämpfe zwischen Gut und Böse statt, die ihn völlig zerrütten. Er fühlt sich isoliert. Er muß immer deutlichere Signale geben, damit sich andere ihm überhaupt noch zuwenden. Häufig versucht er dann einen Suizid oder droht mit ihm, was ihm große Schuldgefühle verursacht. Oft bleibt nur noch die Ruhigstellung des Kranken durch Medikamente, die die inneren Eindrücke vermindern oder unterdrücken.

Ein derart gestörter Mensch wirkt in seinen Verhaltensweisen so verändert, daß er selbst und andere glauben, daß sie nichts mit ihm zu tun haben. Es gibt viele Vorstellungen, daß jenseitige Wesen einen Menschen »besetzen« können und ihn »besessen« machen. Auch der Kranke selbst ist häufig dieser Meinung, weil er nicht glauben will, daß die »dunklen und bösen Mächte« Teile von ihm selbst sind. Er fühlt sich als unschuldiges Opfer dieser Mächte, die er mit aller Gewalt zu bekämpfen versucht.

Im folgenden schildere ich die Erfahrung eines Menschen, der sich für besessen hielt. Gleich am Anfang kommt bei ihm sehr starke Angst, geradezu Panik auf. Ich ermutige ihn, sie wahrzunehmen und zu ihr zu sprechen. Er sagt: »Panik, ich kann dich nicht ertragen. Gehe weg.« Danach wird er traurig, was er kaum zulassen kann. Aber dann spricht er die Trauer an. Er ist überrascht, daß dieses Gefühl, das er bisher unterdrückt hat, nicht übermächtig wird, wenn er sich ihm zuwendet. So sagt er: »Trauer, ich lasse dich jetzt zu.« Dann liegt er da und weint erleichtert.

Ich frage ihn, ob er jetzt die schreckliche Gestalt wahrnehmen möchte, die ihn immer wieder bedroht hat. Er spürt wieder seine Panik. Ich bitte ihn, sie noch einmal anzusprechen und ihr zu sagen: »Panik, ich ahne, daß du zu mir gehörst.« Er merkt, daß er etwas ruhiger wird. Ich mache ihn darauf aufmerksam, daß ihn seine Panik nicht überwältigt hat.

Er kann jetzt seine Panik bitten, mit ihm zur bedrohlichen Gestalt zu gehen. Er sagt: »Panik, komm mit zu der schrecklichen Gestalt.« Ich weise ihn darauf hin, daß er die Erfahrung jederzeit abbrechen kann, wenn es unerträglich wird. Dann bitte ich ihn, an die Bedrohung zu denken oder sich an sie zu erinnern. Voller Entsetzen sieht er die große schwarze Gestalt, die ihn schon lange verfolgt und immer wieder versucht, ihn mit ihren Krallenhänden zu ergreifen und zu zerreißen. Nur mit aller Gewalt hat er sich bisher davor schützen können.

Jetzt sagt er: »Schwarze Gestalt, ich sehe dich jetzt. Ich finde dich entsetzlich.« Er hält fast die Luft an, weil er einen Angriff befürchtet. Da das nicht geschieht, fühlt er sich ein bißchen erleichtert. Die Gestalt verschwindet nicht, sondern wird eher deutlicher. Sie bleibt bedrohlich. Dann bitte ich den Menschen, die Gestalt zu fragen, ob sie ein Teil von ihm ist. Das löst wieder große Angst aus. Die Gestalt antwortet nicht deutlich. Der Mensch spürt, wie fremd sie ihm ist. Ich ermutige ihn, auch seine Fremdheit als Teil von sich wahrzunehmen, sie anzusprechen und sie zu bitten, in diese Erfahrung mitzukommen.

Danach nähert er sich - mit seiner Angst und seiner Fremdheit - der dunklen Gestalt. Sie ist schon nicht mehr ganz so schrecklich, wirkt aber immer noch gefährlich. Ich bitte ihn, die Gestalt - vorsichtig - zu berühren. Er tut es sehr zaghaft und spürt, daß sie nicht kalt und hart ist, wie er gedacht hat. Sie wirkt weich und warm.

Ich frage dann, ob er sich dieser Gestalt anvertrauen oder ausliefern kann. Das scheint ihm unvorstellbar, denn er hat bisher mit aller Kraft gegen sie gekämpft. Er hatte immer Angst, zerstört und getötet zu werden, wenn er sich nicht mehr wehrt. So fragt er mich: »Kann ich das wirklich zulassen? Werde ich nicht verrückt oder zerstört?«

Ich ermutige ihn, so weit zu gehen, wie er kann, um zu erfahren, was wirklich mit ihm geschieht. Er kann jederzeit »Stopp« sagen, um alles zu beenden.

Mit großer Angst sagt er dann: »Schreckliche Gestalt, ich vertraue mich dir an.« Die bedrohliche Gestalt kommt heran und wirkt übermächtig. Ich bitte ihn, alles zuzulassen, auch wenn es sehr unangenehm ist. So läßt er geschehen, daß die dunkle Gestalt ihn mit ihren Krallenhänden aufreißt. Er fürchtet, jetzt wahnsinnig zu werden oder zu sterben.

Als ich ihn dann frage, ob er es ertragen kann, ist er ganz überrascht, daß es nicht schmerzt und daß er noch lebt. Sein Körper ist ganz offen, so daß er in ihn hineinsehen kann. Das Blut fließt in alle Räume seines Körpers.

Er ist völlig verblüfft, daß er alles ertragen kann und daß es sich sogar angenehm anfühlt. Er spürt, daß er offener geworden ist. Sein Schutz, seine Verschlossenheit und seine Festigkeit sind aufgebrochen, was er auch körperlich im Brust- und Bauchraum spürt. Das ausfließende Blut macht alle Räume des Körpers warm und lebendig. Die eben noch bedrohliche Gestalt steht ruhig daneben und wirkt heller und klarer. Sie sagt lachend: »Davor hast du so viel Angst gehabt.«

Der Mensch geht zur Gestalt hin, die jetzt ein freundlicher, väterlicher Mann geworden ist. In seiner neuen Offenheit berührt der Mensch ihn und nimmt ihn in die inneren Arme. Er ist bei sich und findet die Geborgenheit, nach der er soviel Sehnsucht gehabt hat.

Ich erlebe manchmal auch, daß es keineswegs so dramatisch verläuft, wenn sich jemand an die Bedrohung hingibt. Die dunkle Gestalt
oder das bedrohliche Tier wird kleiner und freundlicher. Der Mensch
erfährt, daß es ein Teil von ihm selbst ist, den er bisher nicht kannte
und dem er nicht vertrauen konnte.

Oft ist es die Angst selbst, mit der er sich dann vertraut machen
kann. Aber auch alle anderen negativ bewerteten Gefühle oder Zu-
stände können außerordentlich bedrohlich wirken, wenn sie mit aller
Gewalt unterdrückt werden. So kommt der Mensch zum Beispiel zu
Trauer, Wut, Aggression, Haß, Schwäche und Hilflosigkeit oder auch
Sexualität.

Mit dem Leiden leben

Für viele sind solche ungreifbaren Krankheiten die Bestätigung dafür,
wie unberechenbar und gefährlich das Unbewußte ist, wenn es nicht
unter Kontrolle gehalten wird.

Nach meinen Erfahrungen kann ich ohne jede Einschränkung zu
allen Erfahrungen ermutigen, auch wenn sie zuerst bedrohlich und
zerstörerisch wirken. Jeder kommt zu sich selbst und nicht zu etwas
Fremdem oder Äußerem.

Wer derartige Probleme hat, sollte sich nicht überfordern. Es ist
hilfreich, innere Erfahrungen dadurch vorzubereiten, daß man sich
einer vertrauten inneren Gestalt zuwendet, wie zum Beispiel einer
geliebten Großmutter oder dem eigenen Herzen. Man kann sie um
Hilfe und Begleitung bitten und mit ihr an die bedrohlichen Vorgänge
oder Zustände herangehen. Wenn eine im Augenblick unüberwindliche Grenze deutlich wird, dann sollte man sie sich zugestehen und
nach innen sagen: »Weiter kann ich nicht gehen.« Jeder innere Kontakt schafft Vertrauen, auch wenn dabei anscheinend nichts geklärt
oder verändert wird.

Es kann auch hilfreich sein, in akuten Zuständen Medikamente zu
nehmen, die die inneren Wahrnehmungen dämpfen oder abbrechen.
Damit verschafft man sich ein bißchen Ruhe, wenn man überfordert
und erschöpft ist. Ich höre, daß Menschen auch in dieser Pause mit
sich sprechen können und spüren, daß sie von innen nicht bedrängt
werden.

Man kann sich langsam damit vertraut machen, daß auch die unangenehmen Zustände, die kaum jemand ertragen kann, zu einem gehören. So wird es leichter, die eigenen Gefühle und Zustände, die notwendige Behandlung durch Ärzte und Therapeuten und auch die Reaktion anderer bewußter wahrzunehmen.

Im Kontakt mit einem Kranken kann man sich in seinen eigenen Gefühlen und Verhaltensweisen erfahren. Da ist sicher Angst und wahrscheinlich Abwehr. Ist man innerlich mit sich vertrauter, kann man erkennen, was den Kranken berührt und wie er damit umgeht. Es fällt dann leichter, ihn auf seinem Wege zu begleiten und vielleicht zu ermutigen, vertrauensvoller mit sich selbst zu leben.

Es gibt jedoch Menschen, denen diese innere Hinwendung nicht entspricht und denen auch Therapeuten wenig oder gar nicht helfen können, zu sich selbst Vertrauen zu gewinnen. Ein solcher Mensch ist eine Seele, die im Leiden tiefgreifende Erfahrungen macht. Kennt man sich selbst ein bißchen mehr und hat man sein eigenes Leben und Leiden als sinnvoll erfahren, kann man das auch für den anderen erkennen und ihn liebevoll auf seinem Weg annehmen.

In einigen Ländern nennt man gestörte Menschen »Kinder Gottes«. Denn auch in diesem Leiden liegt die tiefe Sehnsucht nach der anderen Welt, in der jeder Mensch unbewußt ständig lebt und von der er immer wieder verlockt wird, sie wahrzunehmen und kennenzulernen.

Todessehnsucht und Todesangst

Bei uns wird der Tod fast ausschließlich als physischer Vorgang angesehen. Er ist dann etwas Endgültiges, Unerklärliches und Bedrohliches. Viele verbinden mit Sterben und Tod die Vorstellung von Siechtum, Leiden, Hilflosigkeit und oft auch Sinnlosigkeit.

Dieser »negative« Tod wird aus dem eigenen und dem öffentlichen Leben verdrängt. Ein Sterbender wird häufig »versteckt«. Menschen ziehen sich von ihm zurück und überlassen ihn Ärzten, Schwestern oder Pflegern. Da der Tod nach diesen Vorstellungen das Leben endgültig beendet, wird in der Medizin alles getan, den Tod zu verhindern oder hinauszuschieben.

Auf der anderen Seite fasziniert der Tod. Presse und Fernsehen beschäftigen sich täglich mit Todesfällen bei Katastrophen, Kriegen oder Morden, die oft in großer Aufmachung gemeldet werden. Besonders häufig ist der Tod in den täglich im Fernsehen und in Kinos gezeigten Kriminal-, Kriegs- und Horrorfilmen. Da werden ständig die Themen »gut und böse«, »gerecht und ungerecht« und »Freund und Feind« abgehandelt. Der Böse mordet und wird meistens selbst getötet, was den Zuschauer beruhigt und befriedigt.

Aussagen über das, was im Sterben und danach geschieht, werden den Religionen überlassen, die sich darüber jedoch keineswegs einig sind. Jede Religion bestätigt die Existenz eines Teils des Menschen, der unsterblich ist, der also nach dem physischen Tod in irgendeiner Weise weiterlebt. In der westlichen Welt glauben viele Menschen das nicht (mehr). Sie sind der Überzeugung, daß mit dem Tod alles zu Ende ist.

Sterben und Tod ist für viele, die ich durch ihre Erfahrungen begleite, ein sehr deutliches und zuerst auch bedrohliches Thema. So kommen immer wieder Menschen zu mir, die an einer schweren körperlichen Krankheit leiden, wie zum Beispiel Krebs oder Aids. Nach der ärztlichen Diagnose stellt sich für sie die Frage, ob sie ihre Krankheit überleben werden oder nicht. Damit bricht der Tod in ihr Leben ein.

Andere erleben den Tod eines nahen Menschen und werden durch ihn tief erschüttert. Oft sind sie voller Schuldgefühle und Enttäuschung, weil vieles zwischen ihnen und dem Gestorbenen ungesagt und ungeklärt geblieben ist.

In einer Begleitung und in meinen Seminaren kommt auch ohne solche Anlässe immer wieder das Thema Tod auf. Viele Menschen erinnern sich an schwierige Lebenssituationen und an starke Überlastungen, die sie nicht mehr ertragen konnten. Sie waren voller Sehnsucht nach Ruhe und »Erlösung«, von der sie glaubten, sie im Tod finden zu können. Viele waren sich dieser Sehnsucht nicht bewußt und unterdrückten sie. Einige versuchten wirklich, sich das Leben zu nehmen, andere dachten ernsthaft an Selbsttötung und kündigten sie an. Wenn sie sich in der inneren Erfahrung daran erinnern, werden sie traurig und spüren Schuldgefühle. Es fällt ihnen sehr schwer, sich zuzugestehen, daß sie Sehnsucht nach dem Tode hatten und immer noch haben.

Ich bitte sie, sich dem Tod innerlich zuzuwenden, um ihn in sich selbst kennenzulernen. Für fast alle Menschen ist das am Anfang unverständlich und unbegreiflich. Sie haben den Tod bisher als physischen Vorgang angesehen und können sich nicht vorstellen, daß sie ihn erleben können, ohne dabei zu sterben. Oft entsteht allein bei dem Gedanken an den Tod viel Angst.

Am Anfang meiner Erfahrungen mit anderen war ich sehr betroffen zu erleben, wie viele Menschen eine mehr oder weniger unbewußte Todessehnsucht haben. Solange sie sich innerlich nicht kennen, glauben sie, daß sich die Sehnsucht nur im physischen Tod erfüllt. Gleichzeitig haben sie große Angst vor dem Tod, weil sie nicht wissen, was mit ihnen geschehen wird. Ist das Sterben qualvoll? Ist das Leben dann wirklich zu Ende? Wird man bestraft, wenn man »freiwillig« aus dem Leben scheidet? So werden sie zwischen Todessehnsucht und Todesangst hin- und hergerissen. Wobei die Angst ganz sicher ein notwendiger innerer Schutz vor einem allzu leichtfertigen Umgang mit dem eigenen physischen Körper ist.

Innere Erfahrungen mit dem Tod

Wenn ich jemanden durch seine inneren Erfahrungen begleite, kommt er oft zu einer Überforderung und Erschöpfung, die er sich jedoch nur schwer zugestehen kann. Er spürt eine tiefe Enttäuschung, die er bisher zu vermeiden versucht hat, weil er befürchtet, daß sie ihn lebensunfähig machen könnte. Er hat sich bisher mit viel Anstrengung »zusammengerissen«, um einen Absturz oder Zusammenbruch zu vermeiden. Ich ermutige ihn, sich diesen unangenehmen Themen so weit wie möglich zu öffnen und seine Überforderung und Erschöpfung anzusprechen. Dann brechen Trauer, Angst, Wut, Hilflosigkeit und andere starke Gefühle auf. Wenn er sie bewußt wahrnimmt und sie als Teile von sich anspricht, wird ihm klar, wie wenig Vertrauen er bisher zu ihnen hatte und wie sehr er sie unterdrückt hat. Er erlebt mit Erstaunen, daß er sie sich jetzt zumuten und ganz gut ertragen kann.

Damit kann er sich seiner Überforderung, seinen Erwartungen und Enttäuschungen zuwenden. Er erinnert sich mit Trauer oder Wut daran, wie oft er von anderen enttäuscht worden ist und wie oft sich seine Sehnsucht nicht erfüllt hat, geliebt und angenommen zu werden.

Er spürt, daß er schon länger nicht mehr so weiterleben wollte. Er hat öfter daran gedacht, das mühsame und sinnlose Leben zu beenden. Er kommt so zu seiner Todessehnsucht, die er sich auch nicht gern zugesteht. Ich bitte ihn, sie direkt anzusprechen und zu sagen: »Todessehnsucht, ich weiß, daß du zu mir gehörst.« Bei einigen bricht dann eine Kette von Erinnerungen an Versuche auf, sich zu töten. Das reicht von dem Gedanken, sich von einem Haus oder einem Berg zu stürzen, bis zum vorgenommenen oder ausgeführten, aber glimpflich verlaufenen Autounfall. Dabei kommen starke Vorwürfe und Schuldgefühle auf, die er auch wahrnehmen und ansprechen kann.

Danach ist er sehr erleichtert, sich das alles zugestanden und »gebeichtet« zu haben. Ich bitte ihn, auch seine Erleichterung anzusprechen. Dann frage ich, ob er jetzt mit seiner Todessehnsucht zu seinem Tod gehen und ihn kennenlernen möchte. Spürt er Angst, kann er sie bewußt mitnehmen und sagen: »Angst, begleite mich zu meinem Tod.« Dann sagt er: »Tod, ich habe schon lange Sehnsucht nach dir gehabt. Jetzt komme ich zu dir.«

Viele sehen oder spüren ihren Tod ganz deutlich. Er ist der knochige Sensenmann oder ein dunkler Umhang oder eine weiche Berührung. Manchmal ist er auch ein helles, warmes Licht. Der Mensch kann zu ihm hingehen und ihn mit den inneren Händen berühren. Er kann mit dem Tod sprechen und hören, was er ihm sagt. Dann kann er sich - mit seiner Angst - seinem Tod ausliefern: »Tod, ich vertraue mich dir an. Mache mit mir, was du willst.« Der Mensch wird ganz still. Er spürt einen leichten, freien Zustand.

Einige fliegen in einen weiten, hellen Himmel. Einige schildern Zustände, in denen sie Form und Gewicht verlieren. Manchmal entsteht Angst, daß der Körper jetzt Schaden nehmen oder daß man verlorengehen könnte. Ich ermutige, wieder die Angst mitzunehmen und sich dem Zustand hinzugeben, soweit es geht.

Bemühung, Erwartung und Anstrengung hören einfach auf. Der Mensch muß nicht verstehen, was geschieht, er muß nichts ändern. Er weiß, daß in diesem Augenblick alles so ist, wie es ist, und daß alles richtig ist. Er spürt seinen Frieden, sein Vertrauen und die Hingabe an sich selbst. Jetzt weiß er, wonach er sich immer gesehnt hat. Ihm wird bewußt, daß sein physischer Körper da ist und keinen Schaden genommen hat. Sein Körper hat ihn auch nicht gehindert, sich seinem inneren Tod hinzugeben. Er sagt zum ersten Mal in seinem Leben:

»Lieber Körper, du gehörst auch zu mir. Ich weiß jetzt, daß ich dich nicht loswerden muß, um meinen Frieden zu finden.«

Mit dem Tod leben

Wenn wir so unseren inneren Tod kennengelernt haben, können wir ihn leichter überall erkennen. In jedem Augenblick sterben im physischen Körper viele Zellen ab, um neuen Zellen Platz zu machen, und werden durch das Immunsystem fremde Zellen, Bakterien und Bazillen getötet, damit wir am Leben bleiben. Ebenso sterben Gedanken und Gefühle, wenn wir sie loslassen, und machen neuen Gedanken und Gefühlen Platz.

Der Tod ist nicht das Ende des Lebens, wie man bei uns im allgemeinen glaubt. Entstehen und Vergehen, also Geburt und Tod, sind das Leben in seiner ewigen, vielfältigen Bewegung. Wir erleben es als Zeit. Was vor der Gegenwart liegt, ist beendet, gestorben, und das, was folgt - die nächste Gegenwart -, wird geboren.

Wer den Tod nicht kennt, vertraut einem wesentlichen Teil des Lebens nicht. So sieht ein westlicher Mensch sein Leben häufig ganz statisch. Er empfindet sich als ein körperliches Wesen mit gleichbleibenden Fähigkeiten und Eigenschaften. Veränderungen wirken oft bedrohlich. Damit hat er Angst vor dem Fließen, dem Zulassen, der Hingabe, dem Sich-Anvertrauen. Dabei geht es zuerst um die Hingabe nach innen, an die eigene Seele oder an einen größeren Zusammenhang, in dem jedes Wesen lebt.

Lernen wir den (inneren) Tod kennen, gewinnen wir diese Seite hinzu. Wir können im irdischen Leben tätig sein, uns anstrengen und uns durchsetzen, wenn wir es wollen. Wir bekommen die Freiheit, es aber auch lassen zu können. Wir müssen dann nicht immer wieder in uns selbst oder in der äußeren Welt unbewußt und zwanghaft handeln und kämpfen und alles unter Kontrolle halten.

Wenn wir Erfahrungen mit dem inneren Tod gemacht haben, sind wir mit den feineren, leichteren Ebenen unseres Wesens vertrauter. Wir wissen dann, daß wir auf vielen Ebenen existieren. Und wir wissen oder ahnen, daß der physische Tod uns den Körper nimmt, aber nichts von unserem inneren Wesen.

Nachdem ich in so vielen Menschen die bisher versteckte Todessehnsucht miterlebt habe, sehe ich mir individuelle und kollektive Verhaltensweisen auch unter diesem Gesichtspunkt an. Dabei werden viele Vorgänge verständlich, die man nicht vernünftig begründen und durch Appelle an die Vernunft nicht ändern kann.

Weiß ein Mensch nicht, wo sich seine Todessehnsucht erfüllt, sucht er - meistens unbewußt - das Risiko und den Tod in der physischen Welt. Alle Verhaltensweisen, die zu einem »vorzeitigen« Tod führen können, haben damit zu tun. Das sind der Umgang mit Drogen aller Art und mit gefährlicher Chemie und Technik, aber auch starke Überforderungen, die zu schweren Krankheiten oder Verletzungen führen.

Kollektiv wird dieses Motiv auch in unserem Umgang mit der Erde deutlich. Die meisten technischen Errungenschaften haben starke »Nebenwirkungen« auf die irdischen Lebensbedingungen des Menschen. Obwohl inzwischen deutlich wird, daß nicht nur ein Krieg, sondern auch die friedliche Technik die Erdoberfläche unbewohnbar machen kann, wird verhältnismäßig wenig getan, um bedrohliche Entwicklungen zu beenden. Ich formuliere es einmal ganz drastisch und übertrieben: Lebt ein Mensch nicht gern in der »Mühsal« seiner irdischen Existenz, sieht er wenig oder keinen Sinn in diesem Leben, schätzt er seinen Körper nicht und merkt er dann, daß es nicht so einfach ist zu sterben, versucht er unbewußt, die ganze Erde »abzuschaffen«.

Das zu erkennen darf uns jedoch nicht hindern, alle unsere Fähigkeiten einzusetzen, die Zerstörung der Lebensbedingungen auf der Erde zu vermindern und zu vermeiden.

Einen Menschen in seinen Tod begleiten

Sind wir vertrauter mit unserem inneren Tod, können wir auch mit dem physischen Tod besser umgehen. Das macht es möglich, einen Sterbenden zu begleiten. Dabei kann das Vertrauen in die eigene Seele sehr wachsen.

Die erste und berührendste Erfahrung dieser Art habe ich mit meinem Vater gemacht, der im Alter von 86 Jahren gestorben ist. Sieben Jahre vorher war meine Mutter gestorben. Damals lebte ich völlig unbewußt und hatte, wie alle anderen Familienangehörigen, große Angst vor dem Tod. Obwohl wir wußten, daß meine Mutter nicht mehr lange leben würde, haben meine Mutter und wir alle beteuert: »Es wird schon wieder.« Sie ist allein im Krankenhaus gestorben. Seither hat sich für mich viel verändert.

In seinen letzten Jahren war ich meinem Vater sehr nahe. Er war fast sein ganzes Leben lang krank und leidend. Aber Gespräche über Hilflosigkeit und Tod konnte er nicht zulassen. Als ich mit mir innerlich vertrauter wurde, spürte ich Sehnsucht, meinen Vater in seinen Tod zu begleiten. Ich bat nach innen um Hilfe.

Mir wurde wieder einmal von seinem Pflegeheim mitgeteilt, daß er in ein Krankenhaus gebracht worden sei. Ich konnte erst am nächsten Tag in das Krankenhaus fahren, in dem er noch nie gelegen hatte. Als ich die Abteilung gefunden hatte, waren Schwestern und Arzt ziemlich verlegen. Ich fand meinen Vater in einem abgelegenen, kleinen Raum und erkannte sofort, daß er im Sterben lag.

Obwohl ich den Tod aus inneren Erfahrungen kannte, hatte ich noch nie allein neben einem Sterbenden gesessen. Ich dachte daran, den Arzt zu holen. Aber dann wurde mir meine Angst bewußt, und ich nahm sie mit. Mir wurde klar, daß sich jetzt mein innerer Wunsch erfüllte.

Ich setzte mich neben das Bett meines Vaters und nahm seine rechte Hand zwischen meine Hände. Mein Vater hatte offene Augen, mit denen er aber nichts mehr sah. Hören konnte er in den letzten Jahren sowieso nur noch wenig. Er atmete tief und keuchend. Ich nahm bewußt meinen Mut dazu und begann, mit ihm in normaler Lautstärke zu sprechen. Ich war nicht sicher, ob er mich hören konnte. Ich bemerkte aber, daß sich sein Gesicht verzog, als ich das Wort Angst sagte. Danach war sein Gesicht wieder unbewegt. Ich probierte es noch einmal und erlebte beim Wort Angst wieder seine Reaktion. Damit war mir klar, daß er mich »hörte«. Ich sagte - mit großen Pausen - etwa folgendes:

Lieber Vater, spüre einmal, wie du dich fühlst. - Mache dich mit diesem Zustand vertraut. Er gehört zu dir. - Wenn du mich jetzt hörst oder siehst, nimmst du mich nicht mit deinen körperlichen Sinnesorganen wahr. Du erlebst jetzt einen Teil von dir, der dir so bisher noch nicht vertraut war. - Spüre einmal, daß du deinen Körper langsam verläßt. Er hat seine Aufgabe erfüllt und stirbt jetzt. Wenn du

willst, denke an ihn. Er hat 86 Jahre mit dir gelebt und mit dir gelit-
ten. Wenn du möchtest, danke ihm doch einmal dafür, daß er dir das
Leben auf der Erde ermöglicht hat. - Du kannst deinen Körper jetzt
einfach loslassen. Habe Vertrauen, daß von dir noch etwas übrig-
bleibt, auch wenn dein Körper stirbt. - Das, was mich jetzt sieht und
hört, ist dein unsterblicher Teil, deine Seele. Du kannst zu ihr spre-
chen, sie um Hilfe bitten und dich ihr anvertrauen. - Alles, was du
jetzt erlebst, ist richtig, auch wenn du es nicht verstehst oder wenn es
dir unangenehm ist. - Löse dich doch einfach von deinem Körper und
nimm wahr, was mit dir geschieht. - Spüre auch einmal, ob ein ande-
res Wesen bei dir ist. Vielleicht ist jetzt Mama da, um dich zu beglei-
ten. Du kannst zu ihr oder einem anderen Wesen sprechen. Auch
wenn es dir unheimlich ist, nimm es wahr und lasse es zu.

Zwischendurch ging ich zweimal aus dem Raum, um Verwandte
anzurufen. Als ich mich danach wieder zu meinem Vater setzte, spürte ich eine leichte Bewegung seiner rechten Hand und nahm sie wieder zwischen meine Hände. So war ich über drei Stunden bei ihm, bis
ich merkte, daß die letzte Phase seines Sterbens begann. Mein Vater
war inzwischen ganz ruhig geworden. Seine Atmung war sehr tief, sie
wurde langsamer. Ich spürte, daß seine Hand kalt wurde. Es war ein
sehr eigenartiges und intensives Gefühl, wie sich das Leben heraus-
zog. Ich sagte zu meinem Vater:

Jetzt spüre ich, wie deine Seele deinen Körper verläßt. Laß es ein-
fach geschehen, wehre dich nicht dagegen. Es ist ein ganz natürlicher
Vorgang, den du jetzt bewußt erleben kannst. - Löse dich von deinem
Körper und merke, daß da noch etwas ist, was du wahrnimmst oder
was du bist. - Spüre die Umgebung, in die du jetzt mehr und mehr
hineinkommst. Wenn da Begleiter sind, laß dir helfen, vertraue dich
ihnen an. Und laß einfach los. Alles, was geschieht, bist du selbst.

Sein Atem wurde langsamer. Er war ganz still geworden. Auch die
Arme waren jetzt leblos. Ich sprach immer einmal wieder einen ermutigenden Satz. Und dann tat er den letzten Atemzug. Ich sagte:

Lieber Vater, wenn du mich jetzt siehst und hörst, dann bist du in
einer anderen Welt. Du hast deinen Körper und dieses Leben verlas-

sen. - *Schau dir ruhig noch einmal deinen Körper an. Er ist jetzt gestorben. - Erlebe, was mit dir geschieht. - Mache dich mit allem vertraut, was du jetzt spürst oder siehst. - Ich danke dir für dein Leben und für mein Leben.*

Der kleine Raum, in dem mein Vater gestorben war, war ganz still geworden. Ich saß noch eine Weile neben dem Körper und schaute ihm ins Gesicht. Dann verabschiedete ich mich von ihm und sagte dem Arzt Bescheid. Ich war ganz still und klar. Es war eine wunderbare Erfahrung, die mich sehr verändert hat.

Ein sterbender Mensch ist in unserer Welt meistens ziemlich isoliert. Der Arzt und auch die Angehörigen versuchen oft, ihn zu schonen. So erlebt er meistens, daß die anderen sein Schicksal nicht ertragen und annehmen können, sondern ihn zu trösten versuchen und alles Unangenehme überspielen. Der Sterbende selbst weiß jedoch, in welchem Zustand er ist. Oft kann er sich selbst jedoch auch nicht annehmen. Er fürchtet seinen Tod oder hält ihn sogar für eine Strafe.

Für ihn ist es eine Erlösung, wenn er einen Begleiter hat, der ihn nicht zu ändern und zu trösten versucht, sondern ihn ermutigt, Schmerz, Hilflosigkeit, Angst und Schuldgefühle zuzulassen. Dabei kommen wir selbst natürlich auch an unsere Grenzen und können die eigene Angst und Hilflosigkeit wahrnehmen und innerlich ansprechen. Es ist möglich, sich dem Sterbenden zuzumuten und auch einmal mit ihm zu weinen. Man sollte sich nicht zwingen, überlegen und kontrolliert zu sein.

Nach dem Tode meines Vaters habe ich einige Menschen in ihren Tod begleitet. Ich erlebe immer wieder, wie erleichtert der Sterbende ist, wenn er zum ersten Mal über seine Hilflosigkeit sprechen kann oder wenn ich beginne, mit ihm über den Tod zu sprechen. Der Sterbende wird sich manchmal bewußt, daß er viel mehr Vertrauen zu seinem Tod hat, als er bisher glauben konnte. Er kann sich mit dem Tod befreunden, auch wenn er nicht mit inneren Erfahrungen vertraut ist.

Ich ermutige ihn, zu seinem Tod zu sprechen und vielleicht zu sagen: »Tod, ich vertraue mich dir an. Hilf mir, sanft hinüberzugehen.« In dieser Haltung kann der Mensch in Frieden - vielleicht in den Armen seines inneren Todes - sterben. Er muß nicht mehr kämpfen. Er kommt zu sich selbst.

Alter

Die bei uns übliche Vorstellung vom Tod beeinflußt natürlich die ganze letzte Phase des Lebens, das Alter. Für viele beginnt der »sinnlose Rest des Lebens«, wenn ihr physischer Körper an Leistungsfähigkeit verliert und sie aus dem Beruf entlassen werden. Denn bei uns wird das Leben fast ausschließlich durch männliche Eigenschaften definiert wie Tatkraft, Entscheidungsfähigkeit und Verstand. Die weibliche Seite, das Nichts-mehr-tun-Können und Nichts-mehr-tun-Müssen, wird oft geringgeschätzt.

Im Alter nähert sich die Weiblichkeit, die Hingabe, dem Menschen. Er hat weniger Aufgaben und kann manches nicht mehr tun. Ist er wenig damit vertraut, empfindet er das als Hilflosigkeit. Es macht ihm Angst, und er versucht, den Mangel durch Aktivitäten wieder auszugleichen.

Oft ist das Alter durch Krankheit, Depression und Hoffnungslosigkeit geprägt. Das wird bei uns fast als normal angesehen. Deswegen fürchten sich die meisten vor dem Alter und versuchen, es so lange wie möglich zu »vermeiden«.

Das ist bei älteren Menschen, die ich durch ihre Erfahrungen begleite, ein zuerst schmerzliches Thema. Sie mögen ihren alten Körper nicht (mehr), ärgern sich über manches, was sie nicht mehr können, und leiden daran, daß sie von anderen als alt behandelt werden. In der inneren Reise kann der Mensch sich zuerst seinen Gefühlen, die deutlich werden, zuwenden und dabei spüren, daß er zum Beispiel Ärger, Trauer und Hilflosigkeit überhaupt nicht mag. Spricht er diese Gefühle an, spürt er bald Ruhe und Wärme.

Kommt dann der Körper ins Bewußtsein, merkt der Mensch, daß er ihn schon früher nicht mochte und eigentlich gar nicht kennt. Er kann seinen Körper oder Teile von ihm wahrnehmen und ansprechen. Dabei erfährt er, daß sein Körper sehr liebevoll mit ihm umgeht. Der Mensch ist berührt, aber auch betroffen.

Ihm wird im Laufe seiner Erfahrungen bewußt, mit wie wenig von sich er bisher zu leben versucht hat. Er kannte viele seiner Gefühle und seinen Körper nicht. Er hatte keinen Kontakt zu seiner inneren Mutter und seinem Inneren Wesen, er hat nie seinen inneren Himmel angesprochen. Diese ganze innere Lebendigkeit und Vielfalt hat er nie bewußt wahrgenommen. Er weiß nach seinen inneren Erfahrungen, daß die Lebendigkeit von seinem körperlichen Alter und Zustand unabhängig ist. Bisher hatte er sie immer mit Jungsein gleichgesetzt. Jetzt kann er mit seinem Körper und seinem Inneren Wesen auch über den Tod sprechen und hören, daß er sicher nicht das endgültige Ende ist. In anderen Kulturen lebt man - auch durch religiöse Erfahrungen - vertrauter mit seiner Seele. Dort wird das Alter als Zeit der Ablösung und des Übergangs angesehen und geschätzt. In einigen Ländern geht der ältere Mensch einige Zeit ins Kloster und taucht dabei in seine innere Wirklichkeit ein. Die Weisheit des Alters, deren Verlust man bei uns beklagt, ist die Gelassenheit, die aus dem Vertrauen zur Seele und zum Tod entsteht.

Religiöse Erfahrungen

Jede Religion und jeder religiöse Meister weisen den Menschen auf die Welt »hinter« der physischen Realität hin. In vielen Überlieferungen wird dem Gläubigen deutlich gesagt, daß es darum geht, persönlich das unermeßliche Reich zu erfahren, das »nicht von dieser Welt« ist, um die Wirklichkeit des Ganzen zu erleben.

So ist es für viele Menschen sehr hilfreich, auf ihrem eigenen inneren Weg religiöse Lehren oder Symbole zu nutzen. Das kann innerhalb einer Tradition oder einer Kirche geschehen oder durch eine persönliche Führung oder Ermutigung durch Meister und heilige Schriften.

Im folgenden schildere ich einige innere Erfahrungen, die Menschen mit Jesus und der Bibel gemacht haben. Da unser Teil der Welt vom Christentum geprägt ist, berühren uns dessen Worte und Bilder, auch wenn wir uns nicht als (Kirchen-)Christen empfinden.

Erfahrungen mit Jesus

In meinem Seminar oder in einer inneren Begleitung findet immer wieder einmal jemand Jesus in sich. Zuerst wagt er nicht, in der

Gruppe darüber zu sprechen. Er hat Angst, als verrückt oder überheblich angesehen zu werden. Denn er glaubt, daß es nur einige wenige Heilige gegeben hat, die Jesus gesehen und mit ihm gesprochen haben. Erlebt der Mensch gerade Leiden, erscheint der innere Jesus am Kreuz. Er ermutigt ihn, sein eigenes »Kreuz« aufzunehmen und zu tragen, sich also auch den eigenen schmerzhaften und schwierigen Zuständen zuzuwenden, um mit ihnen zu leben. Spricht der Mensch Jesus an, kommt der Gekreuzigte manchmal herab und nimmt ihn an die Hand, um ihm zu zeigen, daß er ihn durch sein Leben begleitet und führt.

Einige sehen den inneren Jesus als den gute Hirten, der mit liebevollem, gütigem Lächeln in einer freien Landschaft unter der Weite des Himmels auf sie zukommt. Der Mensch ist tief berührt, aber es fällt ihm schwer zu glauben, daß das in ihm selbst geschieht. Manchmal hat er Schuldgefühle, weil er sich enttäuscht von der Kirche abgewendet und dabei Jesus vergessen hat. Wenn er sich traut, mit seinem inneren Jesus darüber zu sprechen, hört er immer eine fröhliche, liebevolle Antwort, die ihm deutlich macht, daß er so angenommen wird, wie er ist.

In der ersten Begegnung ist Jesus fast immer eine hohe, verehrungswürdige Gestalt, weil man ihn sich bisher so vorgestellt hat. Der innere Jesus ermutigt den Menschen, selbstverständlicher und alltäglicher mit ihm zu leben. Einige berichten vom inneren Jesus in Jeans oder in Arbeitskleidung, der sie mit ihrem »profanen« Alltag und Beruf versöhnt. Er macht ihnen deutlich, daß jeder Augenblick des alltäglichen, irdischen Lebens »göttlich« ist.

Es ist sehr einfach, Jesus in sich zu finden. Es reicht aus, an ihn zu denken oder ein Bild von ihm zu erinnern. Das ist dann nicht der historische Jesus, sondern eine Gestalt der eigenen inneren Wirklichkeit. Es ist nicht nötig, die aufkommenden Zweifel zu unterdrücken. Man kann sie bitten, in die Erfahrung mitzukommen.

Auch wenn der Eindruck nicht deutlich ist, kann man seine Gefühle und Empfindungen wahrnehmen und sie ansprechen. Und dann kann man sich dem inneren Bild oder dem Gedanken an Jesus zuwenden und zu ihm sprechen und hinhören. Man kann sagen: »Jesus, ich denke jetzt an dich« oder auch fragen: »Jesus, bist du wirklich in mir?«

Wer so Jesus in sich selbst findet, wird vielleicht neugierig auf die Botschaft des historischen Meisters. Wenn man die Bibel liest, kann man sich innerlich von den Worten, Taten oder Gleichnissen berühren lassen. Man muß sie nicht analysieren oder verstehen, denn sie stellen innere Vorgänge dar.

Lesen wir zum Beispiel, daß Jesus Christus auf dem Wasser gewandelt ist, können wir das ganz persönlich nehmen und uns vorstellen, wie der innere Jesus über das Wasser auf uns zukommt. Nehmen wir dann alle Gefühle, Gedanken und inneren Vorgänge bewußt wahr, erfahren wir in uns, was Jesus Christus uns und anderen deutlich macht.

In einem anderen Bericht der Bibel setzt sich Jesus Christus zum Entsetzen einiger Menschen auch mit Zöllnern und Sündern zusammen an einen Tisch. Die Zöllner damals waren die gefürchteten und sicher auch korrupten Steuereintreiber. Und die Sünder waren verachtete Menschen. Jesus zeigt damit nicht nur, wie hochherzig er ist. Er ermutigt jeden, der möchte, ihm zu folgen. Wir können uns dann mit unseren eigenen gefürchteten oder verachteten Teilen innerlich an einen Tisch setzen. Zum Beispiel mit der Wut und der Aggression, der Angst und der Hilflosigkeit und auch dem Ekel.

In allem, was er sagt oder tut, verweist Jesus Christus auf eine Wirklichkeit, die nicht von dieser Welt ist. Mit seinen vielen Wunder-Heilungen schaffte er zum Beispiel Wirkungen in der physischen Welt, deren Ursachen in den feineren Ebenen liegen. Jesus Christus lebte als Mensch in vollkommener Bewußtheit der ganzen Wirklichkeit und verfügte daher über alle Kräfte der unsichtbaren Welt. Er benutzte diese Fähigkeiten, um Menschen in ihrem begrenzten Weltbild zu erschüttern. Er brachte Wirkungen hervor, die man damals nicht begreifen konnte und die noch heute für unmöglich gehalten werden.

Dabei gibt es auch jetzt eine ganze Anzahl von Heilern, die derartig im Namen Gottes »predigen«, um Menschen auf den Weg in die größere Wirklichkeit zu führen. Ich selbst habe das am Anfang meines inneren Weges erlebt und mich durch heilende Priester in meinen damaligen Vorstellungen erschüttern lassen.

In der Bibel und in anderen heiligen Schriften werden viele Zustände oder Vorgänge der inneren Welt geschildert, die man in sich selbst finden kann. Dazu noch zwei Beispiele.

Paradies und Hölle

In wohl allen Religionen ist das Paradies ein Ort der Verbundenheit, der Eintracht und der Harmonie. Viele halten es für den Ort, an welchem es einem nur gutgeht. Wollen Menschen ein Paradies auf der Erde schaffen, versuchen sie daher das Negative und das Leiden auszuschließen.

In inneren Erfahrungen können wir das Paradies wiederfinden, denn es gehört zuerst in die innere Welt. Was ich in diesem Buch schildere, kann jeder in sich erleben: Wir sind alles. Wir sind das Angenehme und das Unangenehme. Beides widerspricht sich nicht, sondern lebt in Harmonie in uns zusammen:

Freude und Trauer, Liebe und Haß, Vertrauen und Angst, Zuwendung und Abneigung, Offenheit und Verschlossenheit, Geborgenheit und Fremdheit, Ruhe und Unruhe, Weichheit und Härte, Wärme und Kälte, Nähe und Ferne, Weite und Enge, Helligkeit und Dunkelheit, Herz und Kopf, Intuition und Verstand, Hingabe und Handeln, Passivität und Aktivität, Mann und Frau, Stille und Bewegung, Tiefe und Höhe, Himmel und Erde, Wasser und Feuer, Gesundheit und Krankheit, Gewalt und Machtlosigkeit, Freund und Feind, Frieden und Krieg.

Das Paradies ist der ewige Zustand unserer Seele, aus dem wir nie vertrieben worden sind. Aus irgendeinem Grunde tauchen wir in die dichte physische Welt ein und konzentrieren unsere Bewußtheit weitgehend auf diese eine Ebene. Wir leiden dann daran, daß wir so viel von uns und von der unermeßlichen Wirklichkeit aus unserem Bewußtsein verloren haben.

Das Vergessene empfinden wir oft als fremd, manchmal sogar als feindlich. Und so bewerten wir unangenehme Gefühle oder innere Zustände als »schlecht«, »böse« oder »negativ« und versuchen, sie zu vermeiden oder zu bekämpfen. Angenehme innere Zustände und Gefühle bewerten wir demgegenüber als »gut«, »schön« oder »positiv« und versuchen, sie zu erreichen und zu erhalten.

Das ist nach meiner Anschauung die Vertreibung aus dem Paradies, wie sie im Alten Testament geschildert wird: Adam und Eva aßen vom »Baum der Erkenntnis des Guten und des Bösen«. Damit begannen sie, das zu bewerten und zu zerteilen, was in Vollkommenheit (in Gott) existiert.

Unser Leben auf der Erde und in anderen Ebenen ist ein langer Weg von - häufig unbewußten - Erfahrungen, in denen wir mit allem wieder in Kontakt kommen und vertrauter werden. Das wird schon bei den ersten bewußten Schritten zu uns selbst deutlich. Sind wir zum Beispiel ein bißchen vertrauter mit unserer Trauer geworden und bewerten wir sie nicht mehr so negativ, können wir gleichmäßiger in Freude und Trauer leben. Das ist eine Ahnung vom Paradies.

Auch der scheinbare Gegensatz zum ersehnten Paradies, nämlich die gefürchtete Hölle, ist zuerst ein innerer Ort oder Zustand. In meinen Seminaren mache ich manchmal mit der ganzen Gruppe eine Reise in die Hölle und erlebe, daß jeder Teilnehmer auch dabei zu sich kommt und mit sich vertrauter wird. Es ist oft berührend, was man dort alles findet. Meistens sind es die Eigenschaften oder Gefühle, die bisher als besonders negativ »verteufelt« worden sind, wie zum Beispiel Haß, Aggression, Angst, Depression, Neid und Gier oder auch Sexualität.

Zur inneren Hölle gehören natürlich ein oder mehrere Teufel. Sie wirken am Anfang bedrohlich, wenn sie dunkel, feurig und aggressiv sind. Traut sich der Mensch, den Teufel anzusprechen und zu berühren, lernt er einen energetischen, lebendigen Teil von sich kennen, der zum Beispiel das Feuer des Beckenraums tüchtig schürt. Ist der Mensch mit seinen Lebensenergien wenig vertraut, dann hält er sie unbewußt unter Kontrolle und fürchtet ständig ihre große Kraft, die sich zum Beispiel in den vitalen Gefühlen und in der Sexualität ausdrückt.

Er kann sich vom Teufel auch durch seine unbekannte Unterwelt führen lassen und das wahrnehmen, was er bisher negativ bewertet und gefürchtet oder verachtet hat. Manchmal liefert er sich dann auch dem Feuer der Tiefe aus und erlebt, daß es ihn nicht zerstört.

Nach derartigen Erfahrungen weiß der Mensch, daß er sich nicht mehr so unbewußt vor seinen kraftvollen Energien schützen muß, die ihn auf der Erde lebensfähig machen, wenn er sie fließen läßt.

Mit einem Meister leben

Während ich jemanden bei seiner inneren Erfahrung begleite, denkt er an einen indischen Meister, dem er sich anvertraut hat und den er verehrt. Er spürt Liebe, Wärme, Angenommensein und Ehrfurcht und fühlt sich sehr wohl. Es fällt ihm nicht schwer, seine angenehmen Gefühle und sein Wohlbefinden als eigene Zustände anzusprechen. Er ist jedoch überrascht, als ich ihn bitte, auch zum Meister zu sprechen und ihm zu sagen, daß er ihn liebt. Er kann sich nicht vorstellen, daß die Liebe und das große Vertrauen, die er im Meister erlebt hat, auch in ihm selbst sein sollen. Wenn er sich dann mit seinem Zweifel dem Meister zuwendet, reagiert dieser auf seine Worte. Der Mensch ist berührt und fragt, ob der Meister in ihm ist als ein eigener innerer Teil. Die Antwort ist eindeutig ja. Der Mensch ist immer noch ungläubig, fühlt sich aber sehr wohl. Er berührt seinen inneren Meister, spricht zu ihm und hört auf ihn. Der Mensch ist beglückt, so mit ihm leben zu können, und ahnt, daß er ihn ganz anders mit in seinen Alltag und in seine Meditation nehmen kann. Das hindert ihn nicht, weiterhin zu Füßen des leiblichen Meisters zu sitzen, wenn er Sehnsucht nach ihm hat.

Die Frage nach einem Meister berührt viele Menschen, die auf einem inneren Wege sind. Besonders in östlichen Religionen ist das Leben mit einem Meister (Guru) selbstverständlich. Bei uns haben viele Menschen Angst, abhängig und ausgenutzt zu werden. Denn die Beziehung zu einem Meister setzt voraus, daß man sich ihm weitgehend oder vollständig anvertrauen kann, was für viele westliche Menschen sehr schwierig ist.

Eine indische Heilige unserer Zeit sagt dazu: Ein religiöser Meister hat allein die Aufgabe, den Menschen zu seinem eigenen inneren Meister zu führen. Tut er es nicht, ist er kein wirklicher Meister. Sie weist auch darauf hin, daß es Menschen gibt, die ohne einen äußeren Meister ihren inneren finden.

Ein wirklicher Meister macht also nicht von sich abhängig. Vertraut man sich ihm an, ermutigt er, in die innere Welt einzutauchen, um die Wahrheit zu erfahren. Wenn es der Meister für notwendig hält, erschüttert er den Menschen in seinen bisherigen Vorstellungen. Gewißheit kann er jedoch nicht schenken, sie entsteht durch eigene Erfahrungen. Wie weit und wie schnell jemand geht, hängt vom eigenen Vertrauen ab. Es ist sein Weg.

Wer sich einem äußeren Meister anvertrauen kann, lebt sein eigenes Vertrauen, das er wahrnehmen und ansprechen kann. Wenn er den Meister erinnert oder ihn sich vorstellt, kommt er in Kontakt mit sich selbst. Er findet seinen inneren Meister, der eine Ermutigung und Verheißung der Seele ist, den Weg in die eigene Gewißheit zu gehen.

Religion im Alltag

Nach meinen Erfahrungen ist Religion für viele westliche Menschen ein zwiespältiges Thema. In Erinnerungen an die Kindheit kommt oft eine Mischung aus tiefer Sehnsucht und großer Abneigung auf. Als Kind hat jemand intensiv mit Jesus gelebt, zu ihm gesprochen und sich ihm anvertraut. Später hat er in der Kirche Enttäuschung, Hilflosigkeit und Wut gespürt und sich von ihr abgewendet. Dabei scheint sein kindliches Vertrauen verlorengegangen zu sein.

In der Erfahrung ermutige ich den Menschen, seine Sehnsucht und seine unangenehmen Gefühle wahrzunehmen und sie sich zuzugestehen. Oft kommt dann noch die Trauer dazu, weil er glaubt, daß vieles verloren ist. Ich frage ihn, wie er sich an den Jesus aus seiner Kindheit erinnert. Der Mensch wird ruhig und ein bißchen verklärt. Er denkt an ein Bild aus der Kinderbibel, daß er so geliebt hat, weil Jesus so schön und gütig war und er alles mit ihm besprechen konnte.

Dann bitte ich ihn, zu diesem Jesus zu sprechen und ihm zu sagen, daß er Sehnsucht nach ihm hat. Der Mensch ist erstaunt und ungläubig, aber sagt es trotzdem. Jesus lächelt sehr liebevoll und geht auf ihn zu. Ich bitte ihn zu fragen, ob Jesus in ihm ist. Nach der Antwort ist der Mensch weich und berührt. Ihm wird bewußt, daß nichts von dem verlorengegangen ist, was er geliebt hat.

Manchmal höre ich, daß sich jemand nach einer solchen Erfahrung auch wieder der Kirche zuwendet, deren Grenzen er besser akzeptieren kann.

In einigen Erfahrungen erlebt der Mensch starke Schuldgefühle, wenn er sich an etwas erinnert, was er getan hat. Er hat seitdem das Gefühl, sich versündigt zu haben und für sein Verhalten lange büßen zu müssen. Er empfindet starke Angst, von Gott gestraft zu werden. Gleichzeitig spürt er Hilflosigkeit und Wut, wenn er an die religiöse Moral von Schuld und Sühne denkt.

In inneren Erfahrungen wird immer deutlich, daß äußere Verhaltensweisen eine innere Haltung ausdrücken. Lügt jemand oder geht er lieblos und gewaltsam mit jemand anderem um, verhält er sich zugleich und vor allem innerlich so. Er macht sich etwas vor, weil er sich nicht kennt und nicht mag. Oder er kämpft gewaltsam gegen etwas in sich, was er als negativ oder bedrohlich empfindet, um es zu überwinden oder zu beseitigen. Es ist möglich, daß jemand über längere Zeit immer wieder zwanghaft in derselben Weise reagieren muß und daß er und andere daran leiden. Oft glaubt er dann, daß sein Leiden, das er nicht ändern kann, eine Strafe ist, die von außen kommt.

Ich erinnere mich an einen zarten Mann, der vor Jahren einmal mit einer Pistole auf seine Frau losgegangen war, ihr aber weiter nichts angetan hatte. Er hatte noch nie mit jemandem darüber gesprochen, weil er sich ungeheure Vorwürfe machte und glaubte, verdammt zu sein. Nach seiner Tat hatte er seinen Beruf aufgegeben und sein ganzes Leben reduziert, weil er sich nicht mehr ertragen konnte. Als ich ihn bei seiner inneren Reise begleitete, brauchte er sehr lange, um unter Weinen und Verwünschungen darüber sprechen zu können. Er war ganz überrascht, daß ich ruhig blieb und ihn bat, alle Gefühle wahrzunehmen und zuzulassen. Nachdem er seine böse Tat ausgesprochen hatte, mußte ich ihm ausdrücklich bestätigen, daß ich ihn nicht verachtete.

Er atmete lange sehr tief, um die große Erleichterung durch sich hindurchfließen zu lassen. Ich bat ihn dann, sich noch einmal an den Vorfall zu erinnern. Er spürte große Hilflosigkeit und sah seine entsetzte Frau. Er konnte die Hilflosigkeit und auch die Frau ansprechen. Nachdem er das erinnert hatte, was er damals in seiner Beziehung überhaupt nicht mehr ertragen konnte, wurde ihm bewußt, daß er seine eigene Weichheit und Hilflosigkeit immer unterdrückt hatte. Er erfuhr jetzt, daß es jetzt nicht um seine Ehefrau ging. So kam er zu seiner inneren Frau, zu der er bisher sehr wenig Vertrauen gehabt hatte und vor der er sich gewaltsam geschützt hatte. Sie war sehr liebevoll und machte ihm keine Vorwürfe, daß er innerlich bisher so mit ihr umgegangen war.

Auf der anderen Seite leben viele Menschen in großem religiösen Vertrauen. Sie empfinden sich in einem größeren Zusammenhang, vielleicht als Kinder Gottes. Auch ohne die Einzelheiten ihres eigenen Wesens zu kennen, sind sie gewiß, daß jeder Augenblick ihres Lebens einen Sinn hat. Ob sie es verstehen oder nicht und ob sie es mögen oder nicht.

So kenne ich islamische, türkische Frauen in Deutschland, die in dieser Gewißheit ganz selbstverständlich in Gott leben. Wenn sie morgens aufstehen, danken sie Allah für den Tag, den er ihnen schenkt. Wenn sie Freude empfinden, danken sie dafür. Wenn sie leiden, wissen sie, daß auch das seinen Sinne hat, weil es von Allah kommt, der sich nicht irrt. Und wenn sie Wünsche haben, bitten sie ihn um Hilfe. Sie leben den ganzen Tag in der Gewißheit, daß alles in Gott ist, und sie spüren oder ahnen eine große Wirklichkeit. Sie erzählten mir von einigen für uns völlig ungewöhnlichen mystischen Erlebnissen, die ihnen selbstverständlich sind, weil sie im Koran beschrieben werden.

Viele westliche Menschen empfinden eine solche religiöse Lebenshaltung geradezu als bedrohlich, obwohl sie gleichzeitig viel Sehnsucht nach Vertrauen und Geborgenheit haben. Wenn jemand sich seiner Seele oder Gott nicht anvertrauen kann, glaubt er, daß Hingabe das Nichts-mehr-tun-Wollen und das Nichts-mehr-tun-Können ist. Er fürchtet, faul und untätig zu werden und sich gegenüber anderen nicht mehr wehren und durchsetzen zu können. Entsprechend sind die Vorurteile gegen religiöse Gemeinschaften und Kulturen.

Hingabe und Vertrauen entstehen - ganz ähnlich wie im religiösen Anvertrauen - auch in inneren Erfahrungen. In jedem Augenblick der Wahrnehmung und Hinwendung vertieft sich die Gewißheit, daß alles, was einem geschieht, zu einem selbst gehört und einem von innen nahegebracht oder zugemutet wird. Damit fällt es leichter, die eigenen angenehmen und unangenehmen Zustände vertrauensvoll zu leben und zuzulassen.

Danach erkennt man auch einen anderen Menschen als Wesen auf seinem Lebenswege. Es ist dann leichter, ihn anzunehmen und mit ihm zu leben. Es wird auch bewußt, daß hinter der ganzen physischen Welt die feineren, inneren Ebenen der Existenz liegen. Jedes Tier, jede Pflanze, jeder Stein und die ganze Erde sind Wesen, die im inneren Kontakt erfahren werden können. In dieser Buntheit und Vielfalt der Existenzen ahnt man die Ungetrenntheit und Vollkommenheit des Ganzen.

Durch derartige innere Erfahrungen werden wir nichts Besonderes oder Heiliges, sondern Menschen in vollem Umfang. Dazu gehören unsere irdische Existenz, auch mit Grenzen und Leiden, sowie die Unermeßlichkeit unserer eigenen Seele.

Das Innere Wesen

Viele finden in inneren Erfahrungen ihr Inneres Wesen und leben dann bewußt mit ihm. Einige nennen es auch Inneres Selbst, Höheres Selbst, Inneren Meister, Inneren Führer oder Inneren Begleiter.

Eine Reise zum Inneren Wesen

In meinen Seminaren mache ich oft eine Gruppen-Reise zum Inneren Wesen, die ich im folgenden skizziere. Man kann diesen oder einen ähnlichen Text auf Kassette sprechen. Dabei bedeutet ... eine Sprechpause, die etwas länger sein sollte, wenn eine Frage gestellt wird. Danach kann man sich in eine ruhige Haltung begeben, dem Text zuhören und ihm folgen, soweit es möglich ist. Ich glaube, daß es einigen auch möglich sein wird, den Text zu lesen, dabei nach innen zu sehen und zu spüren und sich zu erfahren.

Spüre, wie du dich jetzt fühlst ...
Du mußt nicht ruhig sein. Du mußt dich nicht entspannen ...
Du kannst auch die Unruhe oder Anspannung direkt ansprechen und zum Beispiel sagen: Unruhe, ich spüre dich ...
Wenn da Neugier oder Angst ist, bitte das Gefühl, dich zu begleiten ...
Spüre aber auch, wenn du dich wohl fühlst ...
Nimm deine Gedanken wahr ...
Auch wenn sie scheinbar nichts mit dem zu tun haben, was du jetzt möchtest, sie sind in dir ...
Du mußt sie nicht loswerden. Sprich sie an und sage ihnen, daß sie mitkommen können ...
Spüre deinen Körper, so wie er jetzt da ist ...
Er muß nicht sehr deutlich sein, es muß auch nichts Besonders da sein ...
Du kommst jetzt in eine angenehme innere Landschaft ...
Du kannst den Eindruck aufsteigen lassen oder du kannst sie dir vorstellen oder einbilden ...
Es ist möglich, daß du die Landschaft siehst ...

Du bist genauso bei dir, wenn du an sie denkst oder sie ahnst ...
Geschieht jetzt etwas ganz anderes mit dir, nimm es wahr. Du wirst
von innen geführt und kannst es zulassen ...
Wie sieht die Landschaft aus oder wie empfindest du sie? ...
Wie ist die Erde? Wie ist das, was da wächst und lebt? ...
Wie ist der Himmel, scheint die Sonne? ...
Ist es dir vertraut und angenehm oder nicht? ...
Nimm deine Gefühle wahr. Sie gehören dazu ...
Spüre, daß du in dir bist und nicht in der äußeren Welt, auch wenn
es dort diese Landschaft gibt ...
Du kannst zu allem sprechen, was du siehst oder spürst ...
Du kannst zum Beispiel sagen: Himmel, ich mag dich ...
Du kannst mit deinen inneren Händen berühren, was du möchtest ...
Du kannst hören, was dir gesagt wird, wenn du deine Landschaft
wahrnimmst ...
Du bist bei dir und erfährst deine innere Wirklichkeit ...
Spüre, was da mit dir geschieht ...
So wanderst du gemächlich durch deine innere Landschaft und
schaust und spürst ...
Du bist dabei, dich kennenzulernen ...
Wenn du jetzt weitergehst, kommst du zu dem Ort, an dem du deinem
Inneren Wesen begegnen kannst ...
Wie fühlst du dich, wenn du daran denkst? ...
Wenn du neugierig oder aufgeregt bist, nimm das Gefühl bewußt mit
...
Wie sieht der Ort deines Inneren Wesens aus oder wie stellst du ihn
dir vor, wenn du näherkommst? ...
Wirkt es angenehm oder fremd? ...
Ist es einfach, heranzugehen, oder spürst du Angst? ...
Wie ist der Zugang? Fällt es dir leicht hineinzugehen? ...
Spüre die Atmosphäre am Ort deines Inneren Wesens ...
Wenn du schon früher dort warst, bemerke, ob sie sich verändert hat
...
Dann bitte dein Inneres Wesen, zu dir zu kommen oder sich dir deut-
lich zu machen ...
Du kannst jetzt dein Inneres Wesen sehen oder spüren oder es dir
vorstellen. Dazu kannst du auch an einen Menschen denken, zu dem
du Vertrauen hast ...

Wie sieht dein Inneres Wesen aus oder wie empfindest du es? ...
Wie fühlst du dich, wenn es jetzt näherkommt? ...
Wirkt es freundlich auf dich oder zurückhaltend? ...
Du hast ein Geschenk für dein Inneres Wesen mitgebracht. Strecke nur deine Hand aus und bemerke, was du ihm schenkst ...
Wie fühlst du dich dabei? ...
Wenn du es wissen möchtest, was das Geschenk für dich bedeutet, frage es ...
Wie verhält sich dein Inneres Wesen zu deinem Geschenk? ...
Es hat auch für dich etwas mitgebracht, das es dir jetzt überreicht. Du brauchst nur deine Hand auszustrecken, um es zu empfangen ...
Was bekommst du von deinem Inneren Wesen? ...
Wie fühlst du dich dabei? ...
Wenn du möchtest, kannst du das Geschenk oder dein Inneres Wesen fragen, was es bedeutet ...
Wie sieht dein Inneres Wesen jetzt aus? ...
Hat es sich verändert? ...
Du kannst mit ihm über das sprechen, was dir wichtig ist. Auch über deine augenblickliche Lebenssituation oder über Probleme ...
Höre, bitte oder frage dein Inneres Wesen. Laß dir von ihm helfen ...
Spüre dabei, wie du dich fühlst und wie sich dein Inneres Wesen verhält ...
Bemühe dich nicht, unbedingt eine Antwort zu bekommen ...
Wenn dein Inneres Wesen nicht deutlich ist oder dir nicht antwortet, laß es so ...
Spüre, was mit dir geschieht ...
Wenn du es wissen willst, kannst du es auch fragen, ob dein Inneres Wesen schon immer in dir ist ...
Und ob es dich durch dieses Leben geführt hat ...
Wenn du möchtest, frage es, ob dein Leben einen Sinn hatte, auch wenn es manchmal schwierig war und du es nicht mochtest oder nicht verstanden hast ...
Dein Inneres Wesen ist nichts Äußeres oder Fremdes. Es ist ein Ausdruck deiner Seele. Du bist es selbst ...
Jetzt kannst du bewußter mit ihm leben. Auch in deinem Alltag ...
Wenn du willst, kannst du dein Inneres Wesen bitten, dir für den Alltag ein Zeichen oder Signal zu geben, mit dem es dich daran erinnert, daß es da ist ...

Horche oder spüre, was da in dir deutlich wird ...
Vielleicht kennst du dieses Zeichen schon, hast nur nicht gewußt, daß
es dein Inneres Wesen ist, das dir damit sagt: Hier bin ich, nimm
mich mit in dein Leben ...
Wenn es nicht deutlich war, laß das Signal wiederholen ...
Wie fühlst du dich jetzt? ...
Wie verhält sich dein Inneres Wesen? ...
Wenn es dir möglich ist, nimm es doch einfach einmal in deine inne-
ren Arme oder laß dich von ihm berühren ...
Spüre, was da mit dir geschieht ...
So fühlt es sich an, wenn du deiner Seele nahe bist oder dich von ihr
berühren läßt ...
Wenn es dir angenehm ist, genieße diesen Zustand ...
Du bist bei dir ...
Merke auch, daß dein physischer Körper da ist ...
Du hast die ganze Erfahrung in ihm und mit ihm gemacht ...
Dein Körper hat dich nicht gehindert, nach innen zu gehen ...
Du kannst gleichzeitig in ihm sein und in der Berührung deines Inne-
ren Wesens ...
Du kannst bei ihm bleiben, deinen Körper spüren und langsam dein
Wachbewußtsein hinzunehmen ...
Es ist möglich, daß sich deine Wahrnehmung ein wenig verändert.
Aber auch dein Wachbewußtsein hindert dich nicht, in deiner inneren
Welt zu leben ...

Inzwischen kenne ich die Inneren Wesen von sehr vielen Menschen. Sie sind so vielfältig wie die Seele selbst.

Viele lernen es zuerst als weisen alten Mann oder gütige alte Frau
kennen. Andere Innere Wesen sehen aus wie der Mensch selbst. Man-
che sind ein Kind oder ein fröhlicher Clown. Einige erscheinen als
Jesus, Buddha oder ein anderer religiöser Meister. Es gibt auch jede
Art von Pflanzen, häufig eine Blume oder einen Baum, und Tiere wie
Pferd, oder Löwe oder Fisch.

Einige Menschen empfinden ihr Inneres Wesen als einen Zustand
von Nähe, Berührung oder Vertrauen. Andere sehen Farben, hören
Klänge oder Worte und wissen, daß das ihr Inneres Wesen ist. Wieder andere finden Bilder, die ihnen vertraut sind, zum Beispiel aus
dem Tarot.

Das Innere Wesen ist nach meiner Erfahrung ein Ausdruck des inneren Menschen im Augenblick der Wahrnehmung. Es macht oft die Beziehung des Menschen zu seiner Seele deutlich. Kommt zum Beispiel das Inneres Wesen als gepanzerter Ritter daher, schützt es sich keineswegs vor dem Menschen. Es macht ihm vielmehr deutlich, wie stark er sich nach innen schützt. Hat das Innere Wesen kein Gesicht oder ist es ganz verhüllt, kann dem Menschen bewußt werden, daß er sich bisher nicht getraut hat, sich innerlich zu sehen und zu erkennen. Die Gestalt oder der Ausdruck des Inneren Wesens ist nicht endgültig. In einigen Erfahrungen wechselt es seine Form und sein Aussehen innerhalb einer Erfahrung. Ich kenne aber auch Menschen, die sehr lange und sehr vertraut mit demselben Inneren Wesen leben und dadurch viel Sicherheit gewinnen.

Alle, die mit sich und ihrem Inneren Wesen vertrauter werden, erleben seine große Gelassenheit und Fröhlichkeit. Ob es dem Menschen gerade gut- oder schlechtgeht, das Innere Wesen ist immer von einer liebevollen Gelassenheit. Oft ist es sehr fröhlich und geradezu frech, um den Menschen zu ermutigen, sein Leben nicht mehr ganz so ernst und tragisch zu nehmen.

Der ist dann betroffen, daß er innerlich so sein kann. Ihm wird bewußt, daß seine Seele offensichtlich viel Vertrauen zu dem hat, was er tut und erlebt. Damit findet er das Spielerische in sich wieder, das er oft vermißt hat. Er gewinnt Freiheit, alle möglichen Zustände und Vorgänge in sich zuzulassen und den ewigen und bunten Strom seiner Lebendigkeit fließen zu lassen.

Mit dem Inneren Wesen leben

Menschen, die keine oder wenige Erfahrungen mit sich haben, halten es meistens für schwierig oder unmöglich, im inneren Kontakt zu leben. Sie empfinden es geradezu als unerträglich, wenn sie hören, daß jemand Jesus oder einen anderen Meister in sich wahrnimmt und mit ihm spricht. Diese innere Entfremdung betrifft jeden von uns. So kann es eine sehr große Hilfe sein, wenn man - vor allem am Anfang seines Weges zu sich selbst - eine innere »Kontaktadresse« hat.

Ich habe schon in meinen ersten Erfahrungen einen weisen alten Mann, meinen Eremiten, in mir gefunden. Er erinnerte mich an sich, indem er mir seine warme Hand auf die rechte Schulter legte, so daß auch der Hals und der Kopf an der rechten Seite ganz warm wurden. Dieses Zeichen habe ich im Alltag in allen möglichen Situationen gespürt. Es hat mich jedesmal überrascht und beglückt. Ich habe dann immer nach innen gespürt und gedankt und etwas bewußter in der Situation gelebt.

Nach einiger Zeit verwandelte sich dieses Innere Wesen in einen dynamischen jungen Mann in einem orangefarbenen Gewand. Seine weibliche Entsprechung war eine kraftvolle Frau mit roten Haaren. In dieser Zeit veränderten sich meine Lebensenergien. Ich wurde körperlich und seelisch kräftiger und leistungsfähiger. Es wurde mir zu einer sehr lieben Gewohnheit, mein Inneres Wesen an einem bestimmten inneren Ort zu besuchen, mit ihm zu sprechen oder ihm zuzuhören. Es hat mich oft zu inneren Erfahrungen ermutigt, vor denen ich zuerst Angst hatte.

Eines Tages war mein Inneres Wesen verschwunden, und sein Ort im inneren Wald war leer. Aus den Wolken tönte eine Stimme:»Du brauchst mich jetzt nicht mehr zu besuchen. Lebe einfach und sei dir bewußt, daß alles ich bin - oder besser - du bist.« Das machte mich am Anfang betroffen. Inzwischen lebe ich recht bewußt und vertraut mit mir, ohne viele visuelle innere Eindrücke zu haben.

So kann einem das Innere Wesen in allen Lebenssituationen Vertrauen schenken. Ich erlebe zum Beispiel immer wieder mit, wie jemand sich seiner schweren, lebensbedrohlichen Krankheit zuwendet. Nimmt er sein Inneres Wesen mit, hat er immer noch Angst, aber es fällt ihm viel leichter, sich seinem Zustand zu öffnen. Ist der Mensch dann bei seiner Krankheit, spricht zu ihr und berührt sie, steht das Innere Wesen ruhig und liebevoll daneben und ermutigt ihn, diesen Schritt zu tun.

Da bei schweren Erkrankungen sehr oft auch die bisher unterdrückte Todessehnsucht bewußt wird, hat der Mensch meistens große Schuldgefühle und fürchtet, von innen gestraft zu werden. Wendet er sich mit seinen Schuldgefühlen und seiner Angst zum Inneren Wesen, erlebt er immer, daß es sehr gelassen und manchmal sogar fröhlich ist. Es macht ihm deutlich, daß sein Leiden zu ihm gehört, daß es kein Fehler oder keine Strafe ist, sondern einen Sinn hat.

Nähert sich der Mensch seinem physischen Tod, kann er die letzten Schritte auf der Erde mit seinem Inneren Wesen tun. Er wird auch in seinem Schmerz oder in seiner Angst von ihm begleitet und getragen. Im Sterben kann er sich ihm anvertrauen und sanft hinübergehen. Der Mensch weiß dann, daß er mehr ist als der Körper, und er erlebt im Inneren Wesen seinen unsterblichen Teil.

Seelenbegegnungen

Innere Erfahrungen machen uns zuerst vertrauter mit uns selbst. Damit ändert sich die bisherige Vorstellung vom Menschen und von der äußeren Welt. Erfahren wir uns als Inneres Wesen, können wir vermuten, daß jeder Mensch auch so ist und daß es hinter den Erscheinungen der äußeren Welt eine große, unsichtbare Wirklichkeit gibt.

Es kann spürbar werden, daß sich Begegnungen mit anderen Menschen nicht nur auf der physischen Ebene vollziehen. Sie gewinnen eine andere Bedeutung, wenn wir sie auch innerlich als Beziehungen von Seelen erleben. Damit sind sie nicht mehr allein äußerlich und zufällig, sondern haben für jeden der Beteiligten einen - vielleicht verborgenen - inneren Sinn.

In vielen Begleitungen habe ich - und oft eine ganze Gruppe - miterlebt, wie eine schwangere Frau ihr Baby in sich besucht. Manchmal kommen zuerst Angst oder Schuldgefühle auf, die es der Frau schwermachen, zum Kind zu gehen. Wendet sie sich ihnen zu und spricht sie sie an, öffnet sich der Weg. Die Frau hat keine Schwierigkeiten, das Kind in der Fruchtblase zu sehen. Sie kann näher herangehen und es mit den inneren Händen berühren. Wenn sie dann mit ihm spricht, ist sie zuerst sehr erstaunt, daß das Kind antwortet, auch wenn es noch sehr jung im Mutterleib ist. Ihr wird bewußt, daß es nicht nur ein physisches Wesen sein kann.

Ich frage die Frau, ob sie ihr eigenes Inneres Wesen bitten will, dazuzukommen. Sie kann mit ihm über das Baby und vielleicht auch über ihre Bedenken oder Sorgen sprechen. Dann frage ich, ob auch das Innere Wesen des Kindes deutlich werden möchte. Fast immer erlebt die Frau, wie eine zweite Gestalt dazukommt und wie sich die beiden Inneren Wesen begegnen. Jetzt kann sie beide fragen und zu ihnen hinhören, um etwas über sich und das Kind zu erfahren.

Dabei wird immer deutlich, daß sich die Inneren Wesen bewußt zu dieser Begegnung im irdischen Leben entschlossen haben. Häufig kennen sie sich schon sehr lange und waren oft in früheren Leben in Beziehungen zusammen auf der Erde. Sie haben viele Erfahrungen miteinander gemacht, die angenehm, aber auch schmerzhaft waren. Die Mutter erlebt, wie sich die Seelen begegnen und liebevoll miteinander umgehen. Manchmal wird deutlich, daß das Kind, das da zu ihr kommt, sehr viel Bewußtheit und Vertrauen zu diesem Leben hat. Vom Inneren Wesen des Kindes erfährt die Mutter, daß genau sie in allen ihren Eigenschaften und auch in ihren Grenzen für die Erfahrungen des Kindes »richtig« ist. Gleichzeitig weiß sie, daß auch sie durch ihr Kind mit sich selbst vertrauter werden wird.

Damit kann sie beginnen, mit ihrem Kind als Seele zu leben. Sie kann alles für das Leben des Kindes Notwendige tun. Sie kann sich ihm jedoch auch in allen Gefühlen und in ihren Schwierigkeiten zumuten. Sie muß nicht zwanghaft alles vermeiden, was dem Kind unangenehm sein könnte. Dadurch entsteht eine freiere, gleichberechtigtere Beziehung zwischen Mutter und Kind. Das höre ich von den Müttern, die ihr Kind im Bauch als Seele kennengelernt haben.

Alle, die in der Gruppe diese Erfahrung miterlebt haben, können sich danach - vielleicht zusammen mit ihrem Inneren Wesen - ihre Beziehungen aus der »inneren Perspektive« ansehen. Das Leben mit der eigenen Mutter, den Kindern, dem Lebenspartner und mit anderen Menschen kommt damit in einen größeren Zusammenhang. Die Menschen erfahren oder ahnen den Sinn dieser Begegnungen.

Der innere Weg

In diesem Buch ermutige ich - wie in meinen Seminaren - dazu, sich selbst besser kennenzulernen, um vertrauter mit sich und mit anderen zu leben. Das ist auch ohne persönliche Unterstützung durch mich oder einen anderen Begleiter möglich. Denn wir leben immer mit uns, wir brauchen es nur wahrzunehmen. Je weniger Vorstellungen wir uns dabei machen, wohin wir wollen oder was wir vermeiden müssen, desto einfacher ist es, zu bemerken, wie wir gerade sind.

Dieser Weg führt ins Selbstbewußtsein und ins Selbstvertrauen und damit in die Unabhängigkeit von anderen und in die Freiheit, innerlich und - in Grenzen auch außen - so sein zu dürfen, wie wir sind, ob es uns gerade gutgeht oder nicht.

Mit mehr Selbstvertrauen zu leben macht uns nicht zu einem Menschen, der besser ist als andere. Es gibt uns die Möglichkeit, nicht ständig an Vorstellungen oder Verhaltensweisen festhalten zu müssen, wenn wir sie loslassen wollen. Damit wird das Leben leichter, selbst wenn uns unser Leid immer wieder einmal berührt.

Jeder kann die vielen Einzelheiten innerer Erfahrungen, die ich in diesem Buch schildere, benutzen, um sich in Augenblicken der Achtsamkeit oder in bewußten inneren Experimenten in allem kennenzulernen, also auch in bisher abgelehnten und gefürchteten inneren Vorgängen und Zuständen.

Im folgenden schildere ich noch einmal in wenigen Sätzen die Möglichkeiten von Erfahrungen mit sich selbst und mit anderen.

Achtsam mit sich selbst leben

Innere Erfahrungen zu machen ist so einfach, weil wir uns in dem wahrnehmen, was wir im Augenblick sind. Alles, was wir spüren oder woran wir denken, gehört zu uns. Wir müssen nicht verstehen, warum wir so sind. Wir müssen nichts Wahrgenommenes als gut oder schlecht, als richtig oder falsch, als hoch oder niedrig bewerten. Wir müssen uns nicht bemühen, etwas Wahrgenommenes zu ändern, zu überwinden oder festzuhalten.

Wir können den inneren Kontakt vertiefen, indem wir zu dem sprechen oder hinhören, was da ist. Wir haben innere Hände und Arme, die wir benutzen können, um es zu berühren. Wir können uns anvertrauen oder ausliefern, um das Wahrgenommene in der Hingabe so kennenzulernen, wie es ohne Bedingungen und Erwartungen ist. Es ist unerheblich, auf welche Weise wir auf uns aufmerksam werden. Der Körper kann von sich aus spürbar werden, ein Gefühl oder ein Gedanke kann ins Bewußtsein kommen. Wir können ebenso an den Körper, ein Organ oder ein Gefühl denken oder uns an einen Menschen oder eine äußere Situation erinnern. Es ist möglich, sich vom Verhalten oder dem Gefühl eines anderen berühren zu lassen. Wir können ein Märchen oder etwas anderes lesen oder einen Film sehen und uns dabei spüren. Träume in der Nacht und am Tage sind direkte Einblicke in unsere innere Welt, die wir nutzen können.

Achtsamkeit kann überall und jederzeit gelebt werden. Wir brauchen uns keine besondere Situation zu schaffen, sondern können einen Augenblick im Alltag nutzen, um uns wahrzunehmen. Es ist hilfreich, sich manchmal einen Augenblick der Hinwendung oder der Meditation zu gönnen, um sich zu spüren oder bewußt mit etwas Kontakt aufzunehmen.

Da unsere Seele unermeßlich ist, gibt es unendlich viele Erfahrungsmöglichkeiten, von denen wir im Augenblick der Wahrnehmung eine erleben. Es gibt Angenehmes und Unangenehmes, Lebensfreude, Leiden, Krankheit und Tod. In allem kann erfahren werden, daß es in uns nichts Bösartiges oder Strafendes gibt. Leiden und Schmerz gehören zum irdischen Leben und machen uns deutlich, daß wir einiges von uns vergessen haben und manchem in uns nicht vertrauen.

In uns gibt es viele Helfer, die geduldig und liebevoll darauf warten, entdeckt und benutzt zu werden. Da sind das Herz, die innere Mutter, der innere Vater, das innere Kind, der innere Meister, das Innere Wesen und viele mehr. Sie nehmen uns an die innere Hand und führen und begleiten uns durch die Erfahrungen.

Der Glaube an die eigene (liebevolle) Seele ist eine Tür, durch die wir gehen können, um in Erfahrungen unsere Gewißheit zu finden. Das kann uns niemand abnehmen. Jeder Schritt auf diesem Wege, sei er noch so klein, vertieft unser Vertrauen.

Ein innerer Weg ist jedoch kein ewiger Streß, sich immer wahrnehmen zu müssen und ein schlechtes Gewissen haben zu müssen, wenn man sich vergißt. Denn auch Unbewußtheit und Unachtsamkeit sind innere Zustände, die wir uns liebevoll zugestehen können.

Achtsam mit anderen Menschen leben

Wir können bewußter mit anderen leben, um uns selbst wahrzunehmen. Ist jemand liebevoll, wütend oder leidend, können wir unsere eigene Liebe, unsere Wut oder unser Leiden ansprechen, auch wenn sie im Augenblick nicht deutlich sind. Wir können uns an der Zartheit und Verspieltheit eines Kindes erfreuen und dem inneren Kind Hallo sagen. Wir können ebenso die Verhärtung und Unbeweglichkeit eines alten Menschen erleben und an unsere eigene Härte und Unbeweglichkeit denken. Jeder Gedanke und jede Erinnerung an einen anderen Menschen ist unsere eigene innere Wirklichkeit, in der wir entsprechendes Angenehmes oder Unangenehmes finden.

Wir können aber auch bewußter mit anderen leben, um sie aus der inneren Perspektive wahrzunehmen. Sind wir mit uns selbst ein bißchen vertrauter, fällt es nicht schwer, in jedem anderen Menschen ein Wesen zu erkennen, das seinen Weg der Erfahrung geht. Beziehungen können dann als Begegnungen von Seelen erlebt werden.

Sind wir mit unseren eigenen unangenehmen oder schwierigen Zuständen oder Vorgängen vertrauter, können wir einen anderen Menschen leichter annehmen, wie er ist, und ihn ermutigen, auch sein unvermeidliches Leid und seine unangenehmen Gefühle zu leben. Damit machen wir ihm nicht mehr soviel Druck, sich ändern zu müssen, und geben ihm Freiheit, sich selbst mehr zu mögen.

Es ist möglich, über sich und den eigenen Weg zu sprechen. Es gibt jedoch viele Menschen, die das nicht verstehen und Angst davor haben. Vielleicht versuchen gerade Nahestehende, einen wieder »normal« zu machen. Innere Erfahrungen sind für manche Menschen nicht geeignet, und viele wollen sie nicht.

Dieser innere Weg ist nur eine von sehr vielen Möglichkeiten, auf der Erde Erfahrungen zu machen. Jeder Mensch geht seinen Weg, der auch dann von innen kommt und sinnvoll ist, wenn er leidet und scheinbar kein Vertrauen zu sich gewinnt. Man sollte manchmal schweigen und jemanden, der so etwas nicht hören will, nicht auf sich »zurückwerfen«.

Begleiter

Da diese Art, mit sich umzugehen, etwas ungewöhnlich ist, gibt es nicht viele Menschen, mit denen man darüber sprechen kann. So ist es sehr hilfreich, sich »Weggefährten« zu suchen, um sich gegenseitig zu ermutigen. In meinen Seminaren weise ich die Teilnehmer darauf hin, miteinander zu telefonieren oder sich zu treffen, um sich zu unterstützen.

Dabei ist es allein schon hilfreich, jemanden zu haben, der die eigenen Erfahrungen, Widerstände und Zweifel anhört, ohne sie mit belehrenden Kommentaren zu versehen. Genauso kann man den anderen begleiten. Denn das Aussprechen von Erfahrungen verdeutlicht und vertieft die Eindrücke.

Eine solche Kommunikation ist ganz anders als die sonst übliche. Jeder spricht über sich und mutet sich, soweit es geht, dem anderen zu. Der läßt es zu, soweit er kann, und läßt sich von dem Gesagten berühren. Niemand muß den anderen belehren oder verändern. So kommt man sich innerlich sehr nahe und spürt eine andere Art von Beziehung, die selbst bei schwierigen Themen sehr ruhig und gelassen sein kann. Derartige »Seelengespräche« genieße ich immer wieder, auch in meinen Seminaren.

Ich kann ohne Bedenken dazu ermutigen, einen anderen Menschen durch seine Erfahrungen zu begleiten, wie ich es mehrfach in diesem Buch schildere. Dazu sind keine besonderen Fähigkeiten erforderlich. Dazu noch einige Einzelheiten:

Ich bitte den Menschen, sich hinzulegen, und setze mich neben ihn. Wenn er möchte, kann er auch sitzen. Es sind keinerlei Vorbereitungen erforderlich. Er muß sich nicht beruhigen oder entspannen. Wenn er aufgeregt ist oder Angst hat, ist er natürlich auch bei sich. Ich frage häufig: »Wie fühlst du dich jetzt?« Wenn er sagt: »Ich bin ganz aufgeregt«, bitte ich ihn: »Sprich doch einmal deine Aufregung laut und direkt an. Sage vielleicht: Aufregung, ich spüre dich jetzt.« Wenn er berichtet, daß die Aufregung ganz besonders deutlich im Herzen zu spüren ist, dann frage ich, ob er sein Herz besuchen und kennenlernen möchte.

Wenn ich neben jemandem sitze, höre ich ihm sehr gut zu. Alles, was ich für ihn tun kann, ist, ihn zu ermutigen, sich wahrzunehmen und sich zuzulassen, soweit er es kann. Wenn er sagt: »Mein Kopf schmerzt«, muß ich mich nicht bemühen zu überlegen, wie er seinen Schmerz loswerden kann. Ich sage nur:»Sprich deinen Schmerz an und sage: 'Schmerz, ich spüre dich jetzt.'« Der Mensch muß nicht versuchen, herauszubekommen, was ihm der Schmerz sagen will. Ich frage:»Willst du deinen Schmerz im Kopf besuchen? Wenn du es möchtest, sage: 'Schmerz, ich komme jetzt zu dir.' Und dann gehst du in deinen Kopf.« Wenn er es nicht möchte, dränge ich ihn nicht. Geht er zu seinem Schmerz, frage ich:»Wie sieht es da aus und wie fühlst du dich, wenn du zu deinem Schmerz und deinem Kopf kommst?« Und so geht die Reise immer weiter. Ich lasse mich von dem Menschen dahin ziehen, wohin er geht. Ich weiß, daß nicht ich ihn führe, sondern seine Seele. Und die weiß, was sie mit ihm macht.

Ich spüre den anderen sehr deutlich und bin auch bei mir. Ich lasse Gefühle oder Zustände bei mir ankommen und spreche sie leise in mir an, wenn ich das möchte. Wenn der Mensch leidet, spreche ich zu meinem eigenen Leid und ermutige den anderen, sich seinem Leid zuzuwenden und es als Teil von sich kennenzulernen.

Am Anfang meines Weges mit anderen Menschen habe ich manchmal nicht gewußt, wie weit ich einen anderen begleiten oder ermutigen durfte. Ich habe dann meine Angst und meinen Zweifel angesprochen und auch einmal die Reise beendet. Das war für den anderen und für mich eine interessante Erfahrung, die uns mit unseren Grenzen vertrauter gemacht hat. Manchmal habe ich mich von innen ermutigen lassen, zum Beispiel von meinem Inneren Wesen, einen Schritt weiterzugehen. Ich habe jedesmal erlebt, daß dem anderen Menschen nichts geschehen ist, außer daß er hinter einer (großen) Bedrohung einen liebevollen Teil von sich gefunden hat.

Mir wurde schon sehr bald bewußt, daß ich auch in einem Seminar oder einer Begleitung auf meinem eigenen Wege innerer Erfahrungen bin. Ich gebe jemanden die Gelegenheit, zu sich zu kommen. Dabei nehme ich mir die Freiheit, bei mir zu sein. So habe ich manches zuerst in einem anderen Menschen kennengelernt, was ich dann auch als Teil von mir erfahren habe.

Inzwischen weiß ich, daß jeder auf dem Wege ist, der ihm entspricht. Möchte jemand aufhören, weil es ihm nicht entspricht, kann ich ihn in Frieden gehen lassen. Ich muß niemanden hindern, zum Arzt, Heilpraktiker oder Therapeuten zu gehen, weil ich weiß, daß sie ihm durch ihre Fähigkeiten sehr helfen können.

Was mich immer wieder neu berührt und verblüfft, ist die Liebe, die ich in jedem Menschen miterlebe, wenn er sich traut, nach innen zu gehen. Niemand wird von innen bewertet oder verurteilt, selbst wenn er bisher sehr lieblos mit sich umgegangen ist. Keine der scheinbaren inneren Bedrohungen schädigt oder zerstört den Menschen, wenn er sich ihnen öffnet. In jeder Erfahrung erlebt der Mensch, daß in ihm das Vertrauen und das Angenommensein sind, nach denen er sich immer gesehnt hat. Sein Körper, seine Krankheit, sein Gefühl und jeder innere Vorgang oder Zustand machen ihm deutlich, daß er von innen lebt und daß sein Leben auf der Erde in jedem Augenblick einen Sinn hat.

Einige heilen sich in solchen Erfahrungen spontan von ihrer Krankheit, einige bleiben krank, einige sterben an ihrer Krankheit. Jeder ist auf seinem Wege. Es ist nicht in meiner Macht und meiner Verantwortung, das zu ändern. Ich begleite ihn, wohin er geht.

Dieses Vertrauen steht natürlich nicht am Anfang des eigenen Weges, sondern es entsteht im Laufe der eigenen Erfahrungen und der Erlebnisse mit anderen Menschen. Andere so zu begleiten ist eine sehr intensive Möglichkeit, zu sich selbst zu kommen.

Man kann viele seiner eigenen Fähigkeiten mit inneren Erfahrungen kombinieren. Ich höre immer wieder von Therapeuten, die - wenn sie es als richtig empfinden - im Rahmen ihrer Tätigkeit jemanden bitten, einen Teil von sich anzusprechen, um ihm näherzukommen. Andere Menschen geben Mal- oder Musikkurse, in denen sie die Teilnehmer manchmal nach innen begleiten, um sie mit inneren Farben oder Klängen vertrauter zu machen. Auch die Symbole religiöser oder spiritueller Künste, wie Tarot oder Astrologie, lassen sich innerlich direkt erfahren. Lehrer machen mit ihren (jungen) Schülern manchmal eine »Märchenstunde«, in der jeder fabulieren kann und dabei einen Erwachsenen erlebt, der es fördert und geduldig und aufmerksam zuhört. Und Eltern ermutigen ihre Kinder, alle Gefühle und inneren Zustände als ganz normal zu erleben und mit ihnen innerlich Kontakt aufzunehmen.

In allen solchen inneren Beziehungen wird der andere Mensch als Wesen zugelassen, das auf seine Art in diesem Leben Erfahrungen macht. Durch ihn können wir uns gleichzeitig mit einem Teil der Vielfalt und Buntheit vertraut machen, den wir so in uns selbst noch nicht gefunden haben.

Vertrauter in der äußeren Welt leben

Wenn wir vertrauter mit uns selbst leben, dann können wir achtsamer und bewußter auch mit Gesellschaft und Politik, mit Technik und Wirtschaft und natürlich mit der Natur umgehen. So wie ich es beschrieben habe, können wir uns von allen äußeren Dingen berühren lassen, um sie in uns wiederzufinden. Man kann die persönliche Freiheit in einem demokratischen Land genießen und die eigene innere Freiheit ansprechen. Ebenso kann man gesellschaftliche Probleme bei sich ankommen lassen und erleben, wie sie einen innerlich berühren. Wenn man so vertrauter mit sich wird, entfalten sich Fähigkeiten, die bisher nur zum Teil oder überhaupt nicht gelebt werden konnten. Dazu kann auch gehören, sich aktiv in der Politik zu engagieren und sich um die Gesellschaft und um die Umwelt zu kümmern.

Einige Menschen fürchten, durch ein innerliches Leben bestimmte Dinge nicht mehr tun zu können. Sich besser zu kennen vermindert jedoch nicht die Möglichkeit zu handeln, zu entscheiden und das zu verwirklichen, was wir für nötig halten.

Kennen wir uns als Seele, dann fällt es nicht schwer, Tiere, Pflanzen, Steine und die ganze Erde als Wesen wahrzunehmen, die ebenfalls in allen Ebenen existieren. Damit entsteht eine ganz andere Art von Beziehung. Ein Baum ist dann nicht mehr nur ein schöner Anblick oder ein Holzlieferant. Er ist ebenfalls ein Wesen, von dem wir uns innerlich berühren lassen können und zu dem wir in den feineren Ebenen Kontakt aufnehmen können. Es ist möglich, den eigenen inneren Baum anzusprechen. Aber genauso können wir - von Wesen zu Wesen - innerlich mit dem Baum sprechen und zu ihm hinhören. Dabei werden wir von Energien oder Zuständen berührt, die dem äußeren Baum entsprechen. Damit wird die Fremdheit in uns selbst und in der äußeren Welt geringer.

So können wir auch die Erde als Wesen erfahren und ihre mütterliche Kraft spüren und genießen. Vertrauen wir unserer eigenen Seele, schenkt sie uns alles, was wir sind. Vertrauen wir Mutter Erde, schenkt sie uns alles für das irdische Leben Notwendige.

Es ist sehr beglückend, mit sich selbst, mit anderen Menschen und Lebewesen, mit der Erde und der Natur bewußt zu leben. In dieser unendlichen Vielfalt drückt sich die unvorstellbare und unbeschreibliche Vollkommenheit aus, die wir in allem erfahren.

Auf der Reise zu sich selbst...

Viele Menschen fühlen sich überfordert, geplagt von Beziehungskonflikten, vergeblichen Anstrengungen, Schmerzen, Depressionen. Sie sehnen sich nach Ruhe, Leichtigkeit, Weite, Freiheit und Frieden. »Leider weiß kaum jemand«, schreibt Klaus Lange, »daß man diese beglückenden Zustände in sich selbst erleben und erfahren kann.« Der Autor zeigt, wie auf der Reise nach innen Konflikte auf überraschende Weise lösbar werden.

Klaus Lange
Bevor du sterben willst, lebe!
180 Seiten,
Hardcover mit Schutzumschlag

KREUZ: Was Menschen bewegt.